JN200104

実践調停

面会交流

子どもの気持ちに寄り添う調停実務

片岡　武
萱間　友道
馬場　絵理子
【著】

日本加除出版株式会社

はしがき

面会交流とは、婚姻中の父母が別居している場合、または父母が離婚した場合において、別居親が子と直接に会い、又は電話や手紙、メールなどを用いて交流することであるが、家庭裁判所が扱う家事事件のうち、面会交流が争点となる事件数は、当事者の意識の変化もあり、増加している。

面会交流をめぐる紛争の傾向としては、同居親は、別居親の不貞や子の拒否等を理由に、頑なに面会交流を拒み、一方で、面会交流を求める別居親は、子どもとの別れからの喪失感や子どもと生活している同居親に対する抗議の思いなどから強硬に面会交流の権利を主張することで、両者が激しく対立し、その対立関係等が子どもに影響を与える事案が少なくない。面会交流事件の難しさは、このような同居親と別居親との間の感情的葛藤を取り払い、両親間の紛争の影響を受けずに、子どもにとって望ましい解決方法を調整することにある。

執筆者の片岡武（東京家庭裁判所判事）、萱間友道（那覇家庭裁判所次席家庭裁判所調査官）及び馬場絵理子（宮崎家庭裁判所主任家庭裁判所調査官）三名は、これまで各庁において面会交流事件に関わってきたが、横浜家庭裁判所において裁判官、家庭裁判所調査官として執務した際、特に感情的対立が激しい面会交流事件等をそれぞれ担当し、子どもにとって望ましい解決方法を模索した経験があったところ、面会交流の審理方法等につき、実務家や研究者による議論が深まり、面会交流に係る重要な裁判例が示されていることを受け、実務家の視点に基づいて、実践的な調停運営を示す実務書を作成することを思い立ち、約二年間にわたり協議を重ね、今般、本書の完成に至った。

本書は、面会交流を阻害する要因がある架空のケースの面会交流調停事件において、調停委員会と家庭裁判所調査官による面会交流の実施に向けての働き掛け等により、当事者の感情の葛藤を緩和させ、同居親及び別居親の様々な懸念に配慮することで、当事者の情緒的な混乱が鎮まり、当事者が子どもにとって望ましい解決方法を模索し、子どもとの関係性を再構築させ面会交流を実現していく過程を示したものである。

なお、本書は、面会交流調停の在り方として、阻害事由の軽減、克服を目指すことの大切さを示したものであり、全ての事案で面会交流を実施すべきとの方向性を示すものではない。

本書の特徴として、第1章において、筆者三名の個人的な面会交流の考え方と基本的視点を明らかにした上で、第2章・第3章（ケース1・2）においては、当事者の感情や思考の変化の過程を追い、重要場面における当事者、調停委員の発言の意味などを「ポイント」として摘示した。また、家庭裁判所調査官の視点に基づく分析や指針については「中山ＥＹＥＳ」として論述し、さらに、実務担当者の視点を「Ｚｏｏｍ up」としてまとめるなどして、読者の理解を深めるための工夫を図った。加えて、第4章においては、ケース1・2において触れることができなかった面会交流に係る諸問題（禁止・制限事由及び阻害事由、第三者機関、間接強制等）における最近の実務上の留意点と裁判例を紹介しつつ、適宜、実務担当者としての視点や裁判例の批評を「コメント」として説明を加えた。

また、大森啓子弁護士の「手続代理人から見た面会交流」のコラムは、弁護士の視点から面会交流における代理人活動の実情と今後の課題等を指摘するもので、実務の運用につき示唆に富んだものである。

本書が、面会交流事件を担当している実務家、研究者の参考になれば幸いである。

最後に、業務繁忙の中、秋枝和子さん（さいたま家庭裁判所家事部訟廷管理官）、仁尾光宏さん（横浜家庭裁判所家事部主任書記官）、新藤正博さん（前橋家庭裁判所家事部訟廷管理官）、片桐真由美さん（裁判所書記官）、金尾博志さん（東京家庭裁判所家事第三部主任書記官兼裁判所職員総合研修所教官）、久保与志也さん（東京家庭裁判所家事第五部書記官）、勅使川原一之さん（東京家庭裁判所総務課庶務係長）、仲奈津子さん（横浜地方裁判所民事部書記官）には、原稿の校正ばかりでなく貴重な意見を頂くなど多大なご協力をいただきました。また、仲手川利明さん（東京家庭裁判所家事第五部書記官）にはチャート図の作成及び校正をして頂いた。皆様にこの場をお借りしてお礼申し上げます。

本書の完成までの意見交換の調整作業、体裁の工夫、校正などに多大なる尽力をいただいた日本加除出版の渡邊宏美さんに厚く感謝申し上げます。

平成三〇年一〇月

片岡　武
萱間友道
馬場絵理子

目次

第3章 調査官調査の活用による調整事例——一二三

ケース2 両親が調停を通じ板挟み状況にある子の心情を理解し、「夫婦の争い」から「子どもとの交流」に視点を変えたケース

第4章　面会交流をめぐる紛争における最近の実務上の留意点――三六三

本書における面会交流の考え方と基本的視点

1 面会交流事件の概況

面会交流調停事件は、全国的に増加の一途をたどっています。平成一〇年の申立件数は一六九六件でしたが、平成二〇年には六二六六件となり、平成二九年には一万三一六一件となっています。面会交流事件は、家事事件手続法別表第二事件に区分されるため、話合いの手続である調停が不成立となると、当事者が新たな手続を取ることなく、審判に移行します。審判事件の数を見ると、平成一〇年には二九三件でしたが、平成二〇年には一〇二〇件となり、平成二九年には一八八三件となっています。調停の申立件数と審判事件数からも、増加と困難化が見て取れます。

こうした背景には、少子化、離婚の増加、男性の育児参加の増加、価値観や社会経済の構造変化等の社会情勢の変化があるといわれています。また、欧米における離婚が子どもに与える影響に関する研究など海外の知見が広く一般に知れ渡るようになり、単独親権制度を持つ我が国の親権の在り方とも相まって、面会交流に対する社会的関心も高まっています。

2 面会交流事件の特徴

面会交流事件の特徴として、①子どもの利益を配慮すべきこと、②当事者らの協力を取りつける必要性の高いこと、③面会交流の実施が長期間にわたること、④面会交流の方法が子どもの生育・環境の変化などに合わせて変化していくことの四点が挙げられます（上原裕之ほか『手続からみた子の引き渡し・面会交流』（弘文堂、二〇一七年）八四頁）。

調停や審判により、面会交流の実施が定められていても、当事者間に感情的対立が残っていては、面会交流の履行の確保が難しいのです。そして、同居親、別居親、また事件に関わる関係者は、面会交流を続けていくためには、相互の連絡、調整、費用の負担、交流方法の見直し等の協議が必要であるということを忘れてはいけません。それゆえ、面会交流の実施に向けての働き掛け等により、同居親及び別居親の双方の感情の葛藤を緩和させ、様々な懸念に配慮し、子どもにとって望ましい解決方法を模索していくことが重要なのです。

3　面会交流の意義

(1)　別居親との離別のダメージを癒す

父母の別居や離婚により、子どもは、別居親と別れるつらさ、悲しみなど、様々な負の感情を経験し、ダメージを受けます。離れて暮らすこととなった親と定期的に接することによって、別居や離婚による悪影響を軽減し、子どもが受けるダメージを和らげ、子どもに立ち直る力を与えることができます。

(2)　愛されている安心感、自己肯定感を得る

定期的に面会交流を実施することで、子どもは、両親から愛され、大事にされていると実感することができます。そうした実感があれば、一方の親と離れて暮らしていても、自分は両親から愛されているのだという安心感を得て、自分が大切な存在なのだという自己肯定感を持つことにつながります。

(3)　自尊感情を育む

良好な面会交流を継続して行うことは、子どもの自尊感情を育み、健全な成長を促す助けとなります。例えば、面会交流が実施されることで、子どもは、周囲の家庭と比べて、自分の家庭に対して、引け目を感じたり、心細く思ったりすることもなくなるでしょう。そうすれば、自信を持って、前向きに、学校生活や成長の課題に取り組むことができます。

(4) 親を知ることが自我を形成する助けとなる

子どもは、父母と接することで、自分が何者であるかというルーツを知ることとなります。また、身近な父と母を、それぞれ男性モデル及び女性モデルとして成長していきます。いずれの点も、子どもが健全な自我を形成するためには不可欠であるといえ、そのためにも、離れて暮らしている親と面会交流を継続することが重要となるのです。

4　面会交流の考え方

面会交流の意義に記載したとおり、子どもの福祉の観点から、別居親と子どもとの面会交流は、基本的には子どもの健全な育成に有益なものであるとの認識の下、その実施によりかえって子の福祉が害されるおそれがあるといえる特段の事情がある場合を除き、面会交流を認めるべきであるとの考え方があります。

東京高決平成二五年七月三日（判タ一三九三号二三三頁）は、「夫婦の不和による別居に伴う子の喪失感やこれによる不安定な心理状況を回復させ、健全な成長を図るために、未成年者の福祉を害する等の面会交流を制限すべき特段の事情がない限り、面会交流を実施していくのが相当である」と判示しています。

しかしながら、この考え方については、一部から批判があります。すなわち、同居親と別居親は、これまでの夫婦関係や離婚をめぐる争いの中で、相互に相手を信頼することが難しく、面会交流そのものに対する不信感や警戒心をもっている場合も少なくないので、面会交流を実施することが常に子どもの利益に資するわけではないとの視点に基づき、次のように疑問を提起しています。すなわち、①「夫婦間の問題を積み残して父母の関係が相当に険悪なまま、あるいは子どもが拒絶的なまま、無理に決めた調停合意や命令により、子どもにとっては苦痛で酷な面会となっているケースがあることも事実である。」（榊原富士子・池田清貴『親権と子ども』（岩波新書、二〇一七）一二二頁、一二九頁）、②「親どうしが激しく対立したままで双方が子どもに関わったら、それは他方親への対抗や報復を含んだ関わりになりやすく、子どもの気持ちは引き裂かれ、疲れてしまう。だから、双方親の関わりが子どもに及ぼす影響の善し悪しは、双方親の関係次第で、真逆の結果となる」（長谷川京子「子どもの利益の視点から裁判所の面会交流実施政策を考える―面会をめぐる非監護親の権利、面会交流の子どもへの影響を中心に」法の苑六二号一九頁以下、同「心理学的研究知見は面会交流原則実施政策を支持しない」法の苑六五号五頁以下）と論じています。

このような考え方を踏まえた上で、私たちは、子の福祉の観点から面会交流を禁止・制限すべき事由（面会交流の実施がかえって子の福祉を害するといえる事情）があるか否かを検討した上で、次に、阻害事由があるか否かを具体的事案に即して個別的に検討し、そして、同居親の不安を払拭しつつ、同居親と別居親の信頼回復や協力関係の構築に向けて働き掛けることで、面会交流を制限すべき事由と阻害する事由を解消させ、子どもがなるべく両親の紛争の影響を受けることなく安心して面会交流に臨めるように調整することが大切だと考えています。

以下、第2章と第3章においては、架空のケースを題材として、調停委員会が同居親及び別居親の様々な懸念に配慮し、当事者が子どもにとって望ましい解決方法を模索した調停運営を紹介します。

ケース1
調停委員会による調整事例

父が子どもの気持ちと家族の在り方を考えたことで，夫婦関係・家族関係が再構築できたケース

1　ストーリー概要

佐藤友和と小百合は、結婚一〇年目の夫婦で、小学校一年生の長男悠人がいる。

悠人の出生と機を同じくして、友和の父仙一は、家を建て替え、友和夫婦は、意に反して同居を強いられた。いわゆる三世代同居家族であった。

仙一は、何かにつけワンマンで、大学出の嫁である小百合に何かと辛く当たることが多かった。小百合は、友和の両親との同居解消を繰り返し望んできたが、父親に頭の上がらない友和は、その場その場で小百合に謝って気持ちをなだめるだけであった。

悠人の小学校入学を控えた年の正月、友和の次姉が子どもを連れて帰省していた。夕食の後の酒の席で仙一は、夫婦仲がうまくいっていないらしい次姉に、別居するなら二階の洋室を自室に使うよう冗談半分に声をかけた。二階の洋室は、悠人の子ども部屋を予定し、入学を控え学習机を入れたばかりであった。

小百合は、自分の思いとは掛け離れた仙一の言葉にショックを受け、「同居を解消できないのであれば悠人を連れて家を出る」と、友和に我慢の限界を訴えたが、友和は、些細な酒の席での父の戯言だと思い、小百合の心情に思い至らず、まともに取り合わなかった。

翌日、小百合は、悠人に対し、小百合の実家の父親の介護のためにしばらく家を出ると説明して、悠人と一緒に家を出ようとしたが、友和の両親に見咎められ、単身追い出されてしまう。

小百合は、ショックのためしばらく心療内科に通うほど体調を崩したが、体調の軽快を待って、一番の希望である悠人の引き取りの方法について法テラスで相談し、その後、家庭裁判所の手続案内に出向き、まずは悠人と会うことを求めて、友和に対し、面会交流調停を申し立てることとなった。

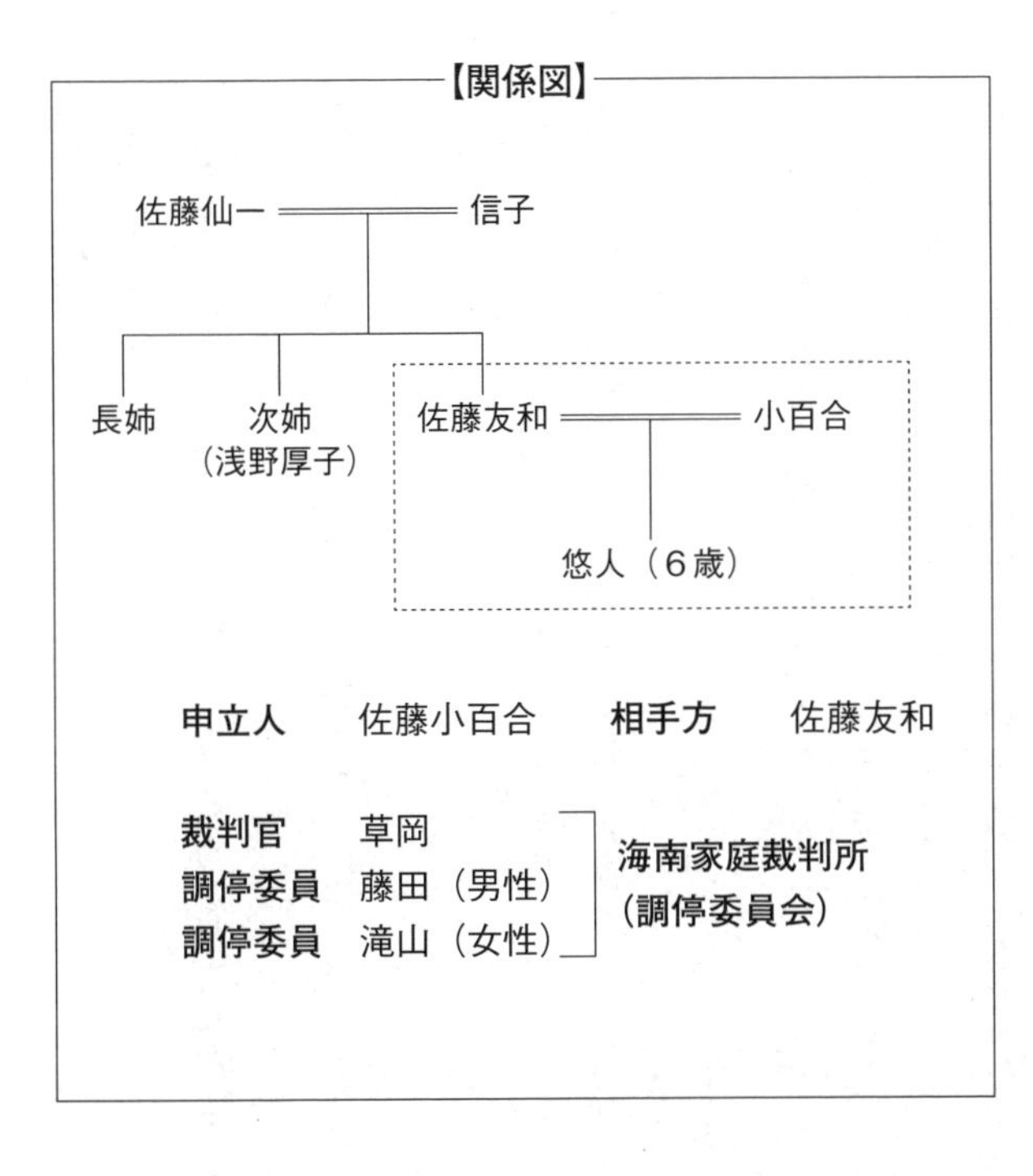

調停委員による調整の結果、友和と小百合は、次第に夫婦関係の在り方と面会交流の意義を考えるようになる。

2　プロローグ

「ねぇ、悠人、何色にしようか」

「うーん、これがきれいだなぁ」

「そうね。悠人は綺麗な色が好きだもんね。これなんかどう？」

「うん。いいかも」

「ほら、内側にポケットがいっぱいあって、使いやすそうよ」

「うん」

「背負ってごらん」

「やっぱり。よく似合うよ。鏡でみてごらん」

去年の秋、幼稚園の運動会の翌日に母の小百合と二人で選んだランドセルが目の前にある。

昼前から降り始めた雨は夜になってもしとしとと降り続き、購入してまだ新しい自転車の銀色のハンドルには細かなしずくがびっしりと並んでいた。四月に入ったというのに空気はひんやりし開き始めた桜も身を縮めているようだ。

悠人は、二階の子ども部屋で明るい茶色のランドセルを抱えていた。

明日からこれを背負って一年生になるのだ。

「お祝いは明日やろうね」

とおばあちゃんは言っていたが、今日の夜ご飯も悠人の好物が並んでいた。ハンバーグに目玉焼き、粉吹芋にコーンスープ。小さいころから悠人が最もお気に入りのメニューである。

今日のハンバーグもやはりお母さんのとは違う。肉が詰まっていて美味しいが、悠人はお母さんが作ってくれていたふわっとするハンバーグが好きなのだ。

「お豆腐をいれるとね。柔らかくて美味しいのよ。体にもいいんだから」

とお母さんがよく言っていたのを思い出す。

「お母さん」

声に出さずに呼んでみる。とたんに胸が苦しくなった。鼻水が出て、ぽろぽろと涙がこぼれ落ちた。お腹の奥から喉にかけて次から次に何かがせりあがってくる。悠人は、必死で嗚咽をこらえて、ランドセルを抱きしめていた。

3　家庭裁判所係属までの事情

(1)　舅仙一

階下のリビングではスポーツニュースが大きな音量で流れている。

「監督のミスじゃな。なんで最後まで任せんのか。バカ者が」

悠人の祖父佐藤仙一は、叱りつけるように声を荒げると、四杯目のお湯割りを飲み干した。

「おい」

キッチンに声をかけるのとほぼ同時に、悠人の祖母信子が
「これで最後にしてくださいよ」

と少し薄めに作った五杯目の焼酎を乗せたお盆を運んできた。

「根性がないからやられるんじゃ、まったく最近の若いもんは」

プロ野球結果からサッカーワールドカップ予選の結果に移ったニュースにも文句を浴びせている。お酒を飲んでスポーツニュースを見ながら、選手や監督を罵るのは仙一の趣味のようなものなので、佐藤家の人間はだれも気にしない。もっともスポーツニュースに限らず、仙一は、政治も経済も国際ニュースにも一言文句を言わずにはいられない。

親戚中の反対を押し切って代々続けてきた農家をやめて不動産業に転身し、曲がりなりにも成功してきた仙一は、自分の判断こそが世の中で一番正しいと信じて疑わない唯我独尊的な傾向が強い。もっとも、その強引さ故にバブルからその崩壊の不況といった社会の荒波を乗り越えられたともいえる。

「大学出の女なぞ、小賢しいだけで何の役にも立たん」

「嫌ならいつでも出て行って構わんぞ」

というのが、仙一が小百合に浴びせる挨拶のようなものだった。

「もう、本当に無理だから」

友和は、思い詰めたような小百合の哀願を思い出した。

まさか、本当に出ていくとは。

親父に悪気がないのは分かっているはずなのに。出て行ってから幾度か悠人の様子を尋ねるメールが届いたが、その時は腹立ちもあって、子どもを置いて出て行った人に心配されるいわれはないと冷たく返信した。

それ以降、連絡は途絶えてしまった。後悔と腹立ちの入り混じった気持ちが続いている。

明日は、悠人の入学式。小百合が家を出てもう三か月になろうとしていた。

(2) 出会いと結婚生活

友和と小百合は、大学三年の時に映画同好会の交流を通じて知り合った。

友和は、明るく気働きのする小百合に一目ぼれで、小百合も後輩にも優しい友和に最初から好意を抱いていた。どちらかというと優柔不断な友和と面倒見がよく姉御肌的な小百合は、サークル内では女房関白と揶揄されていた。

友和は、卒業後、地元の信用金庫に就職した。小百合は、両親から地元への就職を強く求められたが、悩んだ末、親元へは帰らず、大学近郊の自動車販売店に就職した。

二人の結婚までの道のりは平坦ではなかったが、大学を卒業してから三年目、めでたく結婚、友和の実家のあるA市内のアパートを借りて新生活をスタートした。

友和には姉が二人おり、長姉は同じ市内に世帯を構えていて、実家にも頻繁に出入りしていた。また、他県へ嫁いでいる次姉も年に四～五回は子どもを連れて帰省していた。小百合は、共稼ぎではあったが、長男の嫁としての責任を果たそうと努力し、できるだけ友和の実家に顔を出していた。

なかなか子どもに恵まれず、不妊治療を始めようか迷っているころ、小百合は妊娠した。そして、仕事と家庭の両立が難しいと感じ始めていたこともあり、思い切って会社を退職し、専業主婦となった。

ちょうど同じころ、友和の実家を建て替えることになり、同居の話が進められた。小百合は、結婚するに当たり友和の両親との同居だけはできないと友和に伝えていたこともあり、話を白紙に戻すよう再三友和に訴え、友和もあまりに急で一方的な話だと異議を唱えたが、聞き入れられることはなかった。

間取りはおろか、内装一つ自分たちの希望を取り入れてもらえず、当初は家の引渡し直後に同居するよう求められていたが、小百合の両親の協力も得て、入居時期だけは悠人の百日祝いが終わってからということになった。

それからの小百合は、苦労の連続であった。ただでさえ初めての子育てで不安や戸惑いが多い中、長男の嫁として家事全般はもちろん、小姑との付き合いまでこなし、佐藤家の家風、なによりも仙一のワンマンになじむことが最難関であった。

姑の信子は、小百合に辛く当たることはなく、気にはかけてくれたが、長年仙一に連れ添ってきているだけに、小百合の心痛を理解するよりは、若い嫁のわがままと受け止めてしまいがちであった。仙一や信子には直接不満を言い出せない小百合であったが、友和には仙一の理不尽な言動を伝えて、改善してもらうよう幾度も繰り返し、せめて同居を解消したいと何度も訴えた。

友和は、小百合の訴えを根気強く聞くが、問題解決に向けて動くことなく、

「親父も悪気があってじゃないから気にするな」

「分かった」

を繰り返し、最後はごめんと謝るばかりであった。

友和は、小百合の大変さを理解しているつもりであったが、小百合が仙一に直接声を荒げて言い返すことはなかったので、最終的には納得してくれているものだと思い込んでいた。また、去年、係長に昇進してから仕事が忙しくなり、小百合の小言を聞くのもおっくうになってきていた。

友和にしてみると、なぜ小百合がそこまでして家を出ていったのか分かりかねていた。小百合が家を出て行ったのは、正月の松が取れた八日のことだった。

⑶　別　居

友和の次姉の浅野厚子は、年末から小学二年の長女と幼稚園の長男を連れて帰省していたが、小学校の新学期が始まっても自宅に帰る様子がなかった。

「いいのよ。小学校の新学期なんて。どうせ、学校に行っても午前中ですぐに帰ってきちゃうんだから」

と笑うと、キッチンにいる小百合にハイボールのお代わりを頼んだ。

「浅野さんにはちゃんと連絡しているの」

信子は、次姉夫婦の仲を心配している。

「二〜三日ならともかく、帰省するたびに客間を占拠されたんじゃかなわんな。二階の洋室が空いてるだろ。今度からそこを使いなさい。そこなら何日いても構わんだろ」

仙一が機嫌よく言う。

「あら、じゃぁ、四月から子どもと三人で引っ越してこようかしら」

次姉が冗談めかして答えると、

「家賃はちゃんと払ってもらうぞ」

仙一が笑った。

小百合が次姉のハイボールを持ってリビングの入り口に硬い表情で立っている。

「おいおい、冗談はよしてくれよ。二階の洋室は悠人の子供部屋じゃないか。このあいだ学習机とベッドを買ったばかりだろ」

友和は、小百合の激しく責めるような視線に促され、苦笑いして抗議した。仙一は、陽気な雰囲気に水を差されたのが不愉快な様子で、口調を強めた。

「別に構わんだろ。二人目もできんし、悠人一人には広すぎる。姉が困ったら助けてやるのが当然だろう」

「いやねぇ、出戻り確定みたいに言わないでよ」

厚子は、苦笑いして、

「あら、小百合さん、ありがとう。でも、ごめんなさいね、もしものときはよろしく頼むわ」

と小百合からハイボールを受け取った。

その晩、友和が二階の自分たちの部屋に戻ると、小百合は、入り口に背を向けて布団の上に座っていて、絞り出すような声で言ったのだ。

もう本当に無理だから、この家を出ると約束してくれないのであれば、悠人を連れて実家に帰るからと。

友和は、いつもと違う小百合の様子に気づきながら、酔ってもいたし、明日の仕事も気になったので、

「分かったから。ほんとごめん。明日、親父にも姉貴にもばかな冗談言うなって言っておくから。お休み」

と話をせずに寝付いてしまった。

❖❖❖❖❖❖❖

小百合が家を出て行ったのは、その翌日であった。友和は、仕事に行っていたので、信子と厚子から断片的に聞かされただけである。

昼食の支度が遅いので、信子が二階に上がろうとしたところ、ボストンバッグを二つ抱えて悠人の手を引いた小百合と鉢合わせになったらしい。ただならぬ気配を感じた信子は、一階の客間で小百合から話を聞こうとしたが、押し問答となり、仙一の知るところとなってしまった。小百合は、仙一にこれまでの不満をぶつけたらしいが、仙一に一喝され、家から追い出される形で出て行かざるをえなかった。

悠人は、信子と厚子の機転で修羅場を見ずに済んだが、悠人なりに雰囲気を察したようで、それ以来、今まで以上に仙一を避けるようになっている。

(4)　別居後

小百合は、どのようにして実家に戻ったのか、記憶が判然としなかった。別居後は、不眠と食欲不振、気分の落ち込みが続き、母親の勧めで心療内科を受診した。

五十代の女医は、小百合の話を聞き終えると、

「よくがんばってきたわね。まずは心と体を休ませてあげるのが先決だわ」

と軽い安定剤と睡眠薬を投与した。一か月半ほどの通院、服薬で少し心身が楽になると、悠人のことが気になって仕方なくなった。

家を出る日、悠人にはおじいちゃんの具合が悪いので、看病するためにおじいちゃんの家に行くこと、そのためしばらく幼稚園はお休みすると説明してあった。小百合がいなくなったことをどのように説明してくれているのかは分からない。家を出された直後に何度かメールを送ったが、友和からは何の連絡もない。きっといくら待っても友和から連絡してくることはないだろう。

直接声を聞く勇気までは出ない小百合は、悠人の様子を尋ね、電話で悠人と話をして安心させたい旨のメールを送った。しかし、二日も経って返ってきたのは、もう連絡をしてこないでほしい旨の業務連絡の様な返信だった。小百合は、再び落ち込みそうになる自分を感じたが、入学を控えた悠人のことを考え、やるべきことを整理した。

まずは悠人の状況を確認すること。一番親しい幼稚園のママ友にメールで連絡をとってみた。ママ友からは、何の連絡もなかったことを軽く責めながら、そんなに父親の状態が悪いのかと尋ねる返信があった。悠人は、少し元気がないように見えるが、毎日登園しているとのこと、ただ、幼稚園バスではなく、舅仙一の運転で姑が送迎しているとのことだった。幼稚園には実家の看病で帰省していると説明しているらしいことには安心したが、悠人を連れ去られることを恐れて送迎しているのだと分かった。今は態勢を整えるのが大切だと考え、ママ友にすべてを打ち明けて相談したい誘惑を抑えた。次は、どうしたら入学前に悠人との生活を再開できるかを考えなければならない。

あの家に帰るのは絶対に無理。悠人と暮らすには、親子三人で家を出なければならないが、それができないのでこんな事態に陥ってしまった。では実家で悠人を引き取れるのか。あの仙一がみすみす跡取りを手放すはずがないと思うと、途方に暮れる思いであった。

小百合の父母は、弁護士を頼んで裁判をしてはどうか、費用なら心配はいらないと勧めた。友和との結婚が決まり、挙式の準備が始まってから友和の父親が難しい人であることが分かり、これまでも小百合が辛い思いをしてきていることは分かっていた。今回、小百合が戻って以降、友和から何の挨拶もないことで、友和への信頼もなくなり、暗に離婚を勧めるようになっていた。

小百合も離婚もやむなしと考えるようになり、法テラス[①]に相談に訪れた。そこで悠人を引き取るには子の監護者指定、子の引渡しの調停という手続があることも分かったが、いきなりそうした手続を取ることで、仙一からどのような報復を受けるか怖さが強くて決心がつかなかった。弁護士の助言もあって、まずは悠人と会うことと離婚の話を進めるため、面会交流[②]と離婚の調停を申し立てることにした。

Zoom up 1　法テラス

日本司法支援センター（法テラス）は，総合法律支援法に定める総合法律支援に関する事業を迅速かつ適切に行うものとして設置された法務省所管の準独立行政法人であり，経済的に余裕のない方々に対し，無料法律相談を実施したり，裁判費用や代理人の費用を立て替えるなどの民事法律扶助を行っているほか，情報提供業務，犯罪被害者支援業務，東日本大震災法律援助業務，日弁連委託援助業務等のサービスも行っています。

民事法律扶助を利用するための条件（要件）として，次の事項が挙げられています。

ア　資力が一定額以下であること（資力要件）

イ　勝訴の見込みがないとはいえないこと（勝訴見込み要件，なお，法律相談においては，勝訴見込み要件は不要とされています。）

ウ　民事法律扶助の趣旨に適すること（趣旨要件，報復的感情を満たすだけや宣伝のためといった場合や権利濫用的な事案の場合には援助できない。）

Zoom up 2　面会交流の申立て

別居親から面会交流の申立てがなされる場合としては，⑴親として子どもとの間に交流を求めたい場合，⑵子どもの親権者になりたいという意思を有し，面会交流を通じて子どもとの間に信頼性を築こうとする場合，⑶同居親から有利な離婚条件（養育費・慰謝料の減額等）を引き出すための駆け引きとする場合，⑷離婚を求められたことに対し感情の整理ができず，面会交流を利用して同居親との話合いを望む場合，⑸離婚調停，養育費や婚姻費用などの審判の手続を遅延させる意図がある場合などが挙げられます。ケース１は，⑴及び⑵の場合に当たります。

この申立書の写しは，法律の定めるところにより，申立ての内容を知らせるため，相手方に送付されます。

（注）□の部分は，該当するものにチェックしてください。

申　立　て　の　趣　旨
（☑申立人　／　□相手方）と未成年者が面会交流する時期，方法などにつき（　☑調停　／　□審判　）を求めます。

申　立　て　の　理　由
申　立　人　と　相　手　方　の　関　係
□　離婚した。　　その年月日：平成＿＿年＿＿月＿＿日
□　父が未成年者＿＿＿＿＿＿を認知した。
☑　婚姻中→監護者の指定の有無　□あり（□申立人　／　□相手方）　／　☑なし
未成年者の親権者（離婚等により親権者が定められている場合）
□　申立人　／　□　相手方
未　成　年　者　の　監　護　養　育　状　況
□　平成　年　月　日から平成　年　月　日まで □申立人　／　□相手方　／　□その他（　　）　のもとで養育
□　平成　年　月　日から平成　年　月　日まで □申立人　／　□相手方　／　□その他（　　）　のもとで養育
☑　平成２９年１月８日から現在まで □申立人　／　☑相手方　／　□その他（　　）　のもとで養育
面　会　交　流　の　取　決　め　に　つ　い　て
１　当事者間の面会交流に関する取決めの有無 □あり（取り決めた年月日：平成＿＿年＿＿月＿＿日）　☑なし ２　１で「あり」の場合 □　取決めの方法 □口頭　□念書　□公正証書 □調停　□審判　□和解　□判決　→（＿＿＿＿家庭裁判所＿＿＿＿（□支部／□出張所）　平成＿＿年(家＿＿)第＿＿＿＿号） □　取決めの内容 （＿＿＿＿＿＿＿＿＿＿＿＿＿＿＿＿）
面　会　交　流　の　実　施　状　況
□実施されている。 □実施されていたが，実施されなくなった。（平成＿＿年＿＿月＿＿日から） ☑これまで実施されたことはない。
本　申　立　て　を　必　要　と　す　る　理　由
□　相手方が面会交流の協議等に応じないため □　相手方と面会交流の協議を行っているがまとまらないため □　相手方が面会交流の取決めのとおり実行しないため ☑　その他（　詳細は調停でお話します。　）

【参考】面会交流調停申立書

この申立書の写しは，法律の定めるところにより，申立ての内容を知らせるため，相手方に送付されます。

受付印	☑ 調停 家事　　申立書 ☐ 審判	子の監護に関する処分（面会交流）
収入印紙　　円 予納郵便切手　　円	（この欄に未成年者１人につき収入印紙１，２００円分を貼ってください。） 印紙 （貼った印紙に押印しないでください。）	

海南　家庭裁判所　御中 平成　２９　年　３　月１６日	申立人（又は法定代理人など）の記名押印	佐藤　小百合　㊞

添付書類	（審理のために必要な場合は，追加書類の提出をお願いすることがあります。） ☑ 未成年者の戸籍謄本（全部事項証明書） ☐	準口頭

申立人	住所	〒 ○○○ － ○○○○ ●● 県 ○○市 ○○ 区 ○○○ ○丁目○番○号	（　　方）
	フリガナ 氏名	サトウサユリ 佐藤小百合	昭和（○）平成　５６年　９月　１４日　生 （　３５　歳）
相手方	住所	〒 ○○○ － ○○○○ ●●県 ○○市 ○○ 区 ○○○ ○丁目○番○号	（　　方）
	フリガナ 氏名	サトウトモカズ 佐藤友和	昭和（○）平成　５６年５月　５日　生 （　３５　歳）
未成年者	住所	☐ 申立人と同居　／　☑ 相手方と同居 ☐ その他（　　）	平成２２年　８月　２５日生 （　６　歳）
	フリガナ 氏名	サトウユウト 佐藤悠人	
	住所	☐ 申立人と同居　／　☐ 相手方と同居 ☐ その他（　　）	平成　年　月　日生 （　　歳）
	フリガナ 氏名		
	住所	☐ 申立人と同居　／　☐ 相手方と同居 ☐ その他（　　）	平成　年　月　日生 （　　歳）
	フリガナ 氏名		
	住所	☐ 申立人と同居　／　☐ 相手方と同居 ☐ その他（　　）	平成　年　月　日生 （　　歳）
	フリガナ 氏名		

（注）太枠の中だけ記入してください。☐の部分は，該当するものにチェックしてください。

面会交流(1/2)

4　家事手続案内と調停申立て

(1)　調停申立て

小百合は、裁判所と看板のある建物を見上げて気後れするのを感じた。

一週間前に実家の住所地を管轄する海南家庭裁判所村山支部の家事手続案内を尋ねた際も緊張したが、二階建てのこじんまりした建物で、案内をしてくれた書記官が小百合よりも少し年長の女性で丁寧に話を聞いてくれたこともあり、想像していたいかついイメージが親切なやわらかい印象に変わっていた。

しかし、目の前の建物は高く、出入りする人は、スーツ姿で黒の革鞄を抱えている専門家ばかりに見える。おずおずと自動ドアをくぐり抜けて戸惑っていると、左奥に案内板が見えた。そこでこの建物が地方裁判所と家庭裁判所の両方が入っていて、家庭裁判所の受付が二階にあることがわかった。

エレベーターを降りると右手に家事事件受付事務室があり、その前に発券機が置かれている。小百合は、すぐに発券ボタンは押さずに、奥にある待合室のソファに座り、鞄から用意してきた書類を取り出して確認を始めた。昨日の夜と家を出る前に確認してきたが、申立て時に不備があっては不利になるような気がして確認せずにはいられなかった。

法テラスへの相談、家庭裁判所での手続案内、調停申立ての手続、いずれも利用者にとっては緊張の連続です。初めて利用するか否かを問わず、利用者は、人生の大きな岐路に立ち、不安と期待を抱えて手続に臨んでいます。各所で働く職員には、そうした利用者が安心して各種手続を利用できるよう配慮が求められます。

一週間前に手続案内を尋ね、離婚と面会交流の申立書を受け取ったが、結局、離婚調停の申立ては、面会交流調停の推移を確認してから考えることにして、まずは悠人との面会を求める申立てだけをすることにしたのだ。離婚の場合、親権は何があっても譲れない気持ちだが、世間体を重んじるであろう夫や義父を相手に正面から離婚を争っては、いつ悠人に会えるか分からない、手続案内で調停の種類や進め方の説明を受け、小百合なりに考えた末の戦術であった。

「申立書、事情説明書はこれで結構です。住所や連絡先など、相手方に非開示を希望する情報はありませんね。この複写式になっている申立書は、調停期日通知と一緒に相手方に送付されます。相手方に見られて問題がある内容はありませんね。切手と収入印紙もこれで間違いありません。あと、聞いておきたいことはありますか？」

受付で対応してくれた若い男性職員は、丁寧だが淡々と事務を進めていく。

「あの、できるだけ早く進めて欲しいのですが、調停が始まるのはいつ頃になるのでしょうか」

できれば悠人の小学校入学前に離婚して悠人を引き取りたいと思っていたのに、自身の体調不良もあって随分と時間が経ってしまった。小百合としては一日でも早く進めて欲しい気持ちで一杯であった。

男性職員は、少し申し訳なさそうに

「通常ですと一か月後くらいには初回期日が指定されますが、年度末から年度初めにかけては期日が入らないので、連休前後になってしまうかもしれません」

と答えた。

「そうですか」

覚悟はしていたが落胆は隠せなかった。

「あの、調停が始まるまでに何か準備をしておいた方が良いこととかあるのでしょうか？」

とあまり考えずにすがるような質問をしていた。

男性職員は、海南家庭裁判所では未成年の子どものいる離婚調停や面会交流調停の当事者には、子どもの視点に立った解決を考えてもらうための子どものためのガイダンス[③]を実施していることを説明した。具体的には、両親の紛争が子どもにどのような影響を与えるか、子どもの心情や生活に配慮するための方法などについて解説した二十分ほどの「お子さんのためのガイダンス」というＤＶＤを作成していて、第一回調停期日の待ち時間に視聴を勧めているとのことであった。

そして、小百合は、男性職員から、最高裁判所が作成した一時間ほどのＤＶＤ[④]を受付の待合室で流しているので、時間があればそれを視聴してみてはどうかと勧められた。

Zoom up 3　子どものためのガイダンス

未成年の子どものいる調停においては，父母が子の福祉に配慮する姿勢を持ち，子の福祉にかなった紛争解決を図ることが必要になります。そのため，父母に対し，紛争が子どもに与える影響，紛争下にある子どもの心理，紛争下にある子どもへの適切な接し方などについて，知識付与を行うことを目的に全国の家庭裁判所において，様々な形でガイダンスの取組が進められています。方法としては，個別説明形式が多いですが，集団講義形式を行っている庁もあります。

時期は，初回期日の待ち時間を利用したもの，調停期日外に行うものなど，様々であり，時間も20分程度のものから90分程度のものなどがあります。

Zoom up 4　啓蒙用DVD

各裁判所には，最高裁判所から配布されたDVD「離婚をめぐる争いから子どもを守るために」「子どものための面会交流に向けて」「子どものいる夫婦が離れて暮らすとき考えなければならないこと」があります。庁によっては，待合室での視聴が可能となっています。また，裁判所のホームページからは，「離婚をめぐる争いから子どもを守るために」（5分），「子どものための面会交流に向けて」（14分）を視聴することができます。「離婚をめぐる争いから子どもを守るために」では，①両親の対立の狭間におかれる子どもの心理（親として避けるべきこと），②何も知らされずに，一人で不安になる子どもの心理（親としてするべきこと），③両親の離婚によって子が感じる喪失体験（サポートの必要性），④離婚後の親子関係を良好に継続することの必要性，⑤面会交流と養育費の必要性について，簡単に説明しています。「子どものための面会交流に向けて」では，子どもにとって望ましい面会交流のあり方について，良い例と悪い例を提示しながら具体的に説明しています。

(2) ＤＶＤ視聴

小百合は、受付待合室で「子どものいる夫婦が離れて暮らすとき考えなければならないこと」というタイトルのＤＶＤを視聴した。引き続いて面会交流のＤＶＤに切り替わったところで、慌ててハンカチで目尻を拭った。知らず知らずに涙を流していたことにようやく気付き、周囲を見渡したが、誰もいなかった。悠人を連れて家を出ようとして、悠人を連れ出せなかった日のことが思い出され、さらに熱い涙がこみ上げてきた。

悠人は、母親がいなくなり、連絡もないことをどう受け止めているのだろう。悠人の前では喧嘩をしないよう気を付けてきた。両親の喧嘩を目の当たりにしたことはないはずである。でも。小百合自身、家を出た日の記憶は少しあいまいになっているが、

「小賢しい女はいらん。出て行きなさい！」

と怒鳴られた恐怖と胸の痛みは消えていない。あのとき、悠人は近くにいたのだろうか。悠人は、両親の関係をどんな風に感じているのだろうか。小百合は、家を出てから一日として悠人のことを考えない日はなかった。食事はどうしているのだろうか。仕上げ磨きは。読み聞かせは。添い寝は。

「お母さん、あのね、ゆうとね」

少し甘えた話し方を思い出しながら、小百合は、悠人が自分たち夫婦の関係や祖父との関係をどう感じているか、そんな視点で考えたことはあまりなかったと振り返った。

「じーじは、お母さんにいじわるなの？」

まだ、悠人が四歳になるかならないくらいの時、何かをきっかけに尋ねられたことがある。

「そんなことないよ。お母さんがちょっと失敗が多かっただけ」

と答えると、

「そうなんだ。失敗しないようにしなきゃね」

と笑っていた。しかし、家を出るころには、悠人は、自分から祖父に近づいたり、話しかけることはほとんどなくなっていた。幼い悠人なりに家族のぎくしゃくした雰囲気を察していたのかもしれないと思うと、胸が締め付けられる思いであった。

5　海南家庭裁判所

(1)　調停期日及び調停委員の指定

「前田主任書記官、インテーク終わりましたので、記録お返しします」

富士家庭裁判所調査官は、インテークを終えた事件記録を前田主任に返還した。

「期日立会い命令をもらう事件はありましたか」

「いえ、今日は全件調停先行意見です」

前田主任は、記録の授受簿に押印しながら、母親が小学生の子との面会を求めている事件がありましたが、あれも調停先行ですか、と富士調査官に尋ねた。

「はい。実は、最初は初回立会い意見だったのですが、中山主任調査官の指導でまずは調停委員による聴取をお願いすることにしました。そういえば、中山主任から調停委員の指定にあたっては、どちらか一方に面会交流に慣れている先生をお願いするよう言われていました」

「分かりました。任せてください」

前田はうなずいた。

用語解説

【インテーク】

インテークは手続選別と呼ばれています。申立てから間のない段階で，家庭裁判所調査官（以下，調査官という。）が申立書，戸籍等の限られた情報から進行についての見立てを行い，調査官関与の必要性，調停進行の指針などについて，定型の書面で意見具申を行います。

海南家庭裁判所では、紛争の実情把握はもちろん子どもの意思把握の一次的主体も調停委員会であること、調査官には効果的で効率的な関与が求められることから、調査官の初回期日立会いは限定的にしています。本件でもまずは調停委員会による調停を先行し、調査官関与の必要性が生じた時点で当番調査官による調整的関与を検討するのが相当との意見となっています。なお、同様のケースで調査官が初回期日から立ち会う裁判所もあります。

(2) 調停期日前の調停委員同士の打合せ

午前九時三〇分、滝山調停委員が書記官室に記録を受け取りに行くと、すでに相調停委員の藤田が記録を借り出した後であった。しばらく待っても調停委員控室に藤田が現れないので、滝山は、調停室に向かった。

滝山は、調停委員としてのキャリアは長く、一〇年以上になる。女性相談所で相談員をつとめていたが、体調と家庭の事情で退職し、その後、周囲の勧めもあって家事調停委員になった。当事者の話を常に共感的に傾聴する姿勢は、調停委員の間でも信頼を得ていて、調停協会の研修委員長を務めている。

藤田は、長年勤めた金融機関を定年退職し、職場の先輩の勧めもあって志願して昨年調停委員に任命された。社交的で懇親会の幹事などは巧みにこなすが、現役時代は仕事一筋であったこともあり、こまごまとした家庭内のもめ事には苦手意識を持っている。新任当

用語解説

【調停委員】

調停委員会は，１人の裁判官及び２人以上の家事調停委員で構成されています（家事法248条１項，21条１項・２項）。家事調停委員は，最高裁判所によって非常勤の公務員として任命されます（民事調停委員及び家事調停委員規則１条）。

【当番調査官】

調停当番として待機している当番調査官は，調停委員会から調査官関与についての相談を受け，調停進行について助言をしたり，調停立会いなどをして，調停進行をサポートしています。

初、何度か滝山と組んで離婚調停を担当し、滝山の経験と調整力に心服している。

滝山「藤田さん、おはようございます。ずいぶんお早いんですね」

藤田「おはようございます、滝山さん。また、ご一緒させていただくことになりました。どうぞよろしくご指導ください。

実は、私は、面会交流事件を担当するのは初めてなんです。面会交流の考え方について先日の研修で調査官からいただいた面会交流調停のための手引きを読んでいますが、恥ずかしながら、現職で働いている頃は、面会交流という言葉さえ知りませんでした。研修や実際の調停で面会交流についてわずかずつ分かってきたつもりなのですが、まだ感覚的にはちょっと。

別れて暮らす親は、そっと陰から見守る方が子どものためになるみたいな感覚もかつてはあったのですが。いやぁ、本当にお恥ずかしいのですが」

滝山「確かにまだそういう考えの方も少なくありませんね。調停を利用される当事者はもちろんですが、その親御さん、未成年者のおじいちゃん、おばあちゃんはそういう方が多いようです。

まだ、調停を始めるまで時間がありますから、手引きをおさらいしてみましょうか」

藤田「よろしくお願いします。

手引きに書かれていることはたしかにその通りなのでしょうが、調停で激しく争う中で面会交流の意義を当事者に理解してもらうのは難しそうです」

滝山「ほんとうに難しいことだと思います。夫婦間の紛争や離婚時の争いなどが解決し切れていないことも多いので、当事者は、自分たちの主張を通すことにやっきになったり、相手の主張を否定することに終始してしまいがちです。調停では、二人の争いとは切り離して、お子さんにとって何が最善かを考えてもらうこと、お子さんの視点に立ってお子さんのためにどうするのかを一緒に考えてもらうように働きかけ、調整していくことがとても重要だと言われています」

面会交流については、子どもの幸せを第一に考えなければなりません。しかし、パートナーとしての感情的な争いや葛藤を解決しきれない子どもの父母にとっては、パートナーとしてうまくいかなかった相手を子どもの親として尊重したり、親としては良いところがあると認めることは容易なことではありません。これが面会交流の難しさの一つです。子どもの父母には、パートナーや元パートナーの問題と切り離して、子どもにとってより良い面会について考える姿勢が求められますし、援助者には子どもの視線に立つような働きかけと同時に、父母の挫折や葛藤を理解する姿勢が欠かせません。

藤田「ええ。それができないと、リーフレットやガイダンスＤＶＤなども一般論としては分かるけど、自分たちの場合は別の事情があるという感じの争いになってしまう怖れがある気がします」

滝山「ご経験がないと言われますが、藤田さんはかなり本質的な問題をつかんで考えておいでですね。

　当事者も一般論としての面会交流の意義そのものに反対する方は少なくなった気がします。調停を進めるに当たっては、当事者それぞれに一般論をご自身の問題として理解していただくように説明することが大事だと思います。そしてそのためには、実際に調停を進める中で、個別具体的な実情やそれぞれの心情を把握することが大切です。そのうえで面会交流ができない要因を把握、整理して調整していくことになります」⑤

藤田「それぞれのケースにおける個別具体的な実情が大切ということなのですね。私は、とにかく面会交流に応じてもらうよう説得しなければならないと考えていました。少し勘違いをしていたようです」

滝山「説得が必要な場面もあるかもしれませんが、面会交流に限らず、どの事件類型の調停でもまずは個別具体的な実情把握が大切だと思います。同じような紛争でも、それぞれの家族が異なるように、同じも

Zoom up 5

面会交流実施の隘路を克服するための方策

面会交流の実施をめぐっては，当事者間の対立が激しいため進行に困難を覚える事案は少なくありません。その要因としては，①夫婦，元夫婦間の感情的対立が解消しておらず，面会交流の意義を十分に理解できないこと，②別居親が現実的ではない面会交流の方法を主張したり，同居親が面会交流の実施について漠然とした不安を抱えていること，③子どもが面会を拒否していることなどが挙げられます。

このような隘路を克服するための方策として，①については，面会交流に関する各種リーフレットの活用，DVDの視聴，家裁調査官による事実の調査・調整，子どものためのガイダンスの実施が考えられます。また，②については，家裁調査官による事実の調査・調整の活用，調停委員会による同居親の不安を解消するための別居親への働き掛けやそれを踏まえた同居親への働き掛けが重要です。③については，調査官による子の意向・心情についての調査があります。また，面会交流の試行，期日間における当事者同士による任意の面会交流等の活用も有用です。

《進め方の打合せにおける確認事項》

1　双方に代理人がついておらず，記録から把握できる実情は限られていることから，初回期日である今日は，ある程度時間を取って双方から概括的にこれまでの生活や紛争の実情を丁寧に確認する必要がある

2　本件当事者は，婚姻中の夫婦で，記録からは双方とも今後の夫婦関係についての意向が明確になっていないことから，面会交流以外の争点として，離婚そのものを巡る争いや子どもの監護者指定を巡る対立などが出てくる可能性がある。その場合には，基本的には面会交流調停なので，その他の争点と面会交流を切り分けて進める必要があるが，進行に迷うようであれば評議を要請して裁判官の意見を求めることにする

のは一つとしてありません。それぞれの実情と気持ちを確認して、そのケース、ケースに応じた解決策を当事者と一緒に考えていくことが大事なのだと思います」

藤田「だいぶ迷いがすっきりした気がします。ありがとうございます」

滝山「では、今日の事案について、少し具体的に打ち合わせをしておきましょう」

――滝山と藤田は、当事者の人定事項や家族状況、答弁書の内容など事前に各自で確認した事項を再確認し、列席説明[6]の分担や調停の進め方、裁判官に評議[7]を求めるタイミングなどについて打ち合わせた。

【列席説明についての図】

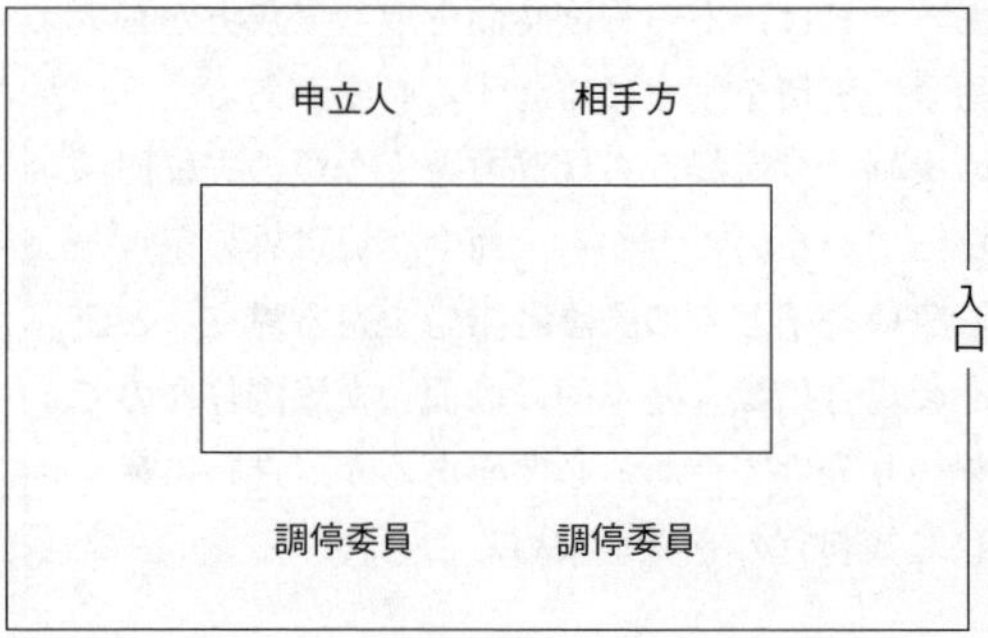

申立人　相手方

調停委員　調停委員

入口

Zoom up 6　列席説明

冒頭の手続説明や期日終了時に期日当日の到達点，次回期日までの課題の確認などを双方列席のもとで行うことを言います。当事者の主張や考えを聴取するものではなく，基本的に調停委員からの情報を同席の場で聞くことになりますので，双方の当事者が同席した状態で調停を進行する同席調停とは異なるものです。

法律に定められた手続ではありませんが，手続の透明性確保，当事者の主体的な解決意欲の涵養，効率的な調停運営などの視点から有用で積極的な活用が求められています。

ただし，一方当事者が他方当事者から暴力を受けたことがあったり，双方の感情的対立が激しい場合には，実施が相当でない場合もあり，このような場合には別席で行います。

評　議

評議とは，裁判官及び調停委員が事件の進行等について意見交換や相談等を行うことです。評議を行うことにより，調停委員会としての意思統一が図られます。

評議は，調停開始前（事前評議），調停の途中（中間評議），調停終了後（事後評議）に行います。

まず，事前評議は，申立書，答弁書等を検討し，問題点を把握し，その解決の方針，事件の進行方針等を協議します。

中間評議は，調停の途中において，新たな情報により進行方針を確認したい場合や調査官関与（出頭勧告，意向調査等），当事者の説得方法について協議したい場合に行います。

事後評議は，調停の進行具合を確認した上で，進行の阻害要因を分析し，次回期日以降の進行方針を検討します。

調停委員会は，事実に関する考え方や法律上の問題点等を述べるなどして，当事者に対し合意に向けて働き掛けを行うことが重要です。調停委員会の紛争解決機能を高めるためにも，評議により意思統一をして調停を進めていくことが大切です。

6　第1回調停期日～当事者列席のもと手続説明を丁寧に行い、双方から個別に事情を聴取する

(1)　列席説明

藤田「おはようございます。調停委員の藤田です」
滝山「同じく滝山です」
藤田「さっそくですが、お二方の確認からさせてください。申立人の佐藤小百合さんですね」
小百合「はい」
藤田「調停を申し立てた方を申立人といい、申し立てを受けた方を相手方とお呼びすることになっています。相手方の佐藤友和さんでいらっしゃいますね」
友和「そうです」
藤田「お二方とも調停を利用されるのは初めてでしょうか。こちらのシート「調停の進め方と流れ」をご覧ください」

――男性調停委員の藤田は、自身の緊張を表に出さないよう努めて柔和な態度で説明を始めた。

藤田「調停と言いますのは裁判所を利用した話合いの手続になります。私ども調停委員二名と担当裁判官の三名が調停委員会を構成して話合いのお手伝いをしていきます。
私どもが申立人である小百合さんと相手方である友和さんからそれぞれご主張や背景事情などをお聞きし、裁判官にもうかがったお話をきちんと伝えさせていただきます。裁判官は同時に幾つもの調停を担当しているので、常にこの部屋にいることはできませんが、要所要所で、評議と言いますが、協議するなどして進行を相談し、また、直接調停に出席して進行をしています」

【参考】調停の進め方と流れ

調停の進め方と流れ

1　調停とは，調停委員会によって進められます

①　調停委員会は，裁判官一人と調停委員二人以上で構成されています
②　通常は調停委員が応対し，調停委員は適宜裁判官に報告します
③　報告，評議のために，メモを取らせていただきます（メモは記録にはなりません）

2　調停は裁判ではなく，話し合いの場です

①　当事者の話し合いによって，解決を目指します
②　個別，交互に約30分ずつ調停委員が話を伺います
③　伺った内容を他方当事者にお伝えして話し合いを進めます

【未成年のお子さんがいる場合】
子どもの利益や福祉を優先させましょう
①　父と母の主張の対立・感情の衝突により，子どもが板挟み状態となることがありますので，子どもへの配慮の姿勢を持ち続けてください
②　子どもの利益と福祉を図る観点から子どもの様子や生活状況等をお聞きします
③　子どもの「これから」をどう考えていくのかをお聞きします

3　調停委員会は公正・中立の立場です

4　調停は非公開で行われ，調停委員会には守秘義務があります

5　主な調停の終了事由

①　調停成立
・両当事者が合意に達したときは，相当性を確認した上で，調停成立となり，調停調書が作成されます
・調停調書の記載内容は，判決や審判と同じ効力を持ちます
②　調停不成立
・合意の見込みがなく，調停では解決ができないと判断される場合は調停不成立となります
・それ以降の解決手段は，訴訟や審判手続の方法によることになります
③　取下げ
・申立人は，途中いつでも申立てを取り下げることができます

――藤田は冗長にならないよう気を付ける一方で早口にならないよう努めつつ、「調停の進め方と流れ」について説明した。

藤田「調停の進め方と流れについての説明は以上ですが、本件に即して二点補足して説明します。

まず、今回小百合さんから申し立てられている面会交流という調停は、話し合いで合意に達せず不成立になると、新たな手続を取ることなく裁判所が結論を示す審判手続に移行します。⑧

審判では、面会交流をするかしないか、するとすればどのような頻度、方法が望ましいかの判断が示されます。ただし、養育費などの金額を決める事案に比べると、面会交流は当事者の合意で解決することが望ましいので、話合いによる合意を目指して調停を進めていきます。そのため、調停を進める中で審判に移行した後の裁判所の判断見通しを持てるような様々な調査なども行い、必要に応じて裁判所の考え方などについてお伝えすることがあるかと思います。

二点目は、お子さんの利益や福祉を優先させるという点です。

未成年のお子さんがおられる事案では、お子さんの気持ちや状況に配慮し、お子さんの幸せを第一に考える視点を持って調停を進めています。そのための具体的な方法の一つとして、「お子さんのためのガイダンス」というＤＶＤを調停の待ち時間に別の部屋で視聴していただくようお願いしています。

ご両親の不和や争いが子どもに与える影響やお子さんへの対応で気を付けるべきことなどを紹介した内容になっています。調停の早い段階で視聴していただき、お二方ともご自身の考えや気持ちだけではなく、お子さんの福祉を第一にこれからのお話合いに臨んでいただければと思いますので、ご理解をお願いいたします。

ここまでのところでご質問はありませんか」

【参考】面会交流調停の進め方

面会交流調停の進め方

1　導入段階
①　面会交流に関する実情の把握
②　面会交流を禁止・制限すべき事由の有無及び阻害事由の検討
③　面会交流の目的及び意義の説明

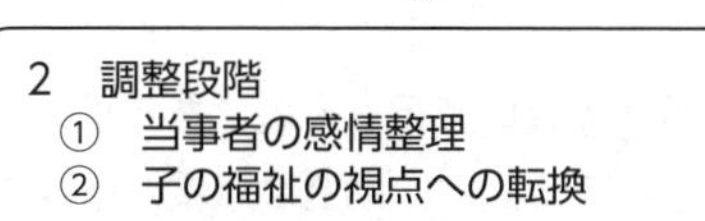

3　最終段階
①　面会交流実現に向けた条件の検討
②　調停条項案の提示

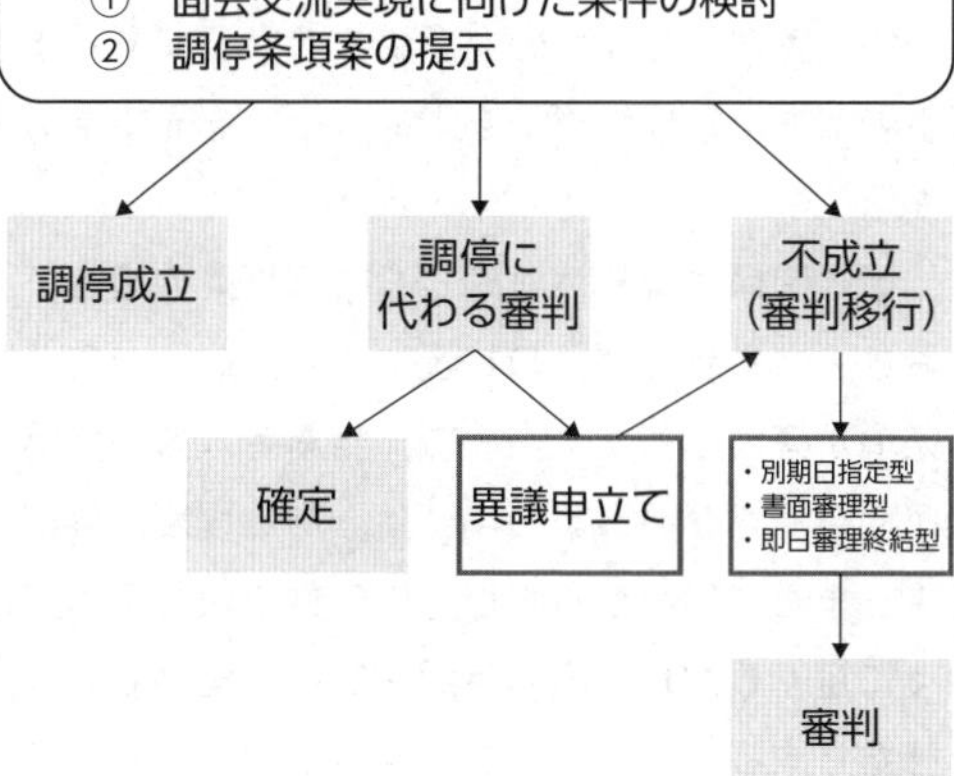

調停委員は、先ほどのシートを使用して説明をする過程で、当事者の様子に気を配り、当事者とやりとりをする中で信頼関係の構築を図っています。

２　調整段階

導入段階で把握した実情を基に，面会交流を妨げる要素を整理し，何が解消されれば面会交流実施に話が進むのかを見極めていきます。

(1)　当事者の感情整理

ほとんどのケースでは，当事者の感情が問題となります。当事者の話をじっくりと聴くことで気持ちを受け止め，感情を解きほぐしつつ，当事者の紛争と子の問題とは分けて考えるよう，働き掛ける必要があります。感情以外に，具体的な問題が明らかな場合には，当事者と問題点を共有し，どのような方策が解決に有効か当事者に考えてもらいながら，適度に助言をしていきます。

(2)　子の福祉の視点への転換

面会交流は，子の福祉に資する目的で行うものであるため，子の視点に立って現実的に考えてもらえるよう，助言や示唆が必要になります。必要に応じて，ツールや調査官調査の活用を検討してください。

３　最終段階

(1)　面会交流実現に向けた条件の検討

ある程度，長期的に実現可能なものを意識する必要があります。検討は，まずは当事者双方に条件の提示を求め，それを元に進めます。

(2)　調停条項案の提示

当事者双方に，信頼関係や柔軟性が感じられる事案の場合，大まかな内容を決めておき，当事者及び子の状況により，適宜，自分達で変更できるような条項が考えられます。一方，当事者双方に，信頼関係がなく，柔軟性が期待できない事案の場合は，ある程度，詳細に条項を詰めておきます。また，初めから固定的に条件を決めるのではなく，実施の間隔を徐々に短くしたり，実施時間を徐々に延ばしたり，他の交流方法を組合せたりするなど，段階的に条件を変化させる条項を検討することも考えられます。

４　まとめ

面会交流調停における手続進行は，前頁のとおりです。

面会交流調停の進め方

1　導入段階

調停の導入段階においては，(1)面会交流に関する実情の把握と，(2)面会交流を禁止・制限すべき事由の有無及び阻害事由の検討，(3)面会交流の目的及び意義の説明，の３点を念頭に置いて調停を進めます。

(1)　面会交流に関する実情の把握

大きく分けて，ア父母の問題，イ親子関係の問題，ウ子の問題に整理することができます。

ア　父母の問題については，別居中，離婚手続中，離婚後といった各段階における紛争の状況や内容を把握し，父母間の感情的対立の有無，程度，その原因などを中心に聴取します。

イ　親子関係の問題については，同居時及び別居後の別居親と子との関係，接触の有無，頻度，内容を聴取します。

ウ　子の問題については，子の年齢における一般的な状況に照らして，子の生活，心身の状況，子の意向を聴取します。これらの基礎的な情報を基に，以後の調停を進めます。

(2)　面会交流を禁止・制限すべき事由の有無及び阻害事由の検討

面会交流調停の進め方としては，まず，面会を禁止，制限する必要があるような主張や事情があるかどうかを見極めます。そして，禁止制限事由がない場合には，面会交流が円滑に行えていない要因，いわゆる阻害事由が何であるかを把握し，その阻害事由の除去，軽減に必要な調整を行っていきます。その上で頻度，方法など具体的な面会交流の在り方について調整していきます。

(3)　面会交流の目的及び意義の説明

調停の導入段階から当事者に説明し，調停全体で繰り返し伝えます。当事者に伝える際には，まず当事者が面会交流に対してどのような考えを持っているのか話してもらうなどし，押しつけや，当事者の考えを頭から否定することにならないようにしましょう。

小百合「あの、悠人の幸せを一番に考えていただけるということでとても安心したのですが、悠人の気持ちを尊重するとして、実際にはどうやって悠人の気持ちを確認するのでしょうか」

――友和が藤田委員が答えようとする機先を制するように言葉をはさんだ。

友和「私もそれが気になっていました。大人ですら緊張するような調停に悠人を連れてこなくてはならないのでしょうか」

――調停を始める前から子どもの意思をめぐる差し手争いが始まったようで、藤田委員は、相調停委員の滝山にヘルプの視線を送った。

滝山「なるほど、お二人とも悠人さんのことを大切にされているのですね。
さきほどご案内したお子さんのためのガイダンスのＤＶＤにもありますが、ご両親の不仲や争いに巻き込まれたお子さんは、一般的に争いや不仲を自分の責任だと思い込んで自分を責めたり、一緒に暮らしている親御さんに気を遣ったりと様々ではあるけれど、一定の反応を示しやすいと言われているようです。
また、発育や発達の状況も様々ですから、お子さんの言葉だけでお子さんの気持ちや状況を理解するのも難しいと言われています」

ポイント

滝山委員は、藤田委員のヘルプの視線に「お二人とも悠人さんのことを大切にしているのですね」と応えました。当事者双方が発した不安、疑問に対し、その発言の背景に共通して存在しているはずのポジティブな感情を言葉にして投げかけたのです。少し否定的なニュアンスのある質問や発言を受けると、得てして、「しかし」や「そうではなくて」などと反論、説得をしがちになります。まずは、「なるほど」、「～ことなのですね」などと肯定したり、要約したりすることが円滑な進行には有効です。

Zoom up 9　調停委員会と調査官との連携

調停委員は，子の意向・心情，子の監護状況，子の生活状況，当事者の意向・心身状況，父母の葛藤・緊張関係の程度等に関する事情を聴取していきます。一方，調査官は，適切妥当な解決を目指す調停進行に寄与するために，調停の進行に必要な事情等についての調査を行います。また，調停のどの進行段階で，どのような調査を行うのが効果的であるか等につき調停委員会に意見を述べたり，調停進行を援助するために調停期日に立ち会ったりします。

調停委員会と調査官との連携は，以下のとおりです。

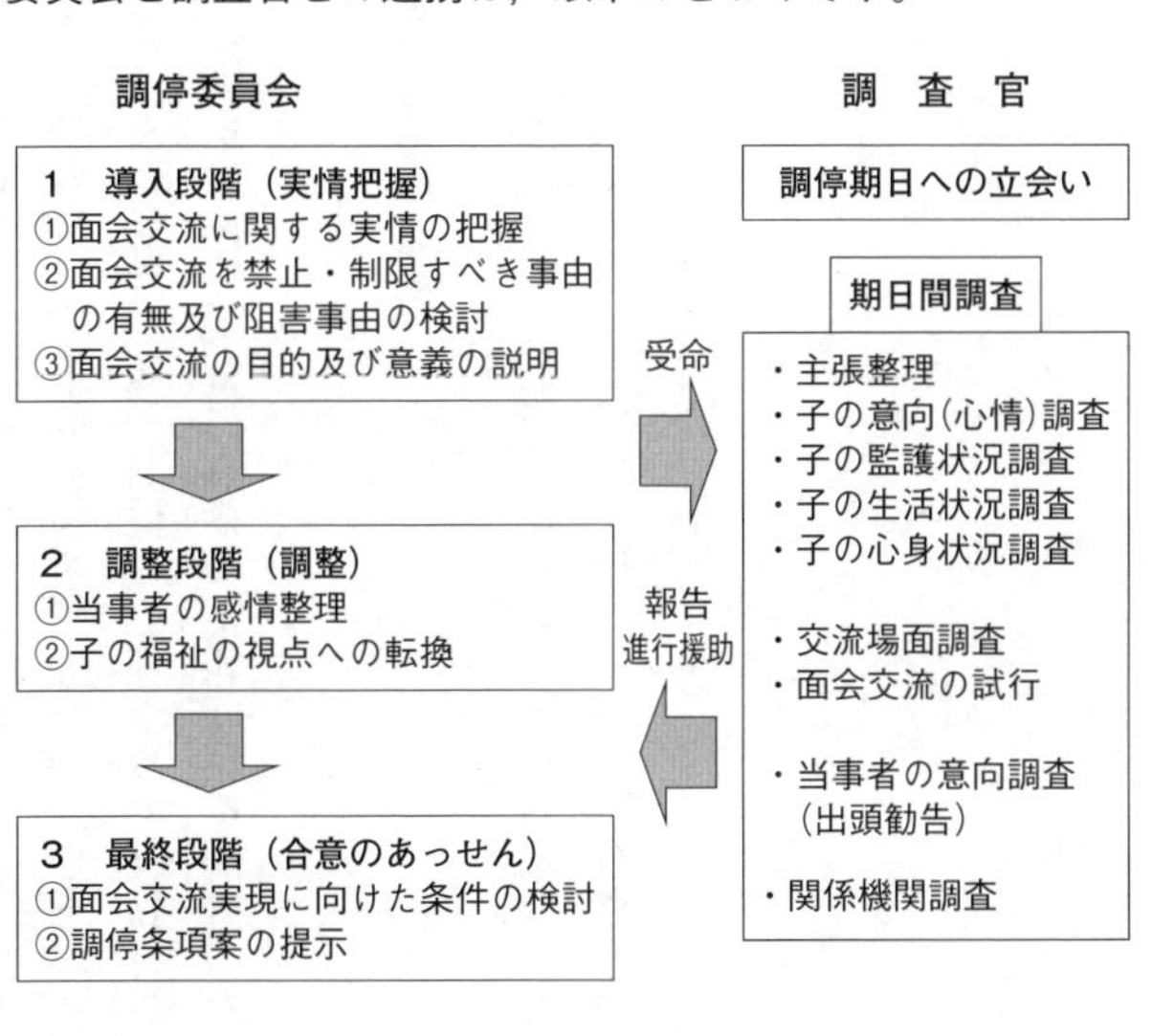

滝山「まず私ども調停委員がお子さんについてお二方からそれぞれ教えていただき、お子さんの置かれた状況について理解を深めていきます。

お父さん、お母さんの理解が異なっていたり、直接お子さんの様子を確認したり、気持ちを聞いたりすることが必要だという状況が生じた場合には、[9]家庭裁判所調査官の関与をお願いすることになります。[10]家庭裁判所調査官というのはお子さんの発達や親子関係、心理学等の行動科学を専門にしている家庭裁判所の専門スタッフで、調停とは別個に調停進行に有効な情報収集や調整のための調査を担当します。ここまでよろしいでしょうか」

――滝山は、小百合と友和の双方に視線を配りながら説明した。

藤田「それでは調停を始めます。まずはそれぞれからお話をお伺いしていきます。もし、ご質問等があれば、遠慮は要りませんので、その都度お尋ねください。では、中立人の小百合さんから三〇分ほどお話を伺いますので、友和さんは先ほどの待合室でお待ちください」

Zoom up 10

家庭裁判所調査官

家庭裁判所は，夫婦，親子，親族等の身分関係に基づく紛争や問題を家事審判や家事調停，人事訴訟などによって解決するほか，非行を犯した少年について処分を決定しますが，いずれも法律的な解決を図るだけではなく，事件の背後にある人間関係や環境を考慮した解決が求められます。そこで，家庭裁判所には，家庭裁判所の後見的・福祉的機能から，心理学，社会学，教育学，社会福祉学等の専門知識を有する家庭裁判所調査官が配置されています（裁判所法61条の2，家事法58条，59条等）。調査官は，家事調停事件等において，子どもの生活状況（監護状況）を調査したり，調停期日に出席して事件の解決のために，当事者の自主的解決能力を引き出すなどの調整的な役割を果たして合意形成に寄与しています。

家事係調査官の役割は，大きく3つあります。①手続選別，②事実の調査（家事法58条，258条1項）・調整（家事法59条3項，258条1項），③立会い（家事法59条）です。

①手続選別では，調査官が申立書，戸籍等の限られた情報から進行についての見立てを行い，調査官関与の必要性，調停進行の指針などについて，定型の書面で意見具申を行います。

②立会いとは，調査官が調停に出席することを意味します。調査官は，裁判官からの命令を受けて調停に立会い，当事者の自主的解決能力を引き出すなどの調整的な役割を果たします。

③事実の調査・調整では，調査官が調停外で，「双方の主張整理」や「子の意向（心情）調査」や「子の監護状況調査」を実施し，その結果を調停に反映させ，合意形成を図るための支援などしています（詳細については，次頁の「調査事務の一覧表」を参考にしてください。）。

※本一覧表での調査事項は主なものであり，面会交流に特化したものである。

調査の方法
○当事者に面接する。 受容，共感を基本姿勢とし，要約，直面化などのマイクロカウンセリングの技法やその他さまざまな面接技法を使って，事実関係だけでなく当事者が適切に表出しきれていない心理的な事実を聴取し，意向や主張を整理する。
○子に面接する。 調査説明用ツールを使用し，子の理解を促進したり，親子関係診断テストや描画等の心理検査や面接補助ツールを使用する，子どもならではの特質に合わせた面接技法を使うなど，子の発達に応じて子の意向や心情を的確に把握する工夫を重ねている。非言語的な情報の収集と分析も重要である。 ○親（同居親，別居親）に面接する。 通常の面接技法に加えて，子の発達スケール検査などの使用，母子手帳や通知表，アルバムなどの客観的資料を用いて事実を確認し，子の養育，発育に関して，緻密な情報収集を行い，子との面接の準備を行う。
○子や同居親や監護補助者に面接する。 ○家庭訪問による面接と観察により，家庭の状況，子と同居親の関係性等を把握する。 家庭訪問では写真や行事予定などの展示，安全配慮など細やかに日常生活に関する様子を観察し，親子の関係性把握のため，片付けや食事場面などの場面設定を行うこともある。 ○学校や保育園に行き，教師や保育士等に面接する。 印象や意見ではなく，客観的な事実を収集するため面接技法や手続説明に工夫をしている。
○子や同居親や監護補助者に面接する。 ○家庭訪問して，家庭の状況や親子の様子を観察する。 ○学校や保育園に行き，教師や保育士等に面接する。
○子や同居親に面接する。 ○病院，学校，施設等に行き，医師，教師，児童福祉司等に面接する。
○家庭や裁判所の児童室などで親子の面会交流場面を設定し，必要に応じて交流が円滑に行われるよう援助，調整する。その場面を観察し，結果を分析し，評価する。
○裁判所の児童室で別居親と子が面会交流する場面を設定し，その様子を観察し，結果を分析評価する。
○事案に応じて面接，電話，書面による照会を行う。
○関係機関から事情聴取する。

【参考】調査事務の一覧表

調査事項	調査の目的
主張整理	○当事者の主張を整理して，明確にする。 ○時間をかけて話を聞くことで，感情の整理も図る。
子の意向調査 （子の心情調査）	○子の意向や心情を把握する。 子の意向とは，会いたいか，会いたくないかという直接的な意向にとどまらない。現状をどのように捉えているか，その認識の基になった情報はいつ，だれから，どのように伝えられたものかを丁寧に把握し，子が言葉に表現した意向の背景事情を把握し，言葉に表現しきれない望み，気遣い，心配などの感情を明らかにする。
子の監護状況調査	○子の監護状況や，子と同居親との関係性等を把握する。
子の生活状況調査	○子がどのような生活を送っているかを明らかにする。 面会交流の頻度，時間，方法などを検討するために，詳しい生活スケジュールを把握する。
子の心身状況調査	○子の健康状態，発達の状況，性格行動傾向を明らかにする。
面会交流の試行	○面会交流の実施に向けた調整を行う。 ○面会交流の実現可能性を明らかにする。 ○面会交流の在り方を検討するための情報を収集する。
交流場面調査	○親子の関係性や子に対する親の配慮姿勢を把握する。
当事者の意向調査 （出頭勧告）	○不出頭当事者に，調停手続や仮に不成立となった場合の紛争解決の見通し等に関する情報を付与した上で，解決方法に関する不出頭当事者の意向を把握する。 ○不出頭当事者に対し，次回期日への出席を働きかける。
関係機関調査	○子の状況等について，関係機関（学校，病院，児童相談所，保育園等）から客観的な情報を得る。 他の調査事項と併せて発令されることも多い。

(2) 小百合への聴取①——申立ての経緯と悠人の引渡しと面会交流を求める主張

——友和が何か言いたげなそぶりを見せながらも退室すると、小百合は少しほっとする感じがした。

藤田「それではお話を伺っていきます。提出された申立書は拝見していますが、まずは小百合さんの具体的な面会交流についてのご主張、ご希望をお話いただけますか」

——小百合は、どこから話せばよいのか戸惑いながら、面会交流調停を申し立てたが、一番実現したいのは悠人を手元に引き取ることであること、しかし、そのような申立てをすれば相手方が頑なになって話合いどころではなくなってしまう心配があったので、面会交流を申し立てたこと、だから具体的な主張を尋ねられてもうまく答えられないことを話した。

藤田「なるほど。面会交流調停を申し立てたけれど、実際に実現したいのはお子さんを引き取りたいということですか。ご事情は分かりましたが、それでは申立ての趣旨が全然違ってしまいます。調停の進め方としては、どうしたものでしょうか」

滝山「だいぶ複雑な事情やお気持ちがおありのようですね。少しこれまでの背景事情を伺ったほうがよいように思いますので、別居されたいきさつの辺りからどのような経緯だったのか教えてもらえますか」

❖　❖　❖　❖　❖　❖　❖

――小百合は、極力感情を抑え、事実を簡潔に伝えるよう話した。自分の気持ちを話し出してしまったら、取り止めがつかなくなるのが自分でも嫌というほど分かっていたので、滝山が要所要所で事実関係に焦点化した質問をしてくれて助かった。

滝山「これだけ大変な経過を要領よくお話しするのは大変だったでしょう。でもおかげでだいぶご事情が理解できました。一番実現したいのは悠人くんをこれまでどおりお母さんの手元で育てたいということなのですね。でも、それを実現するには相当大変で時間もかかると思うので、まずは悠人くんの情報を得たい、何よりも一日でも早く会って安心させてあげたいというお気持ちだと理解してよろしいでしょうか」

小百合「はい。そのとおりです」

調停委員は、当事者が本当に実現したいこと、主張したいことを理解、確認するために、婚姻中の事情や紛争の実情など幅広く聴取します。

滝山委員は、聴取した主張や内容を要約して当事者に伝え、調停委員の理解が間違っていないかどうか確認しています。このように当事者の考えを確認することがとても大切です。

滝山「お気持ちはよく理解できました。

手続的な説明になるのですが、小百合さんが申し立てている面会交流調停は、話合いで合意に至らない場合は調停不成立となり、面会交流を命じるかどうか、命じる場合は、どのくらいの頻度や方法が良いのか裁判所が判断する手続である審判に移行します。ここまではよろしいでしょうか」

小百合「本日の冒頭に列席で伺った手続ですね」

滝山「はい。調停は話合いの手続なので、ある程度柔軟に進めていくこともできますが、審判では中立ての趣旨に対する判断しか行うことはできません。
面会交流を求める面会交流事件では面会交流についての判断しかできないわけです」

小百合「悠人を引き渡してもらうためには、別の手続でなければならないということですね」

滝山「そのとおりです。ここからが重要で、小百合さんには十分にお考えいただく必要があるところなのですが、面会交流を定めるということは、監護者がどちらか一方に定まっていることを前提にしているのです」

小百合「どういうことでしょうか」

滝山「お子さんにとって、離れて暮らす親御さんとの面会交流はとても大切なことですが、安定した生活の中で安心して会えることが大切です。親御さんの紛争に巻き込まないことが大切だともいえますね」

小百合「はい」

滝山「面会をする上で、もっとも激しい親御さんの争いとして、お子さんの取り合いが挙げられます。お子さんの福祉、利益にかなう面会交流にするためには、お互いにルールを守ることが大切ですが、最も基本的で大切なルールは、送り出した親御さんのもとにきちんとお子さんを返してもらうことになります。ですから、裁判所で面会交流の取決めを行うということは、結果として、お子さんと同居している親御さんが監護者となるということになるのです」

小百合「ということは、悠人に会う方法を決めるには、悠人の生活拠点をあの家に置くことを前提にしなければならないっていうことですか！」

滝山「佐藤さんご夫婦の実情はお伺いしましたし、調停は、話合いの手続なので譲り合いの気持ちで話し合えるよう進めるのが大切なのですが、面会交流調停の大きな枠組としては理解しておいていただく必要があるのではないかと考えて説明させてもらいました」

小百合「そうですか。でも、そうなると、どうしていったらいいか分からなくなってしまったのですが」

滝山「今日は初回の調停ですから、まずは小百合さんが実現したいこと、話合いの土俵に乗せたいことを相手方に伝え、相手方の考えを聞いてみるのが良いのではないでしょうか」

小百合「はい」

滝山「では、相手方の友和さんには、小百合さんが一番強く望んでいるのは悠人くんの引き取りであるが、まずは早急に悠人くんとの面会交流の実現を望んで今回の調停の申立てを行ったと伝えるということでよろしいでしょうか。また、具体的な面会の場所や方法については、まずはどのような形でも構わないお考えだということでお伝えしてよろしいですか」

小百合「はい。そのように伝えていただければと思います」

滝山「相手方のお話をお聞きする間しばらくお待ちいただきますが、その時間に先ほど説明したＤＶＤを視聴していただきます。よろしいでしょうか」

(3)　友和への聴取①――小百合が家に戻ってくるべきとの主張と悠人の様子

藤田「長い時間お待たせしてしまい、申し訳ありませんでした」

友和「いいえ。でも、だいぶ時間がかかりましたね。それで小百合はどのようなことを言っているんですか。子どもが小学校入学を間近に控えた時期に、些細なことで出て行って、挙句の果てに裁判沙汰にするなんてどういうつもりなんでしょうか」

藤田「小百合さんとしては、お子さんを手元に早急に引き取りたいと考えておられるのですが、ご夫婦の関係について結論を出すには時間もかかるので、まずはどんな形でもいいので、お子さんに会わせてもらいたいと考えて、調停を申し立てられたということでした。

中立てに至るいきさつなどを伺っていたので、予定の時間を過ぎてしまいました。申し訳ありません。友和さんとしては、まずはお子さんとお母さんである小百合さんとが面会をするということについてどのようにお考えになりますか」

友和「手元に引き取りたいということは、小百合は離婚したいということなのでしょうか。離婚には時間がかかるから、まずは悠人と会いたい、そういうことですか」

藤田「小百合さんのお気持ちとしてはそのようにお聞きしました」

友和「そんなのはあまりに子どものことを考えていないんじゃないでしょうか」

――友和は、これまでの結婚生活については小百合の話を概ね認め、何度か子どもと三人で家を出たいと求められてきたし、ワンマンな父親との関係では苦労をかけてきたと振り返った。

ただ、今回別居の発端になった友和の次姉が帰省していた時の会話については、正月の酒を飲んでのことであり、気持ちは分かるが、そんなに目くじらを立てて大騒ぎするほどのものではなかったのだと説明した。

友和「小百合の気持ちは分かりますが、形だけでも謝罪して、戻ってくるのが先決で、子どものことを考えれば、まずはそうすべきだとは思いませんか」

藤田「友和さんのお気持ちとしては、お子さんのためにはまずは戻ってきてもらうのが先決ではないかということですね」

友和「それが子どものためには最善だと思います」

藤田「そうしたお気持ちは、なるほどと思うところもありますが、さらにその前提として、ご夫婦の問題とは切り離して、まずはお子さんとお母さんとの交流を再開させるという点についてはいかがでしょうか」

友和「仮に食事に行くなり、遊びに行くなりして小百合と会ったとしてですよ、その後はどうなるんですか。母親が帰ってこないということになれば、子どもはまた寂しい思いをするだけではありませんか」

藤田「ですから、会い方やお子さんへの説明の仕方についても、話し合って工夫できればと思うのですが、いかがでしょうか」

友和「家族、夫婦の問題を後回しにして面会するのが子どものためになるとは思えませんよ。それよりも小百合が自分の気持ちを抑えて戻ってくれれば済むことです。最初に子どものことを一番に考えて調停を進めると言われたじゃありませんか。それであれば、小百合に家に戻るよう説得してくれませんか」

滝山「友和さんは、悠人くんにこれ以上寂しい思いをさせたくないとお考えなのですね」

友和「それはそうですよ。小学校の入学前に突然母親がいなくなってしまったのですよ。どれだけ寂しい思いをしたか」

滝山「そうですよね。悠人くんはお母さんがいなくなったことをどう思っているのでしょうか」

友和「小百合の父の具合が悪いのでしばらくおじいちゃんのところに行くと説明していたというメールがきていたので、悠人にはそのとおり説明しています」

ポイント

子どもは、両親の争いや葛藤に敏感で、様々な影響を受けます。その影響をできるだけ小さく抑えるためには、子どもの年齢や理解に応じて適切な説明をしてあげることが大切です。説明に当たっては、両親が同じ内容をできる限り嘘をつかずに行うことが望まれます。嘘をつかないということは、すべて本当のことを伝えなければならないということではありません。何をどのように伝えることが子どもの傷つきを最小限に抑えられるかという視点を共有することが大切です。

滝山「それに対して悠人くんはどんな反応だったのですか」

友和「同じ説明を母親から聞いていたせいか、それは分かっている様子でしたが、小百合がいなくなってしばらくは、お母さんはいつ帰ってくるのかと何度も聞かれて困りました」
滝山「悠人くんも友和さんも辛かったでしょうね」
友和「寝る前に一人で泣きべそをかいてる姿を見た時は、こちらも泣けてきてしまいましたよ」
滝山「そうだったのですね」
友和「ようやく、最近ではそうしたこともなくなって、母親の話が話題になることもなくなってきたのです。悠人がどう心の整理をつけたのかは分かりませんが、やっと寂しい様子を見せなくなったのに、ここで中途半端に会ったりしたら、また同じような寂しい思いを繰り返させてしまいます」

子どもが不在となった別居親の話題に触れなくなることがあると聞きます。本当に心の整理をつけて別居親の不在を受け入れたのでしょうか。子どもにとって両親は欠かせない存在です。その一方が生活の中から突然いなくなってしまい、不安や寂しさで不安定になるのは当然な反応といえます。状況は変わらないのに一見落ち着いたように見える状態は、必ずしも望ましいことではないことが多いようです。表面的な安定とは裏腹に心の傷として残り様々な影響が生じることが心配されます。

滝山「小学校での新しい生活はどんな様子なのですか」
友和「元気に通っています。幼稚園からの仲良しもいるのですが、新しい友達もできている様子で、昼休みには大人数で泥警とか色鬼やらといった走り回る遊びをやっているようです。四～五人くらいの新しい友達の名前もよく聞きます」
滝山「それは安心ですね。学校の準備や身の回りのことは誰がされているのですか」
友和「基本的なところは私の母親がみてくれています。幼稚園のうちは送迎もあって大変だったのですが、小学校に入ってだいぶ楽になったようです。小百合不在の生活にようやく慣れてきました」

滝山「友和さんとしては、面会によってやっと安定した生活が壊れてしまうのを心配されているのですね」

友和「そのとおりです。悠人が何も言わないので、悠人の気持ちは分かりませんが、せっかく落ち着いているのに波風を立てるのは良くないと思っています」

滝山「母親の不在をカバーするのは並大抵のことではないでしょうから、おばあちゃんをはじめ友和さんもみなさん一生懸命やってこられたのでしょうね」

友和「私は、自分のことなので仕方ないですが、母には頭が上がりません」

滝山「そうですね。ところで、友和さんも悠人くんが小百合さんについて何も言わなくなったことを少し気にされているのですね」

調停委員は、友和さんが悠人くんが母親について何も言わなくなったことに気づいていることを話題に挙げ、悠人くんがどのように感じていると思うか問いかけることで、友和さんがより子どもの視点を持つよう働きかけています。
まずは面会交流ありきというような一方的で画一的な働きかけはしていません。

友和「最初は我慢しているのではないかとか、大人の事情を何となく察しているのではないかとか気にしていましたが、最近の様子を見ると、悠人なりに吹っ切れたというか、母親不在の状況が普通になったのではないかとも思ったりします」

藤田「ほんとうのところ、悠人くんはどう感じているのでしょうね」

滝山「調停委員としては、小学校に入ったばかりの悠人くんが母親の不在に何も触れなくなっているのはとても心配です」

友和「もし、我慢をさせてしまっているとしても、小百合が戻ってきてくれない限りどうしてやることもできません。やはり、小百合に考え直してもらうことが一番だと思うのです」

滝山「ご夫婦の問題をきちんと解決していくことが大切なのは友和さんがおっしゃるとおりだと思います。ただ、これまでの積み重ねや経緯のあることなので、どちらかが我慢すればすべて解決できるものではなく、きちんと話合いをしていかねばならないでしょうし、それにはどうしても時間がかかってしまいます。

もし、悠人くんが人知れず寂しさを抱えていて、それが六歳のお子さんの限度を超えているとすれば、少しでもその状況を改善してあげる必要があるのではないでしょうか」

友和「でも、単に母親と面会すれば改善するものではないと思いますし、むしろ、悪影響の方が心配です」

滝山「悪影響というのは、別居当初のような寂しさをもう一度味わせてしまうということでしょうか」

友和「はい」

滝山「今、悠人くんがお母さんのいない状況にある程度適応して落ち着いているのか、寂しさや不安を抑圧してしまっているのかは、分からない状況です。ですが、どちらであっても、母親と会えること、すぐに元通りに一緒に生活できなくても定期的に会えることを実感させてあげることが大切ではないでしょうか。

別居当初は、一緒におじいちゃんの家に行くと言っていたお母さんが、なぜ自分を置いて行ってしまったのか分からず、いつお母さんが帰ってきてくれるのかも分からない状況でしたから、お母さんがいない寂しさだけでなく、これからどうなっていくのか分からない不安も大きかったのだと思います」

友和「それはそうですが、今会ったとしても状況は変わりませんよね。むしろ、小百合が離婚を考えている状況では、別居の時以上に不安をかきたててしまいます。大人の私だって受け止めきれない状況を子どもに伝えるなんて良くないと思います」

滝山「お子さんにはその年齢や理解度に応じて、お子さんが置かれている状況をきちんと説明してあげることが大切だと言われています。

ただ、友和さんが言われるとおり、大人でさえ抱えきれない難しい問題をお子さんに押し付けることは良くないことです。お子さんに説明する際の心構えとしては、大人の事情すべてを説明する必要はありません。でも極力嘘はつかず、子どもの理解できる範囲で伝えるのが望まれます。

また、説明はお子さんが最も信頼しているお父さん、お母さんの両方から同じ説明をしてもらうことが大切だと言われています」

友和「悠人にはどうすれば良いということでしょうか」

当事者の考えや不安を否定せずに丁寧に拾い上げてやりとりをすることで信頼が生まれてきます。その結果、友和さんから悠人くんへの対応方法を尋ねる質問が発せられました。

滝山「難しいところですが、当分、別居が続く可能性が高いということになれば、これからの家族のことで話し合っているというような説明はできるのではないでしょうか」

友和「嘘ではなく、子どもの理解できる範囲でということですか」

滝山「はい。ただ、友和さんも小百合さんもおじいちゃんの体調不良というこれまでの説明で通した方が良いとお考えになるのであれば、できるだけ早い時期に小百合さんからもう一度説明し、これからはこれくらいおきに会えるからといった見通しを示してあげることが大事だと思います」

友和「なるほど。確かにそのとおりなのかもしれませんね。しかし、実際のところを考えると、やはり難しい気がします」
藤田「どうしてでしょうか」
友和「実際に悠人を母親に会わせるとなると、私の父親が相当強く反対すると思うのです」

面会交流の話合いでは、双方の祖父母がキーマンとして登場することがあります。その場合、調停委員会が祖父母から直接事情を聴取することはありませんが、当事者双方を通じて祖父母の意向を確認しながら調整することになります。

藤田「おじいさんの反対には逆らえないということでしょうか」
友和「まぁ、逆らえないといえばそうなってしまうのかもしれませんが、逆らう以前に、もし面会するということになれば、父がどのような出方をするかが心配です。
　私は何とか話の仕方がありますが、直接、悠人に何を言うか分かりません。悠人の前でも平気で小百合の批判を繰り返してきた父ですので、直接、悠人に何か言われてしまうと悠人のダメージが大きくなり過ぎてしまいます」
滝山「そうした状況が心配されるので、難しいということなのですね」
友和「はい。そうした事情は小百合が一番分かっていると思います。なので、やはりまずは小百合に考え直して戻ってくるよう伝えてもらいたいです」
滝山「友和さんからの聴取もすでに四〇分を超えました。
　これから申立人の小百合さんに対し、お子さんに負担をかけない最善の方法は小百合さんが家に戻ることだという友和さんのお考えをお伝えします。

ただ、今後の夫婦、家族の在り方をどうするのかという点はとても難しい問題です。小百合さんが家に戻ることを承諾しない場合は、友和さんには面会交流調停の枠組の中で小百合さんと悠人くんの面会の在り方を検討いただけるよう、お願いいたします。

両親の紛争によってお子さんが受ける影響について考えていただきたいので、待機時間を利用して海南家庭裁判所が作成した「お子さんのためのガイダンス」というＤＶＤを別の部屋で視聴していただこうと思いますが、よろしいでしょうか」

反対当事者と交代する際には、聴取して理解した内容を簡潔に要約し、どのように反対当事者に伝えるか確認することが大切です。また、本事例のように反対当事者の対応によって生じる可能性のある課題について指摘したり、待ち時間での検討事項等を明確に示すことが進行に有効なことも少なくありません。

(4)　小百合への聴取②――友和の主張の伝達と小百合の心情への傾聴

――藤田は、小百合にＤＶＤ視聴の感想を聞き、子どもの気持ちや状況を踏まえた解決を目指すことの重要性を確認した上で、友和から聴取した意向を伝えた。

委員会から友和の意向を伝えられた小百合は、唇を引き結んで黙って聞いていた。何か言葉を発すれば、この一〇年近い結婚生活のすべての不満、悲しさが溢れ出してしまいそうで何もしゃべることができなかった。握りしめた手の甲に熱い滴が落ち、自分が涙を流していることに驚いた。慌ててハンカチで涙を拭い、冷静さを必死で保ちながら、友和の提案を受け入れることは絶対に不可能であることを説明した。そして、やはり離婚以外に選択肢はないように思うとうつむいてつぶやいた。

──滝山は、小百合のつぶやきを聞き、小百合がまだ心の底では離婚以外の選択肢を望んでいるのではないかと感じた。

そこで、もう一度、結婚生活の辛かったエピソードの幾つかを辿り、その時配偶者にどんな言動を望んでいたのか、期待が叶えられず小百合自身はどう考え、どう行動してきたのかを確認していった。

滝山委員は、小百合さんのつぶやきを聞いて感じたことを確認しようと当事者が辿ってきた具体的なエピソードとそれにまつわる心情を丁寧に聴取しています。その際には、あたかも小百合さん自身に身を置き換えたように小百合さんの気持ちを理解しようとしています。小百合さんは、共感的な姿勢で聴取を受けることで自分でも明確に意識できていなかった自分自身の感情に気づいていきます。

対人援助職の基本的な姿勢である共感的理解を自然体で行える調停委員による当事者への働きかけはとても重要ですね。

──小百合は、家の新築、あれほど断っていた舅姑との同居、幼い悠人の世話よりも家事を優先させられてきたことなどを語り、家を出たいと伝えてもはっきりした態度をとらずにきた友和の煮え切らない対応に自分がどれだけ傷ついてきたかを再確認した。

一方で、小百合が感情的に非難しても、声を荒げることなく耳を傾け、最後の最後は「ごめんな」を繰り返してきた友和の弱さ、頼りなさを自分なしではこの人はダメなのだとどこかで愛おしく思ってきたことも思い出していた。

滝山「小百合さん、お話を聞かせてもらって、あなたが一番強く望んでいるのは、友和さんがあなたと悠人さんと三人の生活を一番に考えてほしいということのように感じました。どうなのでしょうか」

小百合「……だってそれが無理なんだから仕方ないじゃないですか……」

(5)　終了時の列席場面における小百合と友和の様子

藤田が今日の調停で確認したこれまでの経緯について整然と説明している。

友和は、内心驚きつつ、気づかれないよう隣の小百合を注視していた。つい先ほどの二度目の聴取の際、滝山から一番望んでいるのは親子三人での生活ではないかと問いかけられて小百合が泣き崩れたと伝えられたが、にわかに信じられなかった。

しかし、椅子一つ空けて座っている小百合は目を泣き腫らしているように見えた。冷静でどちらかというと勝気な小百合が他人の前で涙を流すのも意外であったし、夫婦関係についてやり直しを望んでいるというのも驚きであった。

友和としては、これまでの経過もあるので、小百合には愛想を尽かされても仕方ない気持ちがあり、今回は離婚を求められるのは仕方ないと思っていた。

当然、悠人の親権も強く要求されると思っていたが、悠人を手放すのは辛過ぎ、とても離婚を受け入れる気持ちになれなかったのだ。

戻ってくればいいというのは本心だが、戻ってこられるようであれば裁判沙汰にまでなっていないのだから、自分でも無理な話をしていると思わないでもなかった。そうかと言って、求めに応じて面会が実現すれば、悠人がどんな反応を示すか分からないし、そのまま小百合のもとに取られてしまうのではないかという不安もあった。

何よりも悠人を小百合に会わせるなどと言えば、仙一が大騒ぎするのは目に見えていて、どうしてよいのか分からない気持ちになっていた。

❖　❖　❖　❖　❖　❖　❖

――次回調停期日は五月の最終週の金曜日午後一時三〇分と決まった。

次回期日までの課題としては、小百合は希望する具体的な面会の在り方を考えてくること、友和は悠人の状況を踏まえた面会交流の在り方について考えてくることとなった。

また、双方とも面会交流の在り方と並行して、今後の夫婦関係の在り方についても検討することとなり、小百合は友和宅に戻る以外の選択肢としてどのような方法が考えられるか、友和は小百合が自宅に戻りやすい方策及びその他の選択肢を考えることとなった。

さらに友和には、受付待合室で流している最高裁のＤＶＤも視聴して帰るよう促し、面会交流のリーフレットを手交して、それらを踏まえて課題を検討するよう伝えた。

【参考】面会交流のしおり

面会交流のしおり

―実りある親子の交流を続けるために―

夫婦が離れて暮らすことになってからも、一緒に暮らしていない親と子どもが定期的、継続的に交流を保つことを「面会交流」といいます。

面会交流がうまく行われていると、子どもは、どちらの親からも愛されているという安心感を得ることができるといわれています。

このしおりは、面会交流をスムーズに行うためのコツを分かりやすく説明したものです。

家庭裁判所

面会交流は、子どもの成長のために行うものです。

夫と妻という関係から子どもの父と母という立場に気持ちを切り替え、子どものためにお互いが補い合い、協力し合いましょう。子どもにとっては、どちらも大事な親なのです。

初めのうちは面会交流が順調にいかないこともあるかもしれません。そのようなときにも、子どもの幸せを考えながら、目の前の出来事に一喜一憂せず、柔軟な態度で臨んでいくことが大切です。

民法766条が改正され、面会交流や養育費などについては、子の利益を最も優先して定めなければならないことが明記されました(平成24年4月1日施行)。
「1.父母が協議上の離婚をするときは、子の監護をすべき者、父又は母と子との面会及びその他の交流、子の監護に要する費用の分担その他の子の監護について必要な事項は、その協議で定める。この場合においては、子の利益を最も優先して考慮しなければならない。
2.前項の協議が調わないとき、又は協議をすることができないときは、家庭裁判所が、同項の事項を定める。」

(平成28年10月)

子どもと離れて暮らしている方へ

子どもと会う前に

面会交流の日にちや時間、場所などは、子どもの体調、生活のペース、スケジュールに合わせましょう。

子どもの年齢、健康状態、学校、課外活動、習い事などのスケジュールを十分に考えて、子どもに無理のないような日にちや時間、場所、内容などを決め、子どもが喜んで会えるようにしましょう。

あらかじめ決めている面会交流の約束事は守りましょう。

事前に取り決めている面会交流の約束事は守りましょう。

特に、面会交流を終える時間や、子どもを引き渡す場所などを相手に相談なく変えることは避けましょう。

また、急な事情により、約束を守れないときには、すぐに連絡しましょう。

子どもがのびのびと過ごせるようにしましょう。

一緒に暮らしている親の悪口を聞かされたり、親の様子をしつこく聞かれると、子どもの気持ちは重くなってしまいます。

子どもが関心を持っていることや学校の行事、最近のうれしいニュースなど、子どもが生き生きと話せる話題を作り、あなたは聞き役に回りましょう。

高価な贈り物や行き過ぎたサービスはやめましょう。

高価なプレゼントなどで子どもの関心を引きつけることは、子どもの健全な成長の面からも好ましくありません。

モノやお金が本当に必要なときは、親同士で話し合いましょう。

一緒に住んでいる親に相談することなく、子どもと約束をすることはしないようにしましょう。

一緒に暮らしている親に相談することなく、子どもと「泊まりがけで旅行に行こう。」などと約束をすると、子どもに後ろめたい思いをさせたり、子どもを不安にさせたりします。また、親同士の新たな紛争の原因になることもあります。

大切なことは、親同士の話合いで決め、子どもに負担を感じさせないようにしましょう。

子どもと一緒に暮らしている方へ

ふだんの生活で

子どもの様子を相手に伝えるようにしましょう。

子どもの健康状態や学校の行事予定、努力していることやその成果などは、離れて暮らしている親にとっても関心が高いことですから、できるだけ伝えるようにしましょう。伝えることで、離れて暮らしている親が子どもにうまく対応でき、円滑な面会交流につながります。

過去の夫婦の争いや相手の悪口を子どもに言わないようにしましょう。

子どもが、離れて暮らしている親について良いイメージを持つことができるように配慮しましょう。

子どもが「会いたくない。」と言うときは、その理由をよく聞いてみましょう。

もし、子どもが面会交流に気が乗らなかったり、負担に感じたりしているようであれば、それまでのお互いの面会交流に対する態度を振り返ってみましょう。

また、子どもが話した理由を口実にして、面会交流を一方的にやめてしまうことは、新たな争いを生みます。そのようなときには、親同士で冷静に話し合いましょう。

子どもが面会交流に出かけるときは、笑顔で送り出しましょう。

子どもは、親の気持ちや表情に敏感です。あなたのちょっとした言葉や表情、しぐさから、離れて暮らしている親と会うことを後ろめたく感じたり、悪いことのように思ったりしてしまいます。

子どもには、面会交流をすることは良いことだと思っていることを伝えておくとよいでしょう。

子どもが帰ってきたら

子どもが帰ってきたら、笑顔で温かく迎えてあげましょう。

子どもは、あなたに気をつかって、重たい気持ちで帰ってくるかもしれません。笑顔で温かく迎えましょう。

また、面会中のことはあまり細かく聞かないようにしましょう。子どもが離れて暮らしている親との時間を楽しく過ごしたことを認めてあげることで、子どもは両方の親から愛情を注がれていると感じることができます。

(6) 調停終了後の調停委員の振り返り

藤田「いやぁ、ありがとうございました。何度も助けていただきました」

滝山「やはり婚姻中の面会交流ならではの難しさがありますね。それぞれの聴取にだいぶ時間がかかってしまいました。でも、初回ですし、実情を把握しないとミスリードにつながりかねないので、今日はこれで良かったと思います」

藤田「次回ですが、申立人も相手方も、面会の問題と夫婦の問題を切り離して主張してきてくれますかね？」

滝山「どうでしょうか。私たち調停を進める裁判所側の人間にとっては当たり前のことですが、つい最近まで一緒に生活していたご家庭のご夫婦ですし、双方代理人もついていませんから、私たちの感覚だけで進めてしまうと、双方に不全感が募ってしまうかもしれません」

藤田「それはそうかもしれませんが、夫婦関係の問題と面会の問題を一緒に扱っていったら、それこそ収拾がつかなくなってしまいます。

今日は、背景事情を把握するために必要だったと思いますが。次回までの課題として、夫婦の在り方について検討するという宿題はあれでよかったのでしょうか」

滝山「その点は裁判官のお考えを確認してみた方がよいかもしれませんね。当事者は帰宅していますが、今日のケース全体を振り返ってから、担当書記官に連絡して事後評議をお願いしましょう」

調停終了後の振り返りは重要です。

調停委員は、調停中の当事者の語り口や表情なども踏まえて聴取内容の理解を共有します。進行についても良かった点、苦労した点などについて意見交換し、次回の円滑な進行に向けて準備します。

(7) 事後評議

藤田「ご連絡が遅くなって申し訳ございません。
今日は、すでに当事者双方は帰宅しているのですが、本日の報告と当事者に与えた次回までの課題について草岡裁判官のご意見をいただいて、次回の円滑な進行に備えたいと思いまして、事後評議をお願いいたしました。よろしくお願いいたします」

草岡「遅くまでお疲れさまでした。よろしくお願いします」

――藤田委員と滝山委員は、聴取内容を報告して、指示した課題について説明した。

草岡「相手方は、面会が未成年者に与えるかもしれないマイナスの影響や面会をした場合に生じる家庭内の軋轢や葛藤を恐れて消極的で、まだ具体的な面会交流の在り方を検討する段階に至っていないわけですね」

藤田「はい」

草岡「一方の申立人も、未成年者との同居に向けた引き取りに目が向いたり、相手方実家から離脱しての生活を希望するなど、やはりまだ未成年者にとって最善の具体的な面会の在り方を考える姿勢に至っていないように見えますね」

滝山「経緯を聞くとやむを得ないとは思うのですが、そのとおりだと思います」

草岡「双方とも今後の夫婦関係をどうしていくのが良いのか迷いがあるようですね。相手がどのように考えているのか分からず疑心暗鬼になっているのではないでしょうか」

藤田「そうだと思います」

草岡「本件は面会交流調停なので、ゴールは面会の頻度、場所、方法など具体的な在り方の調整ですが、こうした状況では、面会交流の在り方だけでなく、今後の夫婦関係の在り方についての検討を課題に課したのは妥当な指示だったと思います。

次回期日で夫婦関係の在り方についての調整を行う訳ではありませんが、現時点でお互いが今後の夫婦関係をどのように考えているのかを知った上で調整を進めることは、面会交流を夫婦関係等の取引材料にさせないためにも肝心なことです」

調停委員会の方針によりますが、面会交流の調停であっても、離婚の問題を扱うことがあります。今回のケースでは、離婚の問題も丁寧に扱っています。

草岡「本件の場合、別居後まだ三か月ほどで、未成年者は小学校に上がったばかりです。

双方の話では、主として未成年者の身の回りの世話をしてきたのは母親のようですし、母子関係や母親の監護に問題があったという主張はないのですね」

滝山「はい」

草岡「そうすると、面会交流をすることで未成年者の福祉を害するような事情はないと言えると思います。

大切なのは、お互いの認識及びその認識の違いを理解した上で、現時点での最善な交流を考えて話し合いを進めることだと思います」

滝山「その主張はありません」

調停は異なる主張、考えを合意に向けて調整しますが、いきなり妥協や譲歩を求めてはいけません。相手の主張が何であるか、その背景にある感情や認識はどうなっていて、自分の主張と折り合えないのは何故なのか、また、自身の主張を実現するためには相手の主張を冷静に理解する必要があることなどを、双方に分かってもらうことが大切です。

草岡裁判官の「お互いの認識及びその認識の違いを理解」するという言葉はこうしたことを言っているのです。

滝山「ありがとうございます。裁判官のお話をうかがって、自分の中でも整理ができた気がします。

別途夫婦関係調整調停などを申し立ててもらう必要性についてはどのように考えればよろしいでしょうか」

草岡「私は、基本的には、裁判所が別途申立てを教示するというのは慎重である必要があると考えています。当事者が主として解決を望む事柄が何であるのかを把握し、本件の中でその事柄の合意あっせんが明らかに困難であれば、その旨を伝える程度でしょうか。

もちろん、どうすればよいのか尋ねられれば、手続教示はすべきですが、裁判所から「それならこの申立てをしてください」と指示するのは如何なものでしょうか。

当事者としては、裁判所に言われて申し立てをしたのだから、裁判所が解決をしてくれるのが当然と誤った受け取り方をしてしまう危険があると思います」

藤田「なるほど、親切心が仇になるということですね」

草岡「ええ。それもそうですが、反対当事者の立場からどう見えるか、中立公正という観点を意識しておく必要があります」

――藤田はうなずいた。

草岡「ところで、次回以降の進行についてはどのような見通しをお持ちですか」

滝山「見通し、というほど確かなものではないのですが。

今日、友和さんにはお子さんがどのようにお母さんの不在を感じているか、お子さんの言動をよく観察してほしいと依頼しました。こうした働きかけを通じて、面会交流の必要性をどの程度理解してもらえるかによって、進行も変わってくるかと思っています。

友和さんの理解が進み、当事者間で任意での面会交流ができることを期待しています。

お子さんにとっては、一番早くお母さんとの再会が実現しますから。

ただ、友和さんのお父さんの存在などもありますので、友和さんが面会交流の実施に向けて前向きになるかどうか不安もあり、お子さんの置かれた状況や心情把握などの必要性が生じる可能性もあると思います。そうした場合には、当番調査官に入っていただいて、調査官関与の必要性についてご意見をいただくことも考えています」

草岡「さすが滝山さん、安心してお任せできますね。場合によっては、調査官による面会交流の試行も考えられますか」

滝山「お願いすることもあるかもしれません。

ただ、今日の当事者からの話を聞いていると、相手方の友和さんの気持ち、友和さんへの働きかけが重要な事案のように感じました。どのような調査が最も効果的なのかは調査官のご意見をうかがって考えていきたいと思います」

草岡「では引き続き次回もよろしくお願いします」

藤田「いろいろ教えていただきながら進めていきたいと思います。ありがとうございました。
滝山さんにもいろいろ教えていただきありがとうございました。今日の手控えは私が書かせていただきますがよろしいでしょうか」

滝山「私の方も勉強になりました。では、お言葉に甘えて初回の手控はお任せしますので、よろしくお願いします」

【参考】第１回調停期日のサマリー

第１回調停期日のサマリー

１　夫婦関係の実情

申立人と相手方は大学時代からの交際を経て結婚，未成年者の妊娠を機に申立人は退職して専業主婦となり，出産後，建て替えた相手方の実家で相手方の両親と同居した。家の建替えも同居も相手方の父の強い意向で押し切られ，同居後も未成年者の子育てよりも家事分担の優先を強いて何かと申立人を嫌うワンマンな相手方の父との関係に申立人は悩み，不満を募らせてきた。申立人は幾度も義父母との別居を求めたが，相手方は煮え切らない対応を繰り返してきた。

平成29年１月８日，帰省していた相手方の次姉と相手方の父の会話を聞いてこれ以上義父母との同居に耐えきれなくなった申立人は，これ以上耐えきれないので小学校入学を控えた未成年者を連れて実家に戻ると相手方に義父母との別居を迫った。しかし，相手方に真剣に取り合ってもらえず，翌日未成年者を連れて実家に別居しようとしたが，相手方の母らに見つかり，申立人だけが単身で追い出される形で別居となった。

以上の経緯については，双方とも争いはない。

２　双方の意向

ア　申立人

未成年者の引き取りを強く希望しているが，まずはどんな方法でも良いので早急に未成年者との面会を実現したい意向である。夫婦関係については，離婚と修復で揺れる気持ちがあるが，相手方の両親との同居の継続は考えられず，離婚しかないのではないかとの思いが勝っている。

イ　相手方

現時点での面会交流には消極的である。現状での実施は未成年者に負担をかけ不安定になるのではないか，面会交流に反対する自身の父親が思いがけない行動に出る可能性があることなどを危惧している。

そしてまずは申立人が戻ってくるべきと繰り返している。自身の父親が夫婦関係悪化の主要因であることに異論はなく，申立人には苦労をかけていると語るが，今回の別居については，別居を敢行するほどのことではなかったとの認識である。

３　未成年者の状況

未成年者は，申立人方の祖父の具合が悪いので申立人は看病のため不在にしていると相手方から説明を受けている。別居後，寂しがってべそをかくなどしていたが，今は申立人について尋ねてくることもないという。入学した小学校で新しい友達もできて元気に通学している。申立人の不在について尋ねなくなったのはなぜなのか，未成年者が現在の母親不在の状況をどのように理解しているかは，相手方も把握できていない。

４　調停委員としての課題

相手方が面会交流の早期実施の必要性をどの程度理解しているか把握する必要がある。

7　期日間の友和の状況

(1)　友和のためらい

食事が終わり、友和は悠人と入浴した。年度初めのため最近は帰宅が遅く、悠人と入浴するのは久しぶりであった。

悠人は、クリスマスに買ってもらったマリオメーカーで、いかに面白い仕掛けを作ったかを得意げに話し続けている。

調停委員から悠人の日ごろの言動を見て、悠人が母親や家族の現状をどのように感じているか考えるよう言われたが、特に変わった様子は見られない。

調停終了後、勧められたＤＶＤを見て心が痛んだが、悠人を見る限り、夫婦の紛争を自分のせいだと考えたり、そのことで日常生活や学校生活が不安定になっていることはないように思える。

友和は、悠人に直接小百合の不在をどう思っているのか聞いてみたい誘惑にかられた。

「悠人、あのな」

「だからさ、ここでパックンがね」

「悠人」

「ん。なぁに。お父さん、悠人の話聞いてる?」

「いや。ごめん。ちょっと考え事しててな。ごめん、ごめん」

「もう、ちゃんと人の話きかなきゃダメでしょ。もう」

いざ、聞こうと思うと、何をどう尋ねてよいのか。不憫な思いをさせているという負い目と本当のことを伝えていない後ろめたさで、問いかけが出てこなかった。

(2) 弁護士への相談

悠人が信子と二階に上がり、居間で友和と二人きりになると、「で、裁判はどうだったんだ」と、仙一は問いかけた。

友和「裁判じゃないよ。調停。話合いだよ」
仙一「裁判所に呼び出されたんだ、裁判に決まっとる。それで、何だというんだ」
友和「うん。悠人のことが心配だから、会いたいって話だった」
仙一「そんなことで仕事を休まされて、裁判所まで呼び出されたのか。まったく何を考えているのか。悠人に会いたいも何も自分で家を飛び出したんだろう。
　自分の至らなさをまずは頭を下げて謝りに来るのが筋だろう。
　お前が甘やかすからこんなことになるんだ。
　それでお前はなんと言ってやったんだ」
友和「謝ってくるのが先だろうって、まぁ、そんなことを言っておいたよ」
仙一「そうか。お前にしては上出来だな」
友和「でも、調停委員は、悠人のためには早く会わせてやるようにってことだったよ」
仙一「何を甘っちょろいこと言ってるのか。けじめをつけさせないで、そんなことできるわけがないだろう。
　ちゃんと筋を通すことだぞ。必要なら弁護士を頼め。山川さん、お前も知ってるだろう。立ち退きの件で世話になった弁護士さんだ。よし、明日にでも山川さんに来てもらうことにしよう」
友和「今日も無理して仕事を休んだんだから、明日は早く帰れないよ。
　それに裁判じゃないんだし、弁護士を頼むまでのことじゃないから」
仙一「お前がそんな甘いことを言ってるから見透かされて、裁判所まで向こうの味方につけられたんだろう。

とにかく、相談して、いい知恵だけでももらわんとだめだ」

――結局、仙一がその場で山川弁護士の携帯に電話し、週末の夕食後、山川弁護士に来てもらうことになった。

❖　❖　❖　❖　❖　❖　❖

仙一「山川先生、その節は大変お世話になりましたな。また、今日はお休みのところ無理を言って申し訳ない。息子夫婦の犬も食わんような話でご足労いただいて、お恥ずかしい。
まぁ、私も親バカなんでしょうな、息子がいいようにやられていると、放っておけませんでな。一つ、よろしくお願いします」

――仙一は山川弁護士を居間に招き入れた。

山川「こんばんは」
悠人「こんばんは。おじさん、誰?何しに来たの?」
山川「おじさんは、おじいちゃんとお父さんとお話をしに来たんだよ。悠人くんだっけ。大きくなったね」
悠人「おじさん、悠人のこと知ってるの?じゃ、お母さんのことも知ってる?」
山川「悠人君がまだ小さいころ、お仕事で何度もお邪魔したからね。お母さんのことも知ってるよ。とても親切なお母さんだったね」
悠人「そうなんだ。でもね、お母さんいないんだ。おじいちゃんの看病なんだって。ずっといないんだ」
山川「そうか、寂しいねぇ」
友和「悠人、お父さんたちはお仕事の大事なお話があるから、悠人はおばあちゃんに二階でご本読んでもらって、寝る準備をしようか」

——友和は、悠人を外させた。

山川「なるほど。では、小百合さんからの申立ては、悠人くんとの面会交流ということなんですね。それで友和さんとしては、どのように調停を進めていきたいとお考えなんですか」

友和「私としては、調停委員にも話したのですが、その面会交流というのがぴんと来なくて、とにかく小百合が頭を下げてうちに戻ってきてくれるのが一番悠人のためになると思っているんですが」

——仙一を気にしながら友和は答えた。

山川「それに対して、小百合さんの反応は？」

友和「よくわかりません。調停委員から聞いたところでは、小百合の一番の希望は、悠人を手元に引き取りたいということのようでしたが」

仙一「それ見ろ。大学出の考えそうな姑息な手段よ。お前の優柔不断に付け込んで、外堀を埋め、内堀を埋めて本丸を取ろうという魂胆さ。そんな見え透いた手に騙されんように山川さんに来てもらったというわけです」

——山川弁護士は、仙一が小百合批判を続けようとするのをやんわりと遮って、言った。

山川「調停委員からは他にどのような話があったのですか？」

友和「親子三人での生活を望んでいるというような話もありましたが」

――友和は言葉を濁した。仙一を前に話をするのはどうにもやりにくいのだった。

山川「ところで、今日、私が呼ばれたのは、今回の調停に手続代理人（以下、代理人という。）として受任してほしいとお考えになってのことでしょうか」

友和「いや、まだそこまでは。話合いの手続だと聞いていますし」

山川「佐藤さんも同じお考えですか」

仙一「わしはさっきも言ったとおり、息子だけに任せておくと、うまいこと立ち回られて跡取りの孫を連れていかれてはかなわないと思ってましてな。

もともとあの嫁は、孫を連れだそうとしていたわけで、わしがいなければ今頃は連れ去られて、泣き寝入りですわ。それに、自分だけ出て行ったからにはそれなりの覚悟をしていったはず。裁判所を使って子どもに会いたいなんていうのはあまりに卑劣で、筋の通らないことでしょう。

山川先生には、道理が引っ込められないような戦術とアドバイスをお願いしたいと思ったのですよ。なにしろ、例の立ち退きにあたっては、若いのに見事に収めてくれましたからな。山川先生を見込んで軍師になっていただきたいということです」

山川「佐藤さんにかかってはかないませんね。

買いかぶっていただくのはありがたいのですが、この件で佐藤さんの軍師は務まりそうもないというのが正直なところなんです。幸い、代理人としての依頼ではないということなので、弁護士としてどう考えるかというお話ならさせてもらいますが、どうされますか」

仙一「どうもこうもないでしょう。弁護士は、依頼者の依頼を成し遂げるために黒を白、白を黒と裁判所を納得させるのが腕の見せ所、山川弁護士の凄腕を見せてください。

依頼しないとダメということなら、この場でお願いしても構いませんから」

山川「どうも困りましたね。私は、佐藤さんを説得しようとするわけではありませんから、まず最初にそれをご理解ください。今日、お聞きしたお話の範囲で、弁護士としてどう考えるべきか、私が考えたことと、その理由というか、背景事情について簡単にお話させてください」

――仙一と友和は頷いた。

山川「まず、面会交流という少し耳慣れない言葉についてですが、何らかの事情で父母が別居している際、お子さんと一緒に住んでいない親とお子さんが会ったりして交流することを面会交流と呼んでいます。

両親が別居する理由についてはいろいろあると思いますが、離婚を想定するのが分かりやすいと思います。友和さんご夫婦のように離婚ではなく、一時的に別居している場合も少なくありません。

面会交流をするかしないか、するとしたらどのくらいするか、どんな方法でするかということは、お子さんのご両親が話し合って決めることになりますが、話合いがつかない場合は、家庭裁判所で調停を行うことになります。

さきほど、友和さんが言われたとおり、調停は話合いの手続です。しかし、調停で合意に至らなかった場合は、審判手続に移行して、裁判所が面会交流を命じるかどうか、命じるとしたらどのような内容で命じるかを決めることになります。ここまではよろしいでしょうか」

仙一「そらみろ。やはり最終的には裁判所が決めることになるんだろう。だから話合いなどと甘っちょろい言葉に騙されたらいかんと最初から言っておるんだ」

――仙一が我が意を得たりとばかりに口を挟んだ。

山川「ええ。裁判所が決めることになるという点ではそうかもしれません。
　では、ここからが大事なのですが、裁判所が面会を命じるかどうかをどのような基準で決めるかということです。それについては、友和さんは調停委員会から何か説明を受けましたか」
友和「はい。子どものことを一番に考えるのだというような説明だったと思います」
山川「そうなんです。子の福祉に適うかどうかというのが法律上の基準になるのです」
仙一「つまりどういうことになるのかね」
山川「はい、とても抽象的なので分かりづらいですよね。少し分かりやすくするために例え話をしますね。ご両親が別居する原因はいろいろあると言いましたが、例えば、少し極端ですが、母親が不貞をして別の男性と一緒に住むようになったとします。
　しかし、お子さんとは定期的に会いたいと面会交流を求めてきたわけです。この場合に裁判所が面会交流を認めるかどうか。どう思われますか」
仙一「そんなもの認めるわけがないだろう。ばかばかしい」
友和「それはいくら何でも」

母の不貞によって、母子が分離されているケースもあります。しかしながら、母の不貞＝面会の禁止制限事由とはなりません。子どもの年齢にもよりますし、子どもの受け取りにもよりますが、子どもにとって望ましい面会の在り方については、個別具体的に考える必要があります。

山川「そう考える方が多いかもしれませんが、必ずしも裁判所はそうは考えないのです。
　子の福祉に適うかどうかは、もう少し個別に事情を勘案して決められることになります。

もし、母親が同居中に子どもに体罰を振るったり、精神的に追い詰めるような言動を繰り返していたといった虐待があって、面会交流を行うと子どもが不安定になって生活に支障が出るような事情があれば、面会交流を禁止したり、制限したりしますが、不貞で家を出て行ったからという理由だけで面会交流を禁止することにはならないのです。

子どもの年齢や現状、同居中の親子関係などいろんな要素を踏まえて決めていくことになります。例えば、子どもが一七歳の高校生で、母親の不貞の事実も知っていて、絶対に会いたくないと拒否していれば、その意思を尊重することになると思います。

しかし、まだ小学校低学年の子どもが母を許せない、会いたくないと言っているとすると、判断はそう簡単ではなくなってきます。なぜ子どもがそういう発言をするようになったのか、同居中の親子関係はどうだったのか、現状に関する情報はいつ、誰からどのように与えられたのか、それらの情報に対する理解力は、どの程度発達しているのかといった様々なことを調べて判断することになるのです。

先ほど佐藤さんは黒を白、白を黒として依頼者の希望を実現するのが弁護士の仕事だとおっしゃいました。少し耳の痛いところではありますが、弁護士の職務上そうした側面があることは否めません。

ただ、こと家庭裁判所でのお子さんを挟んだご両親の紛争に関しては、いわゆる勝ち負けではなく、お子さんの幸せというとても難しい課題達成を目標に手続が進められるので、必ずしも依頼者の希望実現を至上命令に活動するのが良いかどうか迷うことが多いのです」

最近は、子どもの視点に立って依頼人と話をする弁護士が増えてきているように感じます。子どもの視点に立つことが結果的に依頼者のためになりますから、望ましいことだと思います。

仙一「それで山川さんとしては、うちが勝つための手伝いはできないと、こういうわけですかな」

山川「最初にお伝えしたとおり、弁護士として私が考えるところをお話しさせてもらっただけで、現時点では友和さんご夫婦の調停に関しての直接的な意見までは差し控えさせていただいた方が良いように思います。まだ調停が始まったばかりですし、佐藤さんと友和さんのお考えも多少異なるのかもしれませんので。

先ほどの例え話も、飽くまで審判例をもじったものなので、ほんとうにケースバイケースなのだと思います。

ただ、明確にお子さんの福祉を害するような事情が見られない場合は、面会交流が望ましいと言われていますし、裁判所の姿勢としても、面会交流の実現に向けた調整に力点を置いているのは確かだと思います」

仙一「まぁ、専門家の話なので参考にはさせてもらいますが、納得できる話じゃありませんな。

とんでもないことだと思いますよ。まさに無理が通れば道理が引っ込むとはこのことだ。私は絶対に認めませんよ。いざとなったら、ちゃんと依頼者の希望実現だけを考えてくれる弁護士を探さんといかんということが分かっただけでも来てもらった甲斐がありましたな」

――仙一は自説を曲げる様子は一向に見せなかった。

山川弁護士は、

「お役に立てず申し訳ありませんでした」

と、悠人の寂しそうな表情を思い出しながら、帰っていった。

(3)　悠人の家庭訪問

「ごめんください。悠人君の担任の渡辺です。よろしくお願いします」

「どうぞ、おあがりください。おーい、悠人、渡辺先生がお見えになったぞ」

第一回調停期日の翌週、家庭訪問があった。

当初は、信子に任せておくつもりであったが、友和は、職場に無理を言って早退し、家庭訪問に同席することにした。

信子がお茶と茶菓子を勧めると、渡辺は、さばさばと受け答えした。

「どうぞ、お構いなく。たくさんのご家庭をお尋ねしますので、茶菓は遠慮させていただいています。お気持ちだけ頂戴します」

渡辺は、授業の進め方、学級の運営方針などをてきぱきと説明し、悠人については、授業の理解度も友達関係も特段問題がないと淡々と話し、友和は、「そうですか」を繰り返すばかりであった。

話が途絶え沈黙が下りたところで、渡辺がさりげなく尋ねた。

渡辺「ところで、立ち入ったことをお尋ねしますが、悠人くんのお母さんはまだ実家からお帰りにならないのですか」

友和「ええ……少し長引いてしまって……」

渡辺「学習面やお友達関係ではまったく心配なところはないのですが、悠人くんから聞くと、もうだいぶ長い間、お母さんが帰ってきていないと心配している様子でしたので。向こうのお父さんの具合はだいぶお悪いのでしょうか」

——友和は、しどろもどろに小百合が実家に戻って三か月ほどになることを説明し、気になっていたことを尋ねた。

友和「**悠人は先生に母親のことを話しているのでしょうか**」

渡辺「そうですね。まだ一年生ですからお母さんの不在は寂しさもあり、心配もあるのではないでしょうか。けっこう自分からお母さんの話をしてくれます。

ランドセルをお母さんと一緒に選んだ話とかお母さんのハンバーグの話とか」

友和「ハンバーグですか」

渡辺「ええ。お母さんのハンバーグはお豆腐が入っていてふわっとしてとてもおいしいって。その話は何度も聞きました。早くお母さんのハンバーグが食べたいって。昨日も給食でハンバーグが出たので、その話をしてましたね」

—友和は、自宅で小百合の話題がまったく出なくなっている中、学校の担任教諭には母親の話をしている悠人の心中を思いやって、どう考えてよいのか戸惑っていた。

8　第2回調停期日～双方の歩み寄りを促し、当番調査官を活用して、調停期日間の任意の面会交流の在り方を調整する

(1)　列席での前回期日の確認

藤田「こんにちは。前回の調停から一か月ほど経ちました。
　今日は第二回目の調停期日になります。調停を始める前に、お二方に同席していただいて前回の調停で話し合った内容及び期日間に検討をお願いした課題の確認をした上で、進めていきます」

――藤田は、前回聴取したそれぞれの意向を要約して確認したところ、双方とも頷いた。

藤田「この一か月間に、それぞれ具体的な面会交流の在り方について検討していただくと同時に、本件で直接扱うことはできないかもしれませんが、密接に関係することとして今後のご夫婦の在り方についても考えてきていただくようお願いしました。それぞれご検討いただきましたか」

小百合「はい」

友和「検討と言えるほどではないかもしれませんが、考えてはきました」

藤田「ありがとうございます。それでは、今日も小百合さんから個別にお考えを聞いていきますので、友和さんは待合室でお待ちください」

(2)　小百合への聴取――早期の面会で悠人の状況を確認したいとの意向

藤田「それでは、前回期日から今日までにお考えになったことをお話いただけますか」

小百合「はい。ほんとうにいろいろ考えました。

特にＤＶＤを見たこともあり，今の状態で悠人に会うことが，悠人のためにならないのではないかという夫の主張について，何度も考えました。

でも，結局，悠人のためになるか，ならないかという点では，結論は出せませんでした。夫は，私が戻ってくるのが一番だと言いますが，それだけは違うと思います。

それは一番解決しなければならない問題を私だけに押し付けることで，私はもうそれには耐えられませんし，そうした状態を悠人に見せるのもよくないと思います」

滝山「私どもからのお願いに真摯に向き合っていただいたのですね。悠人くんに会えない状況の中でいろいろとお考えになるのは本当に大変だったと思います。

調停を進めていく上で確認させていただきたいのですが，今回の面会交流の調停を申し立てるにあたって，悠人くんを引き取りたいという気持ちが一番強い希望だったという点，それと離婚を考えながらも親子三人でやり直したいとのお気持ちもあるという点については，いかがでしょうか」

小百合「悠人を一日も早く手元に引き取りたい，一緒に暮らしてあげたいという気持ちは変わりません。

正直，前回の調停の後，子の監護者指定と子の引渡しの手続を面会交流の調停とは別に申し立てるかどうかかなり迷いましたし，今でも迷っています。

ただ，私の気持ちだけで押し進めるのではなく，悠人の状態や気持ちも考えて進めないといけないのかなと，前回の調停でお話を聞いて思いました。

なので，今はとにかく，早く悠人に会わせてもらいたいと思っています。会って悠人の顔を見れば，悠人がどんな状況かわかると思うのです。でも，もし，夫が今日も戻ってくるのが先だという話を繰り返すのであれば，弁護士さんを頼んで別途の申立てをするしかないのかなと考えています」

滝山「そうですか。引き取りについては悠人くんの状況をご自分の目で確認してから考えたい，ついては早急に面会交流の実現を希望するけれど、友和さんがその機会を設けることにすら応じないのであれば、法的な手続に乗せて進めていきたいということですね。ご夫婦の関係についてはいかがですか」

小百合「はい。前回、取り乱してしまいお恥ずかしいところをお見せしてしまいましたが、たしかに親子三人で幸せな家庭を目指したいという気持ちはあります。

でも、調停になっても、別居するほどの出来事ではなかったと夫が考えていると聞き、あらためて私がどれだけの思いで別居に至ったのか、夫にはまったく伝わっていないことが分かりました。

夫は、これまでもっと大きな出来事を我慢したのに、なんでこんな些細なことで出ていったのかと考えているのですよね。義父母との同居も家の新築も、済んでしまえば嫌なことはすべてリセットされたと思っているのだとしたら、それは考えが浅すぎます。

結局、その場その場で口先で慰め、謝っていただけということなのかもしれません。私も彼のそういう優しさというか、弱さの上に胡坐をかいていたようなところがあったと思うので、夫だけを責めるつもりはないのですが、そういう彼と幸せを築いていけるとは思えないです。

それこそ、これまで何度も何度も家を出て家族三人で暮らしたいと訴えても、それにだけは頷いてくれなかった人なので、この先も期待はできません。

なので、離婚はやむを得ないのかなと思っています。ただ、今は離婚をするとかしないとかといった夫婦のことよりも、悠人のことを最優先に考えるべきだと思っています」

藤田「お考えはよくわかりました。

では、面会交流の具体的な方法、頻度とか時間、場所などについてはいかがでしょうか」

小百合「まずはどんな方法でもよいので会わせてほしいです。もちろん、二人きりで長時間会えればそれに越したことはありませんが、すぐにそれに応じてくれるか分かりません。夫の家以外の場所、義父母の目の届かない場所であれば、夫と三人でも構いません。
悠人が元気であるのかどうかを自分の目で確認して、悠人と会えなくて寂しいけどお母さんも元気だし、毎日悠人のことを考えているということを伝えられれば、どんな方法でもいいです」

滝山「そうですね。今後の定期的な面会を決めるというより、まず、悠人くんに会うことで小百合さんも安心したいし、悠人さんも安心させたいということですね。
その上で、別居中の監護者となることを求めるのか、定期的な面会の在り方を調整するのかを決めていきたいというお気持ちだとお聞きしてよろしいですね」

小百合「はい。そうなんです」

滝山「では、交代していただいて、友和さんがどのようにお考えになってきたかを伺ってみて、小百合さんから伺ったお気持ちを伝えてみましょう。お呼びするまで待合室でお待ちいただけますか」

❖　❖　❖　❖　❖　❖　❖

――藤田と滝山は、交代の時間を使ってお互いの受け止め方を確認した。

藤田「突き詰めると前回の主張と変化はないということでしょうか」

滝山「主張としてはそうですね。
ただ、子の監護者指定の申立てについて、前回は相手方が頑なになってしまうのを危惧して見送ったということでしたが、今日は、そういう戦略的な考えではなく、悠人くんの状況への配慮が前面に出ていたように感じました」

滝山委員は、小百合さんの主張について、内容的には変わっていなくても、調停委員会からの働きかけを受けての検討の結果、自身の主張よりも子どもの視点に立って考える姿勢に変化してきていることに注目しています。
当事者の微妙な変化を敏感に捉えることは大切なことです。そして、良い変化に対しては強化する方向で、良くない変化に対しては抑止する方向で働きかけていくことが望まれます。

藤田「なるほど、確かにそうですね。感情の高ぶりも抑えられていたようです」

滝山「ええ。開口一番、いろいろ考えたとおっしゃっていましたが、実際、本当にいろいろなことを検討されたのではないかなぁと感心しました。友和さんも同じようにお子さんのことを中心に考えてくださっているといいですね」

藤田「そうですね。私は、ついつい調停条項を念頭に思い浮かべてしまいます。今日の調停のゴールは、どこまで見据えていたら良いのでしょうか」

滝山「中立人の主張はかなり整理されましたし、実情もある程度把握できましたので、やはり相手方の主張次第だと思います。
　まず、当事者間で任意の面会交流を約束できるところまでいければ一番いいですね。それが難しいようであれば、前回の事後評議で打ち合わせたように、当番調査官をお願いすることを考えましょう。その際は中間評議をお願いして打ち合わせることにしましょう」

藤田「分かりました。では、相手方を呼んで参りましょう」

当事者を入れ替える際には、相調停委員と聴取した情報を確認したり、受け止め方を共有することが調停を適切に進める上ではとても重要です。

(3) 友和への聴取──友和の面会交流に対する不安の軽減と調停期日間の面会交流実施への同意

滝山「お待たせしました。前回の調停から一か月と少し経ちましたが、友和さん、悠人くん、ご家族の皆さんにお変わりありませんか」

友和「はい。おかげさまで変わりはありません」

滝山「そうですか。それは何よりですね。ところで、前回の調停終了後、可能であればＤＶＤをご覧いただくようお話しましたが、ご覧になられましたか」

友和「はい。女の子の家族のドラマ仕立てのものと面会交流についてのガイダンスのようなものでした」

滝山「ご覧になってみていかがでしたか」

友和「ドラマ仕立ての方は、とても切なくなりました。子どもなりにいろいろ両親の不和で悩んだり、心配したりするものだなぁと。もちろん、そういうふうに制作しているのでしょうが」

滝山「悠人くんと重なり合うところもありましたか」

友和「どうでしょうか。小学校入学という大きな節目も特段問題なく乗り越えましたし、普段の生活でも心配になるようなことはないので、どんなものなのかと。ただ、私の目に見えていないだけで悠人なりに何か感じているのかもしれません。それが心配です」

滝山「友和さんの目には見えないけれど、心配になるようなこともあったのですか」

友和「心配というほどではないのですが。実は、前回の調停の一週間ほど後に小学校の家庭訪問がありました。当初は、私の母に任せるつもりでいたのですが、ＤＶＤのこともあり、仕事を早引きして私が担任の先生の話を直接お聞きしました」
滝山「そうだったのですね。そこで何か聞かれたのですか」
友和「ええ。何かというわけではないのですが、悠人が家では小百合の話をまったくしないと前回もお話ししましたよね」
滝山「はい。伺いました」
友和「まぁ、私たちが話題にしないので、それもあるのかなとは思っていたのですが、気にはなっていたのです。ところが、担任の先生の話では、学校では小百合の話を結構しているということでした」
滝山「どのような話をしているということでしたか」
友和「ランドセルを一緒に選んだとか、母親の作るハンバーグがおいしいとか、というようなことで、担任の先生は、寂しがっているようだと言っていました」
滝山「そうでしたか。その話を聞かれて友和さんはどのように感じられたのですか」
友和「そうなのかな、と。まだ、小学校に上がったばかりですから、やはり母親がいなければ寂しいのだろうなと、それは感じました」
滝山「でも、おうちでの悠人くんの様子からは、そこまでは感じておられなかったのですね」
友和「ええ。悠人なりに何かを感じて気を遣っているのかもしれません」
滝山「そうなのかもしれませんね。前回、悠人くんの様子をこれまで以上に見ていただくようお伝えしたのですが、私どもが期待していた以上に実行していただいたようですね」
藤田「面会交流のＤＶＤもご覧になったとのことでしたが、面会交流についてはどのようにお考えになりましたか」

友和「まだ、迷っています。悠人が今の状況をどう感じているのか分からないのです。それで直接聞いてみようとも思ったのですが、どう聞いてよいか分かりませんし、下手に聞いてこじらせてしまうのも心配で、結局何も聞けませんでした」

滝山「面会交流について迷っておられる理由は、悠人くんの現状認識が分からないということが一番大きいのですか」

滝山委員は、友和さんの中にある本当の不安についてある程度見当をつけているようです。面会交流を実施した場合の具体的な不都合や心配を尋ねることで、友和さんが本当に心配している不安にたどり着いていきます。

友和「一番かどうかはとにかく、それは気になっています。

ＤＶＤを見て、別々に暮らすことになったとしても、子どもが両方の親から大切に思われている、愛されていると感じて育つことが大事だという考え方は分かったのですが、今の私たちは、少し状況が違うと思うのです。小百合がどう考えてきたのか分かりませんが、私は、悠人のためにはこのまま両親が別々に暮らすべきではないと思っています。そうした中でも面会をやっていくというのが、本当に良いことなのかどうか」

滝山「確かに、あのＤＶＤは、離婚も親権者も決まった段階での望ましい面会交流の在り方をガイダンスしたものなので、佐藤さんご夫婦の場合、参考にしづらい面があったかもしれませんね。

友和さんとしては、ご夫婦の問題を棚上げにした状態での面会交流が悠人くんのためになるか分からないので迷っているということなのですね」

友和「はい」

滝山「では、仮に面会交流を行ったとして、具体的にどんな状況が生じてしまうのが心配なのか、友和さんが心配する具体的な状況を挙げて考えていってはどうでしょうか。まず一番友和さんが心配されていることは何でしょうか」

友和「それは悠人が不安定になってしまうことです」

滝山「確かにそれは心配ですよね。その不安定になるというのをもう少し具体的に、悠人くんが何をどのように受け取って、どのように不安定になるのが心配なのでしょうか」

友和「それは……」

滝山「小百合さんが別居した当初、悠人くんが寂しがって大変だったというお話でしたね。その時と同じようになってしまうのが心配なのでしょうか」

友和「そうですね、それはありますね。寂しい思いをまたさせることになってしまうのではないかという」

滝山「たしかにそうした面はあるかもしれませんが、今も悠人くんが寂しい思いをしているとしたら、どうですか。寂しい気持ちを表現できずに我慢している状態と、寂しいものを寂しいと表出して慰めてもらえる状況ではどちらがより悠人くんにとって安心できるでしょうか。

それに今はいつお母さんに会えるかまったく分からない状態です。それよりも、しばらく会えないけれど、日曜日が二回来たらまた会えるからね、とか、次のカレンダーをめくったら会えるからね、というように次に会える見通しを説明してもらった方が少しは安心したり、頑張ろうという気持ちになるのではないでしょうか」

友和「それは、そうかもしれませんが……でも、一回会ったら、もっと、もっと、となりませんか」

滝山「もっと、もっと、というと？」

友和「明日も会いたい、もっと長い時間一緒にいたい、みたいな」

滝山「もっといえば、お母さんのところで一緒にいたい、みたいなことを言われてしまうのではないか、といった心配でしょうか」

ポイント

同居中に子どもの世話を主として行っていた親が別居親となったケースにおいては、面会交流を実施すると子どもが別居親との生活を望むのではないか、監護状況の変更を求められるのではないかとの不安から、同居親が面会交流に消極的になることが少なくありません。滝山委員はそれを念頭に置きながら聴取を進めています。

友和「そうです。小百合の狙いもそこにあるのではないかという気もしたりします」

滝山「お子さんの年齢からしたら、そうなる可能性もゼロとは言えませんし、その心配はよく分かります。もし、面会交流を実施して、悠人くんがおうちには帰りたくない、お母さんと一緒にいると言い出してしまう心配はあるかもしれませんね」

友和「それが一番心配です。母子の絆は強いでしょうから、二人で会えば、なんとでも誘導して、悠人にそう言わせることもできます。子どもの言葉を盾に取って返してもらえなくなったらどうしてくれるのですか」

滝山「友和さんが一番心配されている点について、裁判所の調停の中で行うからこそ、安心できるのではないかとお伝えしたかったのですが」

友和「裁判所だから安心っていう保証はありませんよね。それよりも、約束を守ってくれなかったらどうなるかを教えてください」

藤田「裁判所の中で約束をしてから会うわけですから、その約束を守られなかったときどうなるかと言われましても」

友和「裁判所の中で約束をすれば必ず守られるのですか。そんな保証があるのでしょうか。もし、約束に反して悠人を返してもらえなかったら、裁判所は責任を取ってくれるのですか」

滝山「すみません。私としては、当事者同士での約束で会うよりも、裁判所の枠組みの中で会っていただく方が安心感があるという話をさせてもらいたかったのですが、友和さんとしては、万が一にでもお子さんを返してもらえない可能性が生じるようなリスクは冒せないというお気持ちなのですね」

友和「それはそうですよ。取り返しがつかないことになってからでは遅いですよね」

滝山「まず、面会交流を行う大前提として、面会交流が終了したら必ず同居親のもとにお子さんを返すということがあるのですが、それが守られなかった場合に友和さんが取り得る手続について知っておかれたいということですね」

友和「もちろんです。そこのところはきちんと説明してください」

滝山「分かりました。この点については大事なことですし、法律的に正確な説明も必要だと思いますので、裁判官と相談させてもらってもよろしいでしょうか」

法律的に正確な説明が必要な場面では、評議を行うことが大切です。

友和「はい。とりあえず裁判官から絶対に大丈夫だというお墨付きをもらわないことには考えにくいです」

滝山「では、評議を行いますので、待合室でお待ちください」

❖　❖　❖　❖　❖　❖　❖

――滝山委員は書記官に中間評議を求める連絡を入れて、評議を行った。評議の結果、裁判官から直接説明することとなった。

草岡「担当裁判官の草岡と言います」

友和「佐藤友和です。よろしくお願いします」

草岡「調停委員からは、友和さんとしては、悠人くんと小百合さんの交流を再開させる必要性についてある程度理解したけれど、仮に面会交流を実施した場合に悠人くんを返してもらえなくなる心配があるのではないか、その場合、どのような救済措置が取れるのかをきちんと説明してもらいたいというお気持ちがあるのだと報告を受けましたが、そのような理解でよろしいでしょうか」

友和「はい。裁判所を信用しない訳ではありませんが、裁判所での約束だから安心だと言われても、本当にそうなのか安心しきれない気持ちがあります」

草岡「なるほど、ご心配は理解できますので、私から少し説明いたしましょう」

友和「お願いします」

草岡「面会交流の実施に当たっては、お互いに約束をきちんと守り、その信頼関係のもとで実施するというのが前提になります。特に、必ず同居親の元に引き渡すというルールが一番大切なルールになります。これは調停委員からも説明を受けましたね」

友和「はい。ただ、違反したらどうなるかという点が分かりませんでした」

草岡「では、どれくらい重い違反なのかということから説明すると、これに違反したとなると、その後の面会交流を禁止する事由にもなるほど重要なルールになります」
友和「禁止する事由というのはどういうことでしょうか」
草岡「一番最初に調停についての説明の中で、話合いがつかない場合は、調停は不成立になって裁判所が面会交流の是非やその内容を判断する審判手続に移るという説明があったと思います」
友和「はい」
草岡「裁判所は、面会交流をすることによって、かえって子の福祉を害すると言える事情、例えば虐待があったり、違法な連れ去りがあったりしたという事情があるときは、面会交流を禁止ないし制限しますが、そのような事情がなければ、面会交流はお子さんのためになると考えて、面会交流を認める判断をしていくことが多いのです。
しかし、面会交流の約束を守らずにお子さんを返さないというルール違反[11]は、その面会交流を禁止ないし制限する場合の事情に当たる可能性がとても高いほどの違反になります。
友和さんと小百合さんは、今まさに面会交流の調停をしていて、今後の面会の頻度や方法などの面会交流の在り方を決めていこうとしている段階ですから、もし、このルール違反をしてしまえば、小百合さんは面会交流を禁止ないし制限されるという圧倒的に不利な状況になってしまいます」
友和「でも、実際に悠人を返してもらえなければ、どうにもならないのではないですか」
草岡「もし、そのような事態が生じた場合には、友和さんは、法的な手続、具体的には保全処分という強力な手続をとることができます」
友和「保全処分とはどのような手続ですか」
草岡「はい。今は話合いの手続、調停ですが、話合いではなく、最初から裁判所の判断を求める手続で、子

Zoom up 11

面会交流の合意事項の不遵守

別居親が調停で定められた条項を遵守せずに勝手に子どもと面会したり，連れ回すなどの背信的行動を重ねた場合には，同居親から子の監護に関する処分として調停条項の変更が求められることがあります。ルールを守って面会交流が行われないと，同居親による適切な監護養育に支障が生じ，子どもの精神的安定に害を及ぼすことになるので，面会交流が全面的に禁止されたり，当分の間，面会交流を禁止するなどの審判がなされることになります。裁判例としては，福岡高那覇支決平成15年11月28日家月56巻８号50頁，横浜家相模原支審平成18年３月９日家月58巻11号71頁がありますので，参照して下さい。

の監護者指定、子の引渡しの審判申立てを行って、併せてそれらを早急に判断して仮の審判を求める手続を保全処分と言います。
　そして、調停中に約束違反で子どもを連れ去ったとなると、その連れ去った行為そのものに違法性があるので、引渡しを命じられる可能性が極めて高くなるのです」

実務上では裁判官が積極的に保全処分の申立てを促すことはしていません。草岡裁判官は、友和さんの不安を軽減するために具体的な手続を挙げて説明をしているのであって、申立てを促しているわけではありません。

友和「でも、絶対という訳ではないのですよね」
草岡「確かに仮の話なので絶対ということはありません。ただし、小百合さんとしては、悠人くんと一緒に暮らすことを一番希望されているわけですが、面会交流のルール違反をすることでその可能性がほぼ潰えてしまうことになります。小百合さんは、そうしたリスクを冒してでも約束を破る方でしょうか」
友和「もし、それほど重いリスクだと分かっているのであれば、そうした行動はしないと思います」
草岡「それを聞いて安心しました。今は調停中ですから、面会交流を実施する前にそうした点も詳しくお話して、お互いがルール違反をしてしまわないよう調停委員会がお手伝いをしていきます」
友和「小百合はそのつもりでも、悠人が帰りたくないと言い張った場合の心配は残る気がするのですが」
草岡「中学生、高校生のお子さんが自分の意思で帰らないと言い張ると難しいでしょうが、悠人くんくらいのお子さんの場合はいかがですか。もし、友和さんが逆の立場であればどうされますか」
友和「きちんと言い聞かせます」

草岡「そういうことです。調停では面会交流のルールやなぜそうしたルールが大切であるかをきちんとお話して理解してもらいながら進めていきますし、もし、万が一約束違反が生じた場合でも法律的に対応することができるので、調停の中での面会交流はかなり安心して受け入れていただけるものだと考えています」

滝山「少しお話しさせていただいてよろしいでしょうか」

草岡「もちろんです。どうぞ」

滝山「同居親の元に子どもを返すのが大前提の条件という点についてですが、これは何よりもお子さんの利益にかなうためのルールなのだそうです」

友和「どういうことでしょうか」

滝山「未成年のお子さんにとって最も負担が大きいのは、ご両親の争いに巻き込まれてしまうことです。
　お子さんにとっては、同居親も別居親もどちらもかけがえのない大切な親なのです。大好きな親御さんを前に、時にはこっちがいいとか一緒にいたいと言うこともあると思いますが、その時々の言動に大人が振り回されて、お子さんを取り合うことになってしまっては、当のお子さんが一番つらい思いをすることになってしまいます。
　自由に気持ちを表明して、自然に振舞っても、そのことで両親の紛争が生じたり、激しくなることはない、お子さんにそうした安心感を持って面会交流に臨んでもらうためのルールなのだと教わっています」

友和「説明を聞いてだいぶ安心しました」

草岡「それをお聞きして私も安心しました。面会交流を実施するにあたってのルールや留意事項を記載したリーフレットがあるのですが、お読みになっていますか」

友和「前回、いただいたこれですね」
草岡「そうです。お子さんの体調やスケジュールに合わせることや、取り決めた時間など約束を守ることが大切であることなど、具体的な留意事項が挙げられています。いずれもお子さんにとってより良い面会交流を実施するために大事なことですので、もう一度よくお読みいただければと思います」
友和「分かりました。あらためて読んでおきます」
草岡「それでは引き続き調停委員にお話しいただき、私は退席させてもらいますが、よろしいですか」
友和「ありがとうございました」
草岡「では、あとはよろしくお願いします」

――草岡裁判官は退室した。

滝山「悠人くんを返してもらえなくなるのではないかという心配がなくなれば、面会について前向きにご検討いただけそうでしょうか」
友和「実は、前回の調停の後、父親の強引な勧めで懇意の弁護士さんに話を聞いてみたのです。父親は、面会を拒否するための方策を聞きたかったようですが、逆に面会を勧められるような形になってしまいまして」
滝山「そうだったのですか。では具体的な面会についてお話を進めてもよろしいですか」
友和「実は、もう一つ、小百合が別途申し立てるかもしれないと言っていた監護者の指定や子の引渡しの件も気になっていまして。
　悠人を返してもらえなくなる心配はさほどしなくてよいと分かったのですが、面会をすれば、それだけ監護者の指定の件では不利になるのではないかと。悠人のことより自分のことを考えているようで、聞きづらかったのですが」

滝山「面会を認めることで、母子の交流が密になってしまって、監護者を決めていく際に小百合さんが監護者になる可能性が高くなってしまうのではないかということでしょうか」

友和「はい」

滝山「友和さんの立場であれば当然のご心配だと思います。有利、不利という観点でのお話は難しいのですが、さきほど小百合さんから伺ったお考えをお伝えしましょう」

藤田「小百合さんとしては、早急にお子さんに会ってお子さんの状況を確認したいし、小百合さんの状況やお気持ちをお子さんに伝えて安心させてあげたいと考えていて、お子さんに会った上で監護者指定と子の引渡しの申立てを行うかどうか考えたいとのことでした。

ただし、今日の段階でお子さんとの面会のめどがたたないのであれば、申立てを行うつもりでおられるともおしゃっていました」

友和「どちらにしても悠人を引き取るための手続はあきらめない、どちらが有利か考えてから申立てを行う、ということでしょうか」

滝山「私どもは少し違う印象を受けました。前回の調停では、戦略的な印象もあったのですが、今日は悠人くんの状況を踏まえて考えたいといったニュアンスが強かったと感じます」

友和「私はどう対応するのが良いと思われますか」

友和さんには、丁寧で中立公平な対応を受けてきたことで、調停委員会を信頼している様子がうかがえます。こうした中ではこのケースのように「どう対応するのが良いと思うか」と問われることがあります。直接的なアドバイスやサジェッションは相当ではありませんが、杓子定規にはねつけるのではなく、質問の背景にある具体的な不安を把握していくことが大切です。

藤田「私どもは飽くまで話合いのお手伝いを担当しますので、どう対応されるかはご自身で決めていただきませんと」

滝山「今、一番迷われている、心配されているのはどのようなことになるのですか」

友和「もし、監護者で争うことになれば、弁護士さんをつけて負けない様に手立てを尽くしたいと思います。でも悠人の取り合いで争うなんて、悠人がかわいそうで」

滝山「面会のことと監護者のことは切り離して考えていただきたいと思うのですが、実際のお気持ちとしては難しいですよね。戦術的なアドバイスになってはいけないと思うのですが、監護者や親権者を決める際、面会交流に対する許容性も一つの指標になるようなので、そのことだけでもお伝えしておきましょうか」

友和「どういうことでしょうか」

滝山「親権者も監護者もやはり子の福祉の観点で考えていくのですが、さきほど友和さんが理解したとおっしゃった面会交流の意義をどの程度実現していく考えがあるのか、実績があるのか、配偶者としての感情よりも親としての振る舞いを優先し、子どものためになる面会交流をどの程度確保できるのかという点が監護者や親権者を決める際に考慮される要素の一つとなります」

友和「つまり、面会交流をさせた方が有利になるということですか」

滝山「そこまで単純化することはできませんが、少なくとも合理的な理由なしに面会交流に応じない場合は、相当大きな失点になるとは言われています」

親権者の指定・変更において、離婚後の面会交流の許容性を判断基準とする見解もあります。しかし、面会交流の許容性は、事案ごとの個別具体的な諸事情を総合考慮する際に補充的に考慮されるものです。当事者は、親権者の指定・変更を獲得するため、真意を隠して寛容な態度を示すことが想定されるので、慎重に判断することが重要です。

友和「分かりました。もともと面会に反対しているつもりはないのです。ただ、いろいろ心配になってしまうだけで。夫婦のことや今後の具体的な面会交流に関しては時間をかけて調整していただくことにして、なるべく早く悠人と小百合の面会交流に応じることにします」

――その後、小百合はどのような形でもよいとしていることから、友和の希望を聴取しながら具体的な方法について意向を詰め、友和としては、次回期日までの間に親子三人で食事をする方法での面会を提案することとなった。

――小百合は、友和の提案に同意し、具体的な候補日の調整を望んだ。

滝山と藤田は、期日間の任意での試行に当事者双方が合意したことを喜んだが、子どもの現状認識が十分に把握できていないことも含め、調査官の助言を得たいと考え、中間評議を求めることとして再び書記官室に連絡を入れた。

(4) 当番調査官を交えての中間評議

草岡「お疲れさまです。

今日が二回目の期日で、当事者間で期日間に任意の面会交流を実施することで合意した状況です。調停委員会としては、次回期日以降、具体的な面会交流の在り方の調整を進めるのか、別途、監護者指定等の申立てを受けて子の監護での調整も手がけていくことになるのか、今後の大きな進行も含めて、任意での面会交流結果を踏まえて考えていくのが良いだろうと考えています。
ただ、お子さんの認識やお子さんへの説明をどうするかなど気がかりなこともあるので、当番調査官にご意見をお聞きしたいと考えて来ていただきました」

中山「調査官の中山です。よろしくお願いいたします。
私も、お子さんが小学校入学間もない年齢であること、同居中に主として監護を担っていたのが母親であるのに、その母親から引き離されて四か月間交流が途絶えていること、ご夫婦の紛争自体は大きく顕在化しておらず、少なくとも父母の争う姿をお子さんが目にしてきていない様子であることなどの事情を踏まえると、できる限り早期に母子交流を再開させるのが最善だと思います。[12]当事者間での面会交流が可能であればそれをトライすることで良いと思います」

滝山「悠人くんに今の状況が正確に伝わっていないと言いますか、悠人くんがどのように現状を認識しているのか分からない状態で、当事者間での任意の面会交流に委ねて大丈夫なのかその点が気になっているのですが」

中山「確かにそのとおりですね。当事者双方は同席でお話しても大丈夫でしょうか」

滝山「列席説明や確認では冷静にされていますので、大丈夫だと思います」

中山「それであれば、期日間の面会交流の実施方法について、双方同席の場を設けて詰めてみてはどうでしょうか。私も同席して、少し双方とやりとりさせてもらった上で、その場でお子さんへの説明をどうするのが良いのか考えてみるのが良いように思います」

草岡「そうしていただけると大変ありがたいですね。両委員もそれでよろしいでしょうか」

Zoom up 12　当事者間で行う面会交流の試行

調査官調査である面会交流の試行は，一般的には家庭裁判所の児童室を利用して行われます。一方で，事案によっては，当事者の合意のもと，調停期日間に，任意の面会交流を実施することがあります。この任意の面会交流は，飲食施設のある大型商業施設，動物園，遊園地等において行われることが多いです。任意の面会交流を実施するに当たっては，当事者間において，その日程，場所，実施方法等について協議しておくことが重要です。裁判所は，任意の面会交流の結果を踏まえて，当事者の意向を確認し，面会交流の内容や条件を調整し，実現に向けて働きかけていくことになります。

(5) 期日間の面会交流に向けての調整

藤田「双方にご了解いただけたので、裁判官と評議をして、次回期日までの間に親子三人での面会交流を実施してみていただくことになりました。
これから双方同席のもとで日時ですとか、方法について打ち合わせていこうと思います。久しぶりの親子交流を円滑に行って、今後の継続的な面会交流に向けての第一歩にしていただきたいと思いますし、何よりお子さんにとって負担のない方法を考えなければいけませんので、調査官にも入ってもらうことになりました」

中山「調査官の中山です。これまでの経過の概略については、調停委員会からお聞きしました。
次回までに親子三人での面会交流を実施されるとのことですので、何点か確認させていただいて、アドバイスできることがあるのではないかということで、少しの間、一緒にお話を伺うことになりました。よろしくお願いいたします」

藤田「まず、具体的な日にちの調整ですが、悠人くんの学校やお仕事の関係もあるので、やはり土日ということになるでしょうか。それぞれのご希望、ご都合としてはいかがですか」

小百合「私は、いつでも。土曜日でも日曜日でもどちらでも構いません。今週末でも大丈夫です」

友和「仕事は週末休みなのですが、悠人への説明もありますし、その他にもあるので、もう少し時間をいただければと思いますが」

藤田「どれくらい時間をみれば大丈夫ですか」

友和「二、三週間あれば」

小百合「悠人への説明にそんなにかかるんでしょうか」

中山「少し、よろしいでしょうか」

藤田「ええ。どうぞ、お願いします」

中山「日程の調整も大切ですが、まず、今回の面会交流の目的をしっかり同席の場で確認していただくことが肝要ではないでしょうか。その上で目的にかなった具体的な会い方を決めないと、悠人くんにどのように説明するかが決められないと思います。それが決まらないと、どれくらい時間がかかるのか測れないのではないでしょうか。

調停委員会からお聞きしたところでは、友和さんとしては、悠人くんへの説明だけでなく、今後のことも考えるとおじい様への説得と言いますか、調整を懸念されているのではないかと思うのですが」

藤田委員は、対立が生じにくいと考えて日時の調整から入ろうとしましたが、二、三週間の準備期間を求めた友和さんに対し、小百合さんからはなぜそんなに時間がかかるのか不信感が示されました。中山調査官は、すかさず介入し、任意に行うことになった面会交流の目的を両当事者と調停委員が共有するよう働きかけています。

友和「そうなのです。ありがとうございます。決して先延ばしにしようとしている訳ではないのです」

滝山「では、調査官からのアドバイスのとおり、面会交流の目的について確認していきましょう」

藤田「はい。まず、目的ですが、小百合さんが別居されてすでに四か月以上経って、その間母子の交流が途絶えてしまっているので、それを再開させる第一歩ということですね。特に、小百合さんに悠人くんの小学校入学後の状況、そして今の状況について直接確認してもらうということ、それに悠人くんに対してもお母さんの無事を直接体験し、安心してもらうということが目的になります。これについてお二方ともよろしいですね」

――小百合も友和もそろって頷いた。

藤田「次に、面会交流を行うに当たって双方の思惑の相違についても確認しておくことが大切だと考えていますので、この点については滝山委員の方からお願いできますか」

滝山「はい。最初に今、藤田委員は思惑の相違と表現しました。

少し表現の仕方が難しいところがありますが、今回行う面会交流に対する意味付けは小百合さんと友和さんとではだいぶ異なっているのが現状です。

それぞれの本件調停に対する主張、意向の違いが表れている部分でもあります。その点を確認しておきたいと思うのです。私どもが言わんとするニュアンスは伝わっているでしょうか」

小百合「まずは悠人に会って、私も悠人も安心を得て今後の会い方を決めていくという目的は一緒だけど、それぞれ別の思惑を持っているということでしょうか」

友和「思惑と言うと後ろ暗い感じもしますが、お互いの考えが一致していないということですね」

滝山「そうなのです。具体的に確認していくと、小百合さんは、悠人くんの引き取りを望んでいて、場合によっては本件とは別に引き取りに向けた手続の申立ても念頭に置いておられる状況にある中で、今後の本件への対応を考えていくための情報確認をするという目的もお持ちですね」

小百合「そういう思いがあります」

滝山「一方の友和さんとしては、別居が今すぐ解消されないのであれば、悠人くんを安心させるためには面会交流も必要だと理解されて当面の実施に合意されたという状況です。

しかし、別居の継続自体が悠人くんのためにならないので、小百合さんに戻ってきてもらいたい、それが悠人くんのためだというお考えで、今回の交流が別居を解消する端緒となることも期待されています。そのため、母子だけの交流を認めると小百合さんから一方的な情報を与えられたり、説得や誘導があるのではないかという不安もあるので、まずは親子三人での交流から始めたいと考えられたという背景があります」

友和「説明していただいたとおりです」

滝山委員は、友和さんと小百合さんがそれぞれ期日間の面会交流に対して異なる視点を持っていることを指摘し、その違いを明確に示して、それを共有させています。

滝山「ここまでのところで、補足したいご意見や質問などがあるでしょうか」

小百合「いえ。そのとおりなのだと思うのですが、やはり、私と夫の受け止め方がずいぶん違っているのだなと感じます。仕方のないことかもしれませんが」

友和「私も同じように感じて、心配になりました。まぁ、目的については共通理解しているのだと思うのですが」

中山「お互いが共通の目的を持ちながら、一方では異なる目的をも持っていることを確認されたようなので、調査官としては、安心しました。

お二人は心配になってしまったかもしれませんが、今はお互いが異なっている部分の是非を決めたり、調整をしようとする場面ではありません。お互いに異なる意図も持った中で暫定的に行う面会交流である、という共通認識を持っておいていただきたいのです。そして、今の段階では、お互いが共有した共通の目的に合致した面会の方法を決めていきましょう。

小百合さんが悠人くんの状況を確認し、悠人くんにも安心してもらうために親子三人で会ってみる、これが今回の面会交流の目的ですね。

では、どこで、どれくらいの時間、何をして過ごせば目的が達成できるでしょうか。小百合さんはどうですか。できるかどうかではなく、まずは、希望を教えてください」

小百合「希望でいったら生活を一緒にするような感じで。手料理を食べさせてあげたいし、一緒にお風呂に入ったり、読み聞かせをしたり。普通にしていた生活ができれば、悠人の様子も分かるでしょうし、悠人も安心すると思いますけど」

中山「なるほど。でも、最初からそこまでは難しいとお考えになって、友和さんが了解する方法であれば、どんな方法でも構わないと調停委員会に伝えておられるわけですね」

小百合「はい」

中山「友和さんが実施日だけでなく、具体的な方法についても提案しづらくなっているのは、悠人くんへの説明に悩まれているのではないですか」

友和「そうなのです。これまでと違うことも言えないし、かといって本当のことを言うのもどうかと思うし。悠人へはどう説明したらいいのでしょうか」

中山「そこが一番迷っておられるのですね。小百合さんはどうお考えですか」

小百合「悠人を連れて出ていこうとしたときには、おじいちゃんの具合が悪いからおじいちゃんの家にしばらく行くと説明しました。

夫も同じような説明をしてくれているようなので、そこは安心したのですが、いつまでも本当のことを隠しているのもよくないですし。この際、ちゃんと話した方がよいのかもとも思いますが、でも、じゃあ、どう話すかとなると」

中山「そうですね。この先どうするのか、まさにこれから話し合っていくのですものね。
裁判所の施設を使用して面会交流を行うこともあるのですが、その場合はお子さんの現状認識への理解度を測り、その理解度に応じた説明を行ってお子さんが安心して臨めるように慎重に準備をしています。
裁判所で行う面会交流は、その後の円滑で継続的な面会交流を見据える必要がありますから、お子さんが事実と異なる現状認識のまま実施すると、本来の目標にかなわないことになってしまいかねないからです。そのため、お子さんには、きちんと現状の事実を説明してから準備を進める、あるいは調査官がお子さんの現状認識を確認し、最低限必要な情報を伝えてから進めていくことを原則にしています」

友和「そうすると悠人にも夫婦の現状や家族間の軋轢を伝えなければならないのでしょうか」

小百合「これまでできる限り悠人にそうしたごたごたを見せないようにしてきたのは良くなかったのでしょうか」

中山「いいえ。お子さんに精神的な負担をかけないよう努力してこられたことはとても大切なことですし、できる限りこれからも継続されるのが望ましいと思います。
また、今の状況でご夫婦の関係やご家族の葛藤をそのまま伝える必要まではないように思います。
ただ、友和さんが心配されているようにおじいさんがどう反応されるか分からないという不安要素もあるので、もう少し説明を加えておいてあげた方が良いのではないでしょうか」

滝山「具体的にはどのような説明が良いでしょうか。お二方とも悩まれているところなので、調査官から具体的な助言をお願いしたいと思うのですが」

友和「お願いします」

小百合（頷く。）

友和さんは中山調査官に対し悠人くんへの説明方法について助言を求めました。これまでの支援を通じて中山調査官を信頼している様子がうかがえます。

中山「本当はお子さんへの説明の在り方を考えるためだけでも、調査という形でそれぞれから詳しくお話を伺いたいくらいでもあるのですが、できるだけ早く面会を再開させたいということですし、今はそれが一番大切だと思います。

これが最善と自信を持って言えるほど、状況把握もできていないのですが、

『お父さんとお母さんはこれからの家族のことについてお話合いをしている。お母さん方のおじいちゃんの具合は良くなっているけれど、まだ時間がかかるから、お母さんはまだ帰ってこられないでいる。お母さんは悠人のことを心配していて、悠人も心配だと思うので、今度お父さんとお母さんと悠人の三人で一緒に会ってご飯を食べることになったよ。』

こんな感じではどうでしょうか」

友和「話し合いがいつ終わるのかと聞かれたらどうしたら良いのでしょうか」

中山「そうですね、そこが難しいですね。

『できるだけ早く話し合いが終わるようにお父さんもお母さんも努力してるからね』

というくらいでどうでしょうか。

お子さんに伝える際に大切なことは、極力嘘はつかない、でもすべて本当のことを伝える必要はない、まずは安心感を与えてあげるということだと思います」

友和「分かりました。自信はありませんが、やってみようと思います」
中山「おじいさんへの対応はいかがですか」
友和「はい。これはこれで難問ですが、これはかりは私が考えるしかないと思います。これはもっと自信が持てないのですけれど」

――こうして六月の第二土曜日、午前一一時半から午後一時まで、悠人が好きな○○駅近所のファミリーレストランで親子三人で食事をする方法で面会交流を行うことになった。次回調停期日には、この期日間の試行を踏まえて、双方が改めて主張を整理してくることとなった。

9　期日間の面会交流

――第二回調停期日から一〇日後の週末、友和は、悠人を風呂に誘った。


「お父さんと入るの久しぶりだね」

「そうだなぁ。しばらく忙しかったからなぁ。お父さんがいないときはおばあちゃんと入ってたの?」

「うーん。そういうときもあったけど、一人の方が多いよ。あのね、悠人、もう一人でも怖くないんだ」

「そっかぁ。すごいなぁ。一年生になるとさすがだなぁ」

「ねぇ、お父さん、しりとりしよう」


――ひとしきりしりとりや指遊びをした後、友和は少し改まって悠人に話しかけた。

「なぁ、悠人。ちょっとお話があるんだけど、聞いてくれるか」

「え。なぁに、お話って」

「あのな、来週の土曜日だけどな。○○駅のファミレスにご飯食べに行くからな」

「え。あのうな丼がおいしいとこ? いいね。やったぁ」

「うん。お母さんも一緒に食べにくるからな」

「え?!お母さんも?」

「そう、お母さんと一緒に三人でご飯を食べることになったんだ」

「ふーん」

―悠人が大喜びするようであれば、特に説明もせずに済ませられるのではないか、そんな期待もしていたのだが、悠人の反応は微妙な感じで、友和は、ますますおろおろしてしまった。

「お母さん、悠人のこと心配してるからさ、ご飯食べてお話することにしたんだよ」

「そうなんだ」

「悠人は、お母さんに会いたくないの?」

「会いたいけど。うーん、どっちでもいいかな」

悠人くんが喜びを表現しないのはなぜなのでしょうか？小百合さんとの面会を望んでいないということなのでしょうか？そこには様々な要因がありそうです。同居親である友和さんに気を使っている可能性もあります。表現する力が弱いなど性格や特性もあるかもしれません。大切なのは、紛争下にある子どもは、少なからず父母による板挟みの状態にあるということと、大人が思っている以上に複雑な思いを抱いているということへの理解です。

「そうか、悠人はどっちでもいいのか。でもさ、久しぶりに親子三人でおいしいご飯食べような」

「うん」

「あと、お母さんとご飯食べに行くことだけど、おじいちゃんとおばあちゃんには内緒にしとこうな」

「うん、わかった。内緒だね」

「うん。お父さんとの秘密、内緒だぞ。じゃあ、体拭いて出ようか」

❖　❖　❖　❖　❖　❖　❖

悠人は、一週間、少し元気がなかった。

学校でも自宅に帰ってからも、おしゃべりが少なく、本を読んだり、テレビを見たり、一人で過ごすことが多かった。

クラス担任の渡辺は、いつも自分に話しかけてくる悠人の元気のないのを心配して、さりげなく
「悠人くん、元気かな」

と二度ほど声をかけたが、

「うん、元気だよ。先生、どうかしたの」

と逆に問われたりしていた。しかし、そのくせ
「先生、あのね、悠人ね」と話しかけてきて、

「うん。なぁに」と聞くと、

「ううん。なんでもなかった」「間違えちゃった」

と話しかけては途中でやめることが何度もあった。

悠人は、学校や自宅で先生や祖母に久しぶりにお母さんと食事をすることになったことを聞いてほしくて、何度も「あのね」話しかけそうになっては、そうだ内緒だった、秘密なんだと思い直していた。

お父さんは、「内緒にしよう、秘密だ」って言ってた。

どうして秘密なのかは分からないけど、話をしてしまうと、お母さんと会えなくなってしまうような、そんな気がして、話したいのを一生懸命我慢していた。

悠人くんは、お父さんと交わした秘密を一生懸命守ろうとしています。小学一年の悠人くんが、だれにも言えない秘密を持ち続けることは、かわいそうなことですし、心に大きな負担を負わせることになっています。

❖　❖　❖　❖　❖　❖　❖

そしてようやく待ちに待った土曜日がやってきた。

「今日は、お父さんとお出かけするんだって。良かったねぇ。どこ行くんだって？」

朝ご飯を食べながら信子が悠人に声をかけた。

「え？あ、うん。どこ行くんだっけ？」

悠人は、友和に振り返った。

「科学館に恐竜展を見に行くって約束しただろう」

友和は、悠人に笑いかけた。

「そうだったね。恐竜見に行くんだった」

と悠人は小声で答えると、「ご馳走様」とことさら大きな声で言って、二階に駆け上がった。


小百合は、約束の時間の二〇分前には店内に入った。

さすがにまだ空席があり、後から二人合流することを伝えて、奥まったボックス席に通してもらうことができた。週末の昼時とあってしばらくすると、ほぼ満席になった。普通に、自然にと思えば思うほど、そわそわと緊張し、妙にのどが渇いて、お冷のお代わりを三回も頼んでいた。

「お待たせ。席を取っておいてくれて助かったよ。さすがに土曜日だね」

友和が小百合の向かいに座った。

悠人は、テーブルの横に立ったまま、黙っている。小百合は、堪えながらも涙目になるのが抑えられず、それでもようやく明るく装って声をかけた。

「悠人。元気にしてた？」

「うん。元気だった」

悠人は、うつむいて目を合わさずに答え、相変わらず立ったままであった。

「楽しみにしてたんだろう、恥ずかしくなっちゃったのか。立ってないでお母さんの横に座ったらどうだ」

友和が苦笑いをしながら着席を促すと、悠人は、慌てたように友和の隣にすり寄るように座って、目を伏せた。

「ごめんね、悠人。入学式にも行ってあげられなくて。ほんとうにごめんね。寂しい思いさせちゃったね」

小百合は謝った。

「しかたないよ、いろいろあったんだから。な。悠人はいっぱい頑張ってたもんな。大丈夫だよな。それよりご飯食べよう。悠人は何食べるんだっけ?」

友和はメニューを開いた。

「分かった。お母さん、悠人が何食べたいか分かったよ〜。当ててみようか」

小百合は悠人に問いかけた。

悠人は、「じゃ、当ててみて」と少し笑顔を見せた。

「はい、悠人が食べたいのは、うな丼セットだと思います」

「ブブー」

「えー?!」

小百合と友和が同時に声を上げた。

「うそうそ、ピンポーン」

「セットはうどんとおそば、どっちにする?」

「そば、冷たいそば」

「お母さんは何食べるでしょうか」

「冷やし中華!」

「ピンポーン。よくわかったね〜」

「お母さん、ここの冷やし中華好きだってお父さんが言ってたよ」

「そうなんだ」

小百合は苦笑いをして友和を見た。

友和も照れたような気まずいような笑みを浮かべて、悠人に視線を移した。

店員が料理を運んでくる。

「うな丼セットのお客様、冷やし中華のお客様、天丼セットのお客様」

「うわぁ、美味しそう。やっぱりお母さんの隣で食べる」

悠人は小百合の横に移動して、うな丼を小鉢に移し替えてもらいながら食べ始めた。

再会の当初こそはぎこちなさがあったが、メニュー選びを始めるとすぐに打ち解け、悠人のおしゃべり中心での食事会となった。デザートのアイスクリームを食べ終わると、一二時二〇分であった。

「じゃ、行こうか」

悠人は無邪気に声をかけた。

「どこに行くの」

小百合が尋ねると、

「科学館の恐竜展だよ。お母さんも一緒に行くでしょ」

小百合が答えに窮していると、代わりに友和が伝えた。

「今日はね、お母さんはあまり時間がないんだよ。だから恐竜展には一緒に行けないんだ」

「えー。じゃあ、悠人も行かない。もう帰っちゃうの？もっといようよ」

悠人が小百合と友和を交互に見て訴えるので、今度は友和も言葉に窮してしまった。

「ごめんね、悠人。今日はね、一時までってお約束なの。次はもっとゆっくりできるようにお父さんとお話するから、今日はお約束どおりにしようね。恐竜展はお父さんと二人で行っておいで」

小百合は、悠人を諭した。

悠人は、別れ際、小百合に抱きついて離れなかった。小百合も自身の涙が止まるまで悠人を抱きしめた後、悠人の鼻をペロンと舐めると

「一年生がそんなに泣いてたら恥ずかしいぞぉ。じゃあ、お母さんは、これで今日は帰ります。バイバイキーン」

小百合は小走りで一〇歩ほど駆け離れた。一瞬呆気にとられたように立ち尽くした悠人のもとに駆け戻って、悠人と目線を合わせ、

「今度はもっとゆっくり遊べるようにするからね。お母さんは元気だし、悠人のこと大好きだからね。心配しないでね」

と語りかけて、額にそっとキスをして、悠人へとも友和へともとれるように「じゃあ、これで」とゆっくりと立ち去った。

今回の面会がうまくいったのは、友和さんと小百合さんがそれぞれ悠人くんに対して配慮することができたからだといえます。

友和さんは、母子の対面がぎこちなかったことを受け、それを放置するのではなく、さりげなくサポートし、母子の関係を取り持つ動きをしています。そのため、悠人くんは父母との間で板挟みになることもなく、小百合さんとの面会を楽しむことができました。

小百合さんは、悠人くんからもっと一緒にいたいと言われても、友和さんと交わしたルールを守り、

時間内に面会を終わらせました。そのことで、友和さんとのトラブルを避けることができ、悠人くんをトラブルに巻き込むことなく、楽しく面会を終えることができました。

「ただいま！」

悠人は元気よく玄関から駆け上がった。

「おかえり。早かったのね」

「うん！」

「恐竜展はどうだった？ ティラノザウルス見れた？」

「恐竜展はね、時間がなくて行かなかったんだよ」

「時間がなかったの？」

「うん、今日はお母さん、時間がないんだって」

「お母さん？って、悠人？」

「ううん、何でもない」

がんばって秘密を守っていた悠人くんですが、とうとう言葉に出てしまいました。お母さんに会えたうれしさ、安心感があったのでしょうね。

❖　❖　❖　❖　❖　❖　❖

「友和、ちょっとお父さんが話があるから来てほしいって」

――友和が居間に入ると仙一はいつものようにテレビを見ながら焼酎を飲んでいた。

「どういうことなんだ?」

「どういうことって?」

「こそこそして、しらばっくれてもすぐ分かることだ。小百合に会ったのか」

「どうして、それを」

「訳なんぞどうでもいい。会ったのか、どうなんだ」

――友和は、否定し通すことは難しいと思いつつ、どう話をするのがいいのか思いつかず黙っていた。

「お前はわしに嘘をついたってことか。向こうが侘びを入れてくるのが筋だと、お前はわしにそう言わなかったか」

「さっき帰ってきたとき、悠人が恐竜展には行かなかったって。お母さんの時間がないからだって言うからね。まさか悠人を問い詰めるわけにはいかないし。

でもね。もし本当に小百合さんと会っていたのなら、そのまま知らん顔もできないでしょ。それでお父さんに相談したのよ。

友和、いったいどうなっているの。いろいろ心配して幼稚園の送り迎えをしたり、小学校に上がってからだって、ずいぶん気を回してきているのよ。それを内緒でこそこそ会うなんて。ちゃんと説明してくれないと」

――仙一に告げ口したことを言い訳するように信子が言った。

「調停で決まったから仕方なかったんだよ」

――友和は言葉少なに答えた。

「決まったって、そんなこと聞いてないぞ。必要があればちゃんと弁護士をつけてやると言ってあっただろう。話し合いだからまだ弁護士はいらないと言っていたのは、友和、お前だろう。決まったって、一体何がどうなってるんだ。お前だけの問題じゃないんだぞ。分かってるのか。悠人を取られてからじゃ、遅いんだぞ」

――仙一はまくしたてた。

そして、そもそも結婚自体に反対であったこと、小百合が嫁としての心構えができていないことなど、これまで何度も聞かされてきた小百合の悪口を繰り返した。そして話は友和夫婦のことから離れて、仙一自身が伯父伯母の反対を押し切って農家を止める決断をしたからこそ今の生活があるのだといういつものお決まりの演説になっていった。

友和は、仙一の話を聞き流しながら、戻るのは絶対に無理だと固く思い詰めた小百合の表情を思い出していた。そして、確かに戻るのは無理だよなぁと力なく思うのだった。

「おい、友和、聞いてるのか」

――一向に応えない友和に不機嫌そうに仙一が声をかけた。

「うん。分かってるよ。父さんに何を言っても通じないことはね」

――友和は軽く受け流して続けた。

「小百合が出て行ってから、特に母さんには本当にいろいろ迷惑をかけてるし、悠人のことも一生懸命見てくれてありがたいと思ってる。

もちろん、父さんが言うように大学に行かせてもらって、週休二日のサラリーマンでいられるのも父さんの苦労のおかげだと感謝もしてるよ。

でも、今回の調停の件は、僕と小百合と悠人、三人の家族の問題だから。まだ、どうすれば一番いいのか分からないけど、まずは自分で考えたいんだ。もちろん、相談もするし、また、ヘルプもお願いするかもしれないけど、やっぱり最終的には、僕の奥さんと子どものことだからさ。自分で決めなきゃと思うんだよね」

――仙一が何かを言い始める前に友和は「ごめん。もう寝る」と部屋を出ていった。

10　第3回調停期日～当事者の自主的解決能力が発揮され、調停が成立する――●

(1)　小百合への聴取――調停期日間の面会交流の様子と具体的な面会交流の在り方についての意向

――調停委員会は、まず申立人の小百合から期日間の面会交流の様子について確認した。

小百合は、ゆっくりだが要点を押さえて、ファミリーレストランで最初は悠人自身がぎこちない様子を見せたが、すぐに打ち解けたこと、学校や友達の話を楽しそうに話してくれて、友和も悠人の日常生活や心情をよく分かっている様子であったこと、別れ際には悠人も小百合自身もつらい別れであったことなどを説明した。また、今後も面会を継続することを悠人の前で話せたことも付け加えた。

滝山「そうですか。では、無事に前回の約束どおり期日間の面会交流ができたのですね。悠人くんの様子を直接ご覧になっていかがでしたか」

小百合「はい。まずは安心しました。短い時間でしたから、悠人がいま何をどんな風に感じているのか、それは分かりませんでしたが、着実に成長していて、学校やお友達がとても大切なんだと感じました」

滝山「ええ。それと悠人くんにとっては、お母さんもとても大切なんだということも、お母さんを求めているっていうことも感じられたのでしょう」

小百合「はい。それはもちろんです」

滝山「面会交流の実施で悠人くんと再会でき、今後も面会交流については継続的に実施できる見通しが立ったことは何よりでした。そうしますと、今日の時点で小百合さんとしては、この調停をどのように進めていきたいと希望されますか。

もっと直接的にお聞きすると、悠人くんを引き取るための手続についてのお考えと合わせて教えていただけますか」

小百合「はい。実は、面会交流が終わった後、夫からメールをもらったんです」

藤田「どのようなメールだったのですか」

小百合「はい。悪かったと。辛い思いをさせてきて申し訳なかったって……」

滝山「大丈夫ですか。これをお使いください」

――滝山はティッシュを手渡そうとした。

小百合「すみません。ありがとうございます。大丈夫です。

あの人、これまで何度も「ごめん」「ごめん」って言ってきたんですけど、初めて、自分のせいで私に辛い思いをさせて悪かったって、自分のこととして謝ってくれたんです」

藤田「メールはその謝罪だけだったのですか」

小百合「いえ、悠人と私が会ったことが義理の父に分かってしまったことと、それでだいぶ揉めたみたいですが、義理の父も母も悠人には直接何も言わずにいてくれているということでした。

それと、来週の日曜日に三人で遊園地に行きたいけど都合はどうかと」

藤田「ほう、次の面会交流の予定を友和さんから提案してきたのですか。それで」

小百合「はい。びっくりしましたが、前回時間が短くて悠人に可哀そうなことをしたので、ゆっくり過ごさせてあげたいとあったので、時間と待ち合わせ場所を決めました」

滝山「それで、友和さんからのメールを受けて、小百合さんとしては今後の調停についてはどのように考えられたのですか」

小百合「はい、できれば面会交流の調停は今日で決めていただければばと。まずはきちんと定期的に会えることで合意してもらえればと思っています」

藤田「お子さんを引き取りたいというお気持ちはどうされるのですか」

小百合「はい。もちろんそのつもりです。

ですが、今、悠人を引っ張り合って私が無理やり転校させるのは、悠人のためにならないと思ったのです。ですから、悠人が転校しなくて済むように、私が小学校の校区内に引っ越そうと思っています。

そこでの生活がちゃんとできるようになれば、悠人に毎日でも会えるようになると思うので、そうしたら悠人の気持ちもちゃんと聞いて、夫の納得も得て引き取りたいと考えています。

彼は、自分の家族は私と悠人しかいない、家族が幸せになれる方法を必ず考えるからもう少し時間が欲しいなんて言ってくれましたが、それをすぐに真に受けることもできないので」

滝山「離婚のお気持ちは変わられたのですか」

小百合「どうでしょうか。今はまだ分かりません。そんなメールをくれはしましたが、実際にどう動いてくれるのかは分かりませんから」

藤田「では、小百合さんとしては、今日面会交流の取決めをまとめるとすると、具体的な頻度、方法についてはどのようなお考えということになりますか」[13]

小百合「決めたらそのとおりにしかできないというような硬直的なものではなく、その時々に柔軟に決めていきたいというのが希望です。

引っ越しが終わるまでの当分の間は月に二〜三回で、もし近くに住めるようになったら制限なしにしてもらいたいと思います。悠人と二人だけで会う機会もほしいですが、それも三人での面会を続ける中で話ができるのではないかと思います」

藤田「引っ越した場合は、というような取決めは難しいので、月二〜三回程度という決め方になりますがよろしいですか。もちろん友和さんにはこれから確認しますので、友和さんが合意をすれば、ということになりますが。

そして、時間、場所、方法等については、子の福祉に配慮して双方で協議して定めるという抽象的な決め方になろうかと思いますが、よろしいですか」

小百合「よろしくお願いします」

(2)　友和への聴取——小百合の意向への同意

友和「そうですか。近くに引っ越して、それから引き取りの話をしたいと言っていましたか」

藤田「はい。それでその引っ越しまでの間は、月に二〜三回、引っ越した後は制限なく会えるようにしてほしいというご希望です。

時間や場所については、その都度話し合って柔軟に決めたい、ゆくゆくはお子さんと二人だけで会いたいが、当面は親子三人で構わないとのことでした。ただ、引っ越した後の取決めをまだ引っ越すかどうか決まらない段階で条項にすることはできないと伝えて、そのことは了解してもらっています。

友和さんとしてはいかがでしょうか」

友和「今のところは小百合に悠人を引き取らせることは難しいと思いますが、小百合がそれで構わないのであれば、私の方も異存はありません」

藤田「では、後ほど裁判官から最終的な確認がありますが、月に二～三回の頻度で面会交流を行うこと、時間や場所、方法等についてはお子さんの福祉に配慮し双方で協議して定めるという内容で本日調停を成立させるということでよろしいですか」

友和「はい。結構です」

滝山「すみません。少しだけ友和さんからお話を伺っておきたいのですが、よろしいでしょうか。

面会交流の後、小百合さんにメールをされたとのことでしたが、友和さんとしてはどのようなお考え、お気持ちだったのでしょうか」

友和「それはやっぱり何といいますか。帰ってきて欲しいんですけど、さすがに無理だなと。

小百合に出て行かれて、ちょっと腹立たしいところもあったんです。今までのことを考えれば、それくらいのことで出ていくか、みたいな。でも、そんな風に感じる自分が間違ってたんだなって思って。

今までは、私の父親のせいだって思っていたんですけど、夫婦が、大事な家族がこんなことになってしまっているのは、結局、私自身の責任だったんじゃないかって思って。そうしたら、とにかく謝りたくなったんです。どう言ったらいいか分からないですけど、許してもらおうとか、何かしてもらおうとかって言うことじゃなくて。本当に小百合に辛い思いをさせてきてしまったな、悠人に申し訳ないことを

Zoom up 13

面会交流の具体的内容についての協議

子の利益が最も優先して考慮されるべきです（民法766条１項）。面会交流を安定的継続的に実施するためには，面会交流の具体的内容について，その都度，子どもの年齢や意向のほか，父母や子どもの生活スケジュール等，個別の事情に即して当事者間で柔軟に協議して定めることが望ましいことです。

調停で合意する場合に，当事者間に一定の信頼関係があり，互いに協力して面会交流を実施することが期待できるときには，面会交流の内容を具体的に定めず，当事者間の協議に委ねることも多いようです。面会交流が子どもの利益のために行われるためには，子の状況に応じて柔軟に対応できることが望ましいからです。

これに対し，当事者間の信頼関係が不足している場合には，面会交流の具体的な内容の決定を当事者間の協議に委ねたのでは，面会交流を円滑に実施できない可能性が高いので，面会交流の日時・場所・方法等について調停条項で具体的に定めることになります。

もっとも，面会交流の内容を詳細に定めすぎると，事情の変化や個別の事情の変更に柔軟に対応することができず，かえって円滑な面会交流が実施できなくなったり，子どもに負担をかけることになるという問題が生じます。

してしまったなって。私の家族は、小百合と悠人だって、そんな当たり前のことにようやく気づきました。自分でも何とかしたい、しなきゃいけないって分かってるんですけど。でも、まだ、どうしようもなくて。だからとりあえず、謝って。もう少し立て直すための、やり直すための時間を欲しいってお願いしたんです」

滝山「そうでしたか。そんな友和さんのお気持ちは小百合さんに伝わったのでしょうか」

友和「どうでしょうか。それは分かりません。ただ、裁判所で子どもの取り合いをするのではなくて、今日で調停を終わりにしようって考えてくれたのは、少しは気持ちが伝わったのかなって気もします。でも、それに甘えては今までと変わらないので、早く自分なりに結論を出さないといけない、ちゃんと行動で示さないといけないなとも思っています。だから、かなりしんどいんですけどね」

滝山「友和さんとしては、どんな結論、行動をお考えなんですか」

友和「今はまだ。迷ってるわけではないのですが、自信がないのかな。きちんと言葉にしてしまうのが難しくて。

でも、今の中途半端のままではいけないと思ってます。それは悠人のためには絶対に」

滝山「友和さんなりに心に期するものがあるのですね。悠人くんと友和さん、小百合さんご家族のために最善の道を選べるといいですね。

時間をとって申し訳ありませんでした。では、もう一度小百合さんに確認をした上で、裁判官と評議を行いますので、しばらく待合室でお待ちください」

(3) 成立に向けた評議

草岡「そうですか。我々が期待していた以上に期日間の面会交流がうまくいったのですね」

滝山「はい。面会交流がうまくいったのは本当に何よりでした。母子の交流は、もちろんですが、夫婦間の関係がわずかですが、良い方向に変化したように思いました」

草岡「自分の家族は小百合と子どもだと気づいたという友和さんの言葉は、我々にとってはちょっと切ない気持ちにもなりますね」

藤田「ええ。確かに友和さんのお父さんは、難しい方でありますが、親としては、結婚、独立しても子どもを当然に自分の家族だと思っていますので」

滝山「そうですね。ところで、私は、小百合さんがようやく逃げ帰って庇護されている実家を出ようとしていることに感心しました。

多くのケースでは、実家に戻って実家の両親を頼った状態で、夫や元夫と争う方が多く、実家のご両親も戻ってきた娘と孫を家族だと考えて全面的にバックアップしようとすることが多いように感じます。それは個人的な心情としてはとても理解できるのですが、調停委員として、娘さん夫婦の問題解決とか娘さん自身の成長という視点で見ると、必ずしも良い関わりと思えないことも多いです」

草岡「親心が子どもの自立や成長の芽を摘んでしまう、これも切ないことですね。小百合さんのご両親はどうだったのですか」

藤田「当初は、離婚を強く勧めて弁護士費用も出すと話していたそうですが、小百合さんが、悠人くんを引き取って生活していくためには親頼みではなく、自分の力で自立したいと言うと、いつでも援助はするので困ったときは頼ってきなさいと、そうおっしゃったそうです」

草岡「なかなか言えることではないですね」

滝山「いつか中山調査官から教わったのですが、ある高名な児童精神科医の先生は、過干渉が子どもをダメにするのだと言われているそうです。親があれこれ先回りしてやってしまうのではなく、子どもが望んだ時にいつでも手を差し伸べられることが大事なのだと改めて思いました」

藤田「面会交流についてこれだけスムーズに合意に達すると、夫婦関係も修復の方向で調整を試みたくなってしまいますね」

草岡「確かにそうですね。滝山さんはいかがですか」

滝山「もちろん私もうまくやり直す方向で進んでくれればと思います。ただ佐藤さんご夫婦の場合は、我々第三者が介入する調停ではなく、ご当人同士のペースで進めていくのがよりベターな気がしています」

草岡「と言いますと」

滝山「うまく言えませんが、もともと自分たちで解決する力を潜在的に持っている方々だと感じるので、今回の調停をきっかけにその力を発揮できるようになられたのではないかと思うのです。今の段階としては、調停としてお手伝いできる大きな山場を越えたように思います。感覚的ですが、お互いに忘れかけていた相手の長所や相手を思いやる気持ちを取り戻す端緒ができたのではないかと。そうすると、その端緒をどう広げてゆくのか、まず、当事者に生活の中で実践してみていただく時期だと思うのです。それでまた、暗礁に乗り上げるようであれば、調停を利用していただくという感じです。これも中山調査官によく言われるのですが、当事者に代わって問題を解決しようとしてはいけないと。私はつい先走りしそうなときは、この言葉を思い出すようにしています」

草岡「なるほど。ついつい、いろんなケースをみていることもあり、ここまでできたならこれくらいやった方が良い、こちらの選択の方がお互いのためになるみたいに考えがちですからね。それでは、書記官室に連絡して、担当の関書記官にも入ってもらいましょう」

主体的に解決するということの一例が示された言えます。自己の主張だけでも、相手を責めるだけでも、調停委員に任せ切りでも物事は解決しないのです。当事者が自分たちの問題を自分たちのこととして引き受け、自分たちが変わるという意識を持ち、解決に向けて知恵を出し合うことができることが必要なのです。そして、調停委員会にはそのために必要な援助を提供していくことが求められます。

(4) 調停の成立

草岡「おまたせいたしました。担当裁判官の草岡です。こちらは、担当書記官の関です。

中立人の佐藤小百合さんと相手方の佐藤友和さんですね。

面会交流についてのお話合いがまとまったとのことですので、これから合意された内容を確認していきます。小百合さんを申立人、友和さんを相手方、お子さんである悠人くんを未成年者と呼びます、間違いがないかどうかよく聞いてください。それでは読み上げていきます。

『第一項　相手方は、申立人に対し、申立人と当事者間の長男悠人（平成二二年八月二五日生）が月に二、三回の頻度で面会交流することを認める。面会交流の日時、場所、方法等については、未成年者の福祉に配慮して、双方で協議して定める。

第二項　調停費用は各自の負担とする。』

少しだけ補足すると、第一項は、お話合いで合意された内容です。

第二項は、申立ての際の印紙や切手代、裁判所までの交通費などそれぞれで支払った費用はそれぞれで受け持ちますという趣旨です。

　申立人の小百合さん、以上の内容でよろしいですか」
小百合「はい」
草岡「相手方の友和さん、間違いないでしょうか」
友和「はい、大丈夫です」
草岡「では、これで調停成立となります。
　お二人がこれからも悠人くんの幸せを最優先して、話合いを続けていただくようお祈りしています。
　本日はご苦労様でした」

11　エピローグ

日曜日の昼下がり、激しい夕立だったが、小一時間もすると真夏の太陽がアスファルトの水たまりを照らし始めた。点在するフードコートやレストランからは雨宿りをしていた親子連れやカップルが一様に安堵の笑顔を浮かべながら園内に戻っていく。

「ねぇ、さっき乗れなかったボートに乗ろう」

「早く、早く」

悠人は、右手で母の左手、左手で父の右手を掴んで、突然の夕立で乗り損ねたボート乗り場に走り出した。

「**走らないで、悠人ったら**」

小百合が笑い、ボートは逃げないよと友和も頬を緩めた。

それでも早くしないと、と急ぐ悠人に、友和が声をかけた。

「**今日は晩御飯も一緒に食べるんだから、時間はたっぷりあるぞ**」

悠人は、一瞬ぽかんとして、交互に父母をみながら「ほんと?」と小声でつぶやいた。穏やかにうなずく父母の表情を見て、「やったー」と叫ぶと、何度もジャンプしながら父母の周りを二周し、

「先に行って並んでくる!」

と人が並び始めているボート乗り場に駆け出した。

友和と小百合は、視線を合わせて微笑み、互いに照れたように視線を悠人に戻した。

友和は、調停が終わって以来迷い続けていたが、ようやく決心が付いた自分に気づいていた。悠人には父親も母親もどちらも必要なんだ、なんでこんな当たり前のことに行き着くまでにこんな回り道をしたのだろう。悠人

がいれば、夫婦としてもまだまだやり直せるに違いない。俺の家族は、悠人と小百合だ。

小百合は、隣で黙り込んでいる友和を意識しながら、友和の隣をこんなに穏やかな気持ちで歩いていられる自分に軽い驚きを覚えていた。もし、この人が実家を出る決心をしてくれるのであれば。だめ、だめ、何度も期待して、何度それが裏切られたことだろう。今日は、悠人の笑顔を大事にしてあげることだけ考えよう。

「お母さん、お父さん、見て見て！！」

息を切らして駆け戻ってきた悠人が指さす先を見上げると、山の端から湖にかけて大きく虹がかかっている。淡く大きな虹は、見る見る間に輝きを増して七色が数えられるほど鮮やかな架け橋となっていった。

ケース2
調査官調査の活用による調整事例

両親が調停を通じ板挟み状況にある子の心情を理解し、「夫婦の争い」から「子どもとの交流」に視点を変えたケース

第1節

1　ストーリー概要

　鈴木綾は、44歳、パートで経理事務員をしている。夫俊之は、46歳、中堅の商社に勤務している。夫婦には10歳（小４）の長女美保、７歳（小２）の長男翔真がいる。一家は海南家裁管轄の某市に一戸建て住宅を購入して生活していた。約二年前俊之が転勤になり、単身赴任することになったが、五月の連休に自宅に帰省すると、綾と子どもたちは転居してしまっていた。

　俊之は、綾に話し合いを求めたが頑なに拒否された。綾の両親の仲介で八月の夏休みに子どもたちと会うことができたが、その後は子どもの学校行事や体調不良を理由に会うことができなかった。年末には、俊之から連絡が来ると綾の体調が悪くなるので、綾の両親からしばらく連絡を控えてほしいと頼まれ、一年間連絡が途絶えた。

　その翌年、綾は代理人に依頼し、離婚と婚姻費用の分担を求めて調停を申し立てた。俊之にとっては寝耳に水であったが、調停に出席すると、身に覚えのない不貞とモラハラを理由に離婚を求められた。

　離婚調停は不成立で終わり、婚姻費用については審判に移行した。俊之は、自宅の住宅ローン、光熱費を負担していること、単身赴任時の夫婦で話し合った金額及びその後綾の両親と話し合って合意した金額があることなどを主張したが、審判では双方の収入を算定表に当てはめた金額が示された。俊之は、納得がいかずに抗告し、一方、綾は海南家裁に離婚訴訟を提起した。

　訴訟手続が始まり、俊之が子どもたちとの面会交流を求めたところ、別途面会交流調停で話し合うよう裁判官から教示を受け、面会交流調停が申し立てられた。

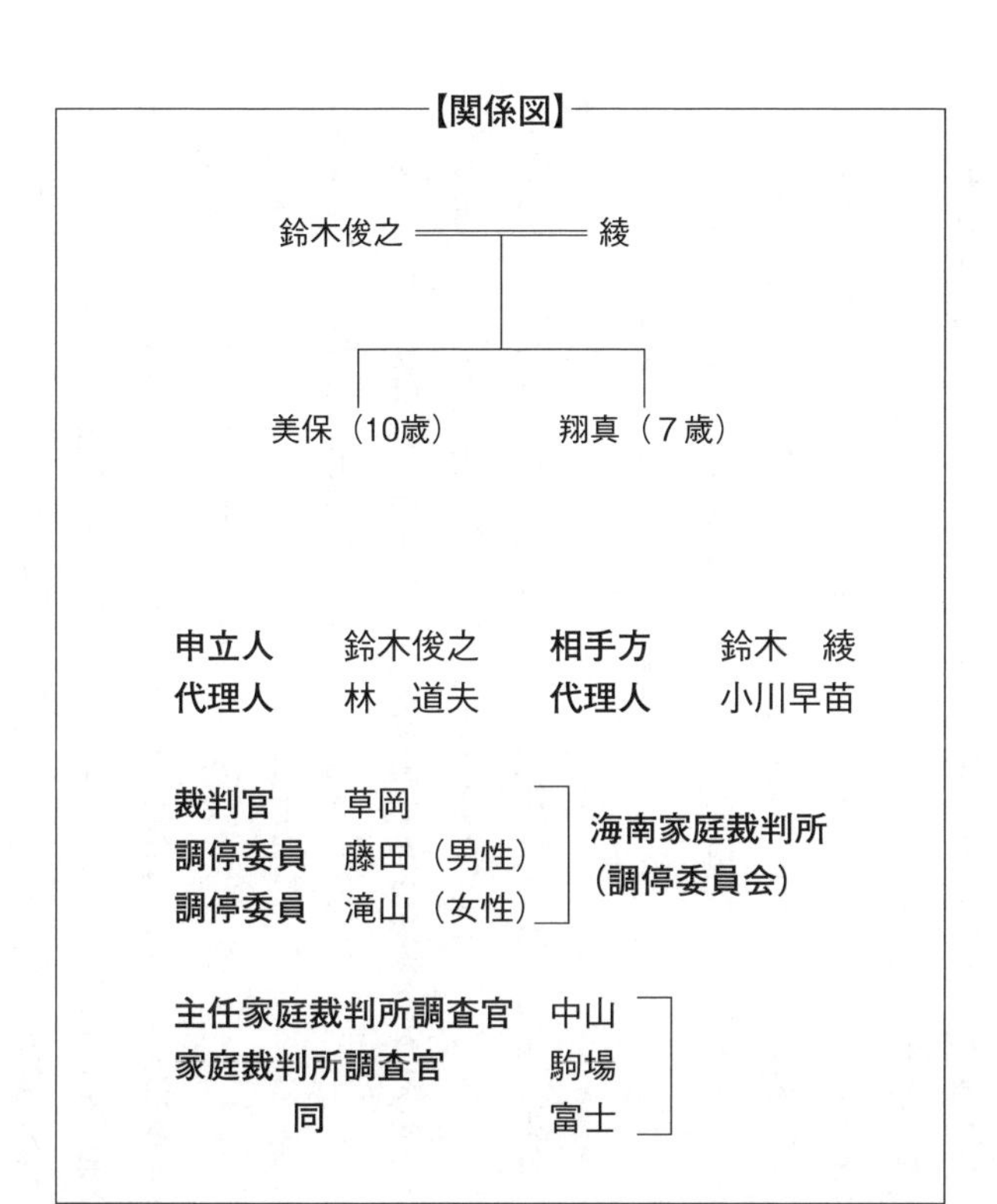
【関係図】
鈴木俊之
綾
美保（10歳）
翔真（７歳）
申立人　鈴木俊之
代理人　林　道夫
相手方　鈴木　綾
代理人　小川早苗
裁判官　草岡
調停委員　藤田（男性）
調停委員　滝山（女性）
海南家庭裁判所
（調停委員会）
主任家庭裁判所調査官　中山
家庭裁判所調査官　駒場
同　富士

２　プロローグ

「お姉ちゃん、智くんちアメリカのディズニーランドに行くんだって。いいなぁ」

「ふーん。でも、翔真、アメリカのディズニーランドでこの前みたいに迷子になったらどうするの。あんた英語話せないでしょ。ママにもばーばにも会えなくなって大泣きするんじゃないの。」

「グンドカニオンにも行くって言ってたよ」

「はぁ？それってグランドキャニオンでしょ」

「雄二くんは軽井沢の別荘に行くんだって」

「あ、そう。私はクーラーの利いた部屋でかき氷を食べてる方がずっといいと思うけど。それに翔真は日曜日に妖怪ウォッチの映画連れてってもらうんでしょ」

「そうだった。今度の映画はね。○○が出てくるんだよ。半分、実写も入るんだって。ちょう楽しみだね、お姉ちゃん」

「ほんとに翔真っておめでたいよね」

美保は、お気に入りの黄色い髪ゴムを無意識に手に取っていじりながらつぶやいた。

小学校に入ったころ、縁日でねだって買ってもらったものだ。蛍光色の黄色のゴムにガラス玉がついている。ゴムの色も素敵だが、透明なガラス玉の中央に黄色とオレンジとピンクが入り混じった模様が入っていて、美保はそのガラス玉のとりこになった。美保は、当時、短いおかっぱ頭だったので、髪ゴムを使っていなかったが、この髪ゴムを買ってもらってから髪を伸ばすようになったのだ。

「おめでたいって、どういうこと。お姉ちゃんは楽しみじゃないの」

「なんでもないよ。ただ、アメリカに行けないのも、軽井沢に行けないのも、みんなあいつのせいなんだからさ」

「あいつのせいなの。あいつってワルノスでしょ」

「そうよ、決まってるでしょ。うちが貧乏なのも、ママが忙しくて機嫌が悪いのも、みんなワルノスが悪いのよ」

「えー。ワルノスってそんな悪い奴だったんだ。今度会ったらやっつけてやらなきゃね」

3　事前評議

草岡「おはようございます。よろしくお願いします。また、今日は中山主任調査官に立ち会ってもらいます。よろしくお願いします」
藤田「滝山さんと中山調査官とくれば鬼に金棒ですね、どうぞよろしくお願いします」
滝山「裁判官は、本件の人訴も担当されているのですね。人訴ではどんな進行状況なのでしょうか」
草岡「まだ、実質的には何も始まっていないのですが、初回の弁論期日に夫側から面会交流を求める希望が強く出されましてね。そこで本件の中立てを促したという経緯があります」
中山「離婚調停と婚姻費用分担調停は、東山家裁で行われていたのですね」
草岡「そうです。妻の綾さんが申立人となって申し立てたのですが、いずれも第3回期日で不成立になっています。離婚については、双方とも言い分が真っ向から食い違ったようです。綾さんは、俊之さんの不貞やモラハラを訴えて早急に離婚したい考えで、他方、俊之さんは、綾さんの挙げる離婚原因をすべて否認して離婚に応じる気持ちはないと主張しました。」

今回の事案は、俊之さんが綾さんの住所地を管轄する海南家庭裁判所に申し立てた面会交流調停事件ですが、面会交流調停の申立て以前から家庭裁判所を利用した手続がいくつも重なっています。本件調停に至るまでの経緯を振り返りつつ、調停・審判と訴訟の関係を検討してみましょう。[⑭]

まず最初に綾さんは、離婚調停と婚姻中の生活費の支払を求める婚姻費用分担調停を俊之さんの単身赴任先の住所を管轄する東山家庭裁判所に申し立てました。しかし、話し合いがつかなかったことから、調停はいずれも不成立となりました。婚姻費用分担の調停は不成立により審判に移行しますので、東山家庭裁判所は審判をしました。

他方、離婚については、離婚を求めるのであれば、別途、人事訴訟という裁判手続が必要になります。そこで、綾さんは、自身の住所地を管轄する海南家庭裁判所に離婚訴訟を起こしました。この離婚の裁判手続の中で俊之さんが子どもたちとの面会交流を求めたことが、今回の面会交流調停事件の発端になっています。複数の手続が重なる事案は少なくありませんが、それだけ対立点が多いということで、調整が難航する場合が多いです。

藤田「東山家裁では、面会交流はどのような扱いだったのでしょうか」

草岡「調停での主張については、人訴の書面でも特に何も触れられていませんでした。手続代理人（以下、代理人とする。）が家裁の手続に不案内な可能性もあるかもしれません」

滝山「離婚訴訟や婚姻費用分担審判への対抗措置として本件が申し立てられた可能性もあるのでしょうか」

Zoom up 14　家事事件と人事（離婚）訴訟との関係

1　家庭裁判所が扱う家事事件は，家事審判及び家事調停に関する事件ですが，家事調停の対象となる事件としては，⑴人事に関する訴訟事件，⑵その他家庭に関する事件に分類され，前記⑵は，㋐別表第二調停事件，㋑その余の家庭に関する事件に分類することができます。

2　まず，人事に関する訴訟事件（例えば，離婚訴訟）ですが，訴訟を提起する前には家事調停を経なければなりません（家事法257条１項）。これを調停前置主義といいます。このように家事調停が行われるのですが，調停が不成立となった場合，当然に人事訴訟手続が開始されるわけではありません。裁判所の判断を求めたいのであれば，改めて家庭裁判所に訴えを提起することが必要です。

3　次に，別表第二に掲げる事項は，家事審判手続で処理されるべき事件ですが，家事調停の対象となりうるものと解されます。別表第二に掲げる事項についての事件の例として，婚姻費用の分担，養育費，親権者変更、面会交流，子の監護者の指定，遺産分割事件などが挙げられます。調停が不成立になった場合には，審判手続に移行します。

4　その余の家庭に関する事件における「家庭に関する事件」とは，一般的には，⑴親族又はこれに準ずる者の間という一定の身分関係の存在，⑵その間における紛争の存在，⑶人間関係調整の要求（余地）の存在の要素を備えているものと解されています。その余の家庭に関する事件として，遺留分減殺請求，親族間の紛争調整などが挙げられます。その余の家庭に関する事件は，調停が不成立になった場合，当然に審判に移行したり，訴訟手続が開始されることはありません。

5　離婚訴訟と面会交流に絞って訴訟，審判・調停手続の概要をまとめると，まず，離婚事件は，人事に関する訴訟事件ですが，調停前置主義に基づき調停（夫婦関係調整）が行われ，調停が不成立になった場合には，調停は終了し，離婚を求める当事者は改めて人事訴訟を提起することになります。他方，面会交流事件は，別表第二に掲げる事項であり，家事審判手続で処理されるべき事件ですが，家事調停の対象となります。調停が行われたものの調停が不成立になった場合には，審判手続に移行することになります。このように，調停が不成立になった場合の手続は異なります。

【参考】家庭裁判所が扱う調停事件の種類

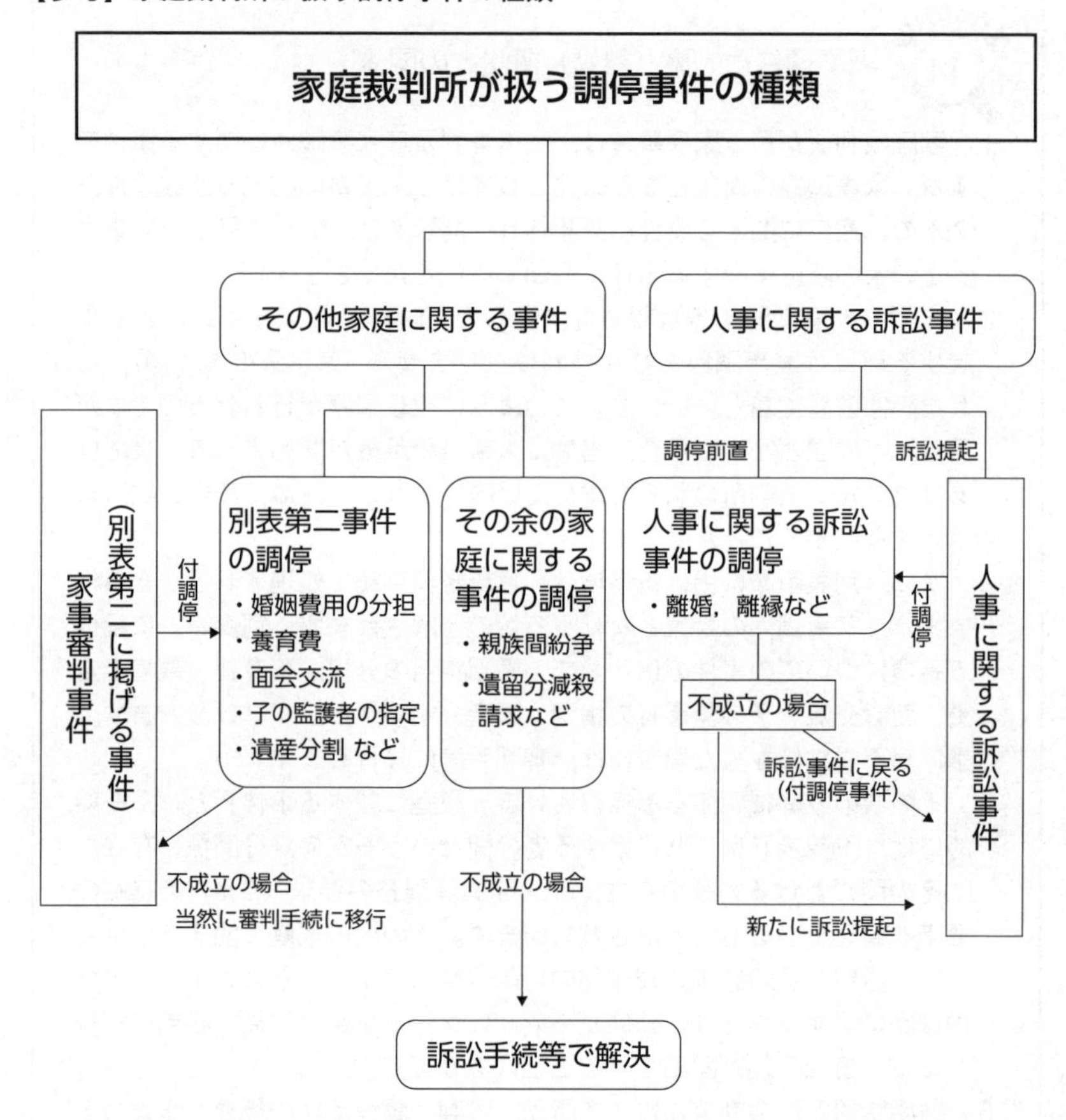

滝山委員は、申立ての真意を分析しようとしています。面会交流調停に限らず、申立ての端緒となった出来事に解決のカギが隠れていることが多いですね。調停が始まる前の段階から、申立ての背景や申立人が調停申立てで実現しようとしている意図について、広く可能性を検討しておくことは、円滑な進行に役立ちます。

中山「そうした可能性もあるかもしれませんね。ただ、対抗的な行動であれば、もっと早期に自発的に申し立てに至っても良いように思いますし、よく分からないですね。双方に代理人がついている割に情報が少ない事案です。離婚訴訟が並行して行われていて紛争性が高いこと、お子さんの年齢からみて、いずれかの時期で子どもの意向を把握したり、面会交流の試行の可能性も考えられることから、初回から立ち会って、調査の時期や内容について検討させていただきたいと思っています」

草岡「そうですね。情報は少ないのですが、調査をお願いする可能性は高いように感じています。まず、今日はオーソドックスに申立人からは申立ての経緯やこれまでの親子関係などについて確認していただき、相手方からは面会交流に応じられない具体的な理由や背景について聴取してください」

滝山「相手方の答弁書では、モラハラを理由に列席説明はやめてほしい旨記載がありました」

藤田「双方代理人がついていますので、手続説明は別席で行ってよろしいでしょうか」

草岡「双方とも調停は初めてではありませんし、代理人もいるので、説明という観点からは列席説明の必要性は低いといえます。ただ、面会交流の事案に関しては、列席すらできないのでは、先が思いやられますね。一応、意向だけは確認してください」

当事者双方に代理人が選任されている事案では、調停運営の効率化、手続の透明性確保、代理人の紛争解決への関与の充実などの観点から、本人と代理人列席、双方同席での調停運営がさらに活用されることが求められています。

藤田「わかりました」
草岡「では、事前の打合せはこんなところでよろしいでしょうか」
中山「すみません、一点だけよろしいでしょうか」
草岡「もちろんです。なんでしょうか」
中山「はい。今日の目標は、裁判官から示された通り双方の主張とその背景事情を明らかにすることだと思います。ですので、期日の聴取だけで十分に至らなかった場合は、書面の提出を指示したいと思うのですが」
草岡「なるほど。どのような書面の提出を求めますか」
中山「子の監護に関する陳述書の面会交流バージョンです」
藤田「子の監護に関する陳述書は、子どもの生活状況やこれまでの監護状況など、こちらが知りたい詳しい情報をきちんと書いてもらえるので助かりますね」
草岡「そうですね。子の監護に関する陳述書の面会交流バージョンは、これまでの子の監護に関する陳述書の項目に、面会交流の状況や面会交流に応じられない具体的な事情などを記載できるような項目を加えたものですが、これは調査官室で作ってもらったのでしたね」
中山「ええ、双方には子の監護に関する陳述書を提出してもらい、申立人にはそれに加えて面会交流時の写真や父子関係を示す写真とその写真撮影時の状況説明を指示したいと思います」

中山調査官は、陳述書、写真などを提出することを指示してはどうかと提案しています。どの段階で何の書面提出を指示するかは、調停運営を考える上で重要です。書面偏重に陥ると、主張が拡散して争点が不明確になりますが、他方、聴取を偏重すると、到達地点の認識の共有や主張・反論の基になる事実の把握が難しくなります。
調停委員会は、必要な情報を早期に求め、代理人は何の情報が必要なのかを理解することが大切です。

草岡「よろしくお願いします」

4 第１回調停期日～当事者双方は欠席のため双方代理人から事情聴取し、次回期日充実に向けて資料提出を求める──●

(1) 代理人への聴取

──本人は、双方とも出席せず、代理人のみの出席であった。

申立人俊之の代理人の林道夫は、二十代の男性若手弁護士で、林からは転勤による単身赴任のはずが突然の別居となったこと、その年の夏休みに父と子どもたちの面会交流が一度実現したが、その後は途絶えてしまっている旨の説明と、申立人としては、父子関係に何ら問題はないと考えているので早期に継続的な面会交流を求めたいとの主張が示された。最後の面会交流時の状況や同居時の父子関係などについての情報は、俊之が出席していないこともあり、得られなかった。

本件申立ての経緯についても、林代理人は、訴訟手続で面会交流を求めたが、裁判官から別途申立てを教示されたと述べるに留まり、面会交流を求める気持ちの強さ、これまで行わなかった調停を現時点で利用しようと考えた事情などは把握することができなかった。林代理人は、綾を非難したり責める姿勢は見せず、綾の理解が得られず困っているとのことであった。

綾の代理人の小川早苗は、四〇代で、家事調停官の経歴を持つ家裁経験も豊富な女性弁護士である。現時点では面会交流に応じることは難しいと述べ、その背景として、同居期間中にモラハラ⑮があり、綾は俊之に対する拒否感が非常に強い上、綾によれば子どもたちも俊之に会うことを強く拒否している事情があるのだと説明した。モラハラの具体的な実情については、俊之は、帰宅が遅いのにわざわざ電気をつけて就寝している綾を起こす、綾の両親の悪口を言う、綾の仕事をバカにするといったことがあったと説明した。また、綾が長男の養育について相談したところ、育て方が悪いからだと決めつけられたことが離婚を決意するきっかけになっているとのことであった。

子どもたちの意向については、俊之から会いたいと言ってきていると伝えるととても嫌がっていると綾からは聞いていて、その理由は、俊之の子どもたちへの接し方だと聞いているとのことであった。離婚を求める理由の中に俊之の不貞もあるようだがと水を向けると、別居の半年ほど前から兆候を感じている中で、長男の養育を巡るいさかいが起こったと説明した。

双方代理人からの聴取を終えた段階で、調停委員と調査官は、打合せをして、双方代理人を同席させて次回期日への課題を説明することとした。

Zoom up 15 モラハラ

モラルハラスメントを意味します。モラハラは行った側が無自覚なことが多く，身体的DVより受けた側の心情を理解できないことが少なくありません。モラハラでは受け手側のとらえ方が問題となります。母がモラハラと受け取っても子ども側はそのように受け取らない場合もあります。本件のような場合，聴取の段階で，子どもにとってどのような父親であったか，同居中の子どもと父親はどのように過ごしていたかを押さえておくと良いと思います。特に，子どもの年齢が低い場合，子どもと父親がどのように過ごしていたかを丁寧に聴き取ることが重要です。事情聴取をしていくうちに，母親が「子どもにとっては父親だった」と気づくことがあります。

⑵　次回調停期日までの課題

藤田「お待たせいたしました。では、次回期日以降の進め方と次回期日までに準備いただく課題について、双方代理人同席でお話させていただきます。
　まず、双方の代理人には、次回期日にはそれぞれご本人の出席確保をお願いします。面会交流の可否、具体的な在り方を調整していくためには、これまでの経緯や意向についても、ご本人から直接お伺いすることが不可欠になりますので、この点はくれぐれもよろしくお願いいたします」

藤田委員は、本人の出席確保をお願いしました。
家事調停では、本人が自分の考えを明らかにするために出席することがとても重要で、代理人から聴取した内容と、後から判明した本人の真意が食い違うことがあるからです。

林「ご趣旨は分かりました。ただ、何分、遠方にお住まいなのとお仕事の都合もありまして。お子さんに会えるとなれば、どのような都合もつけるとは聞いているのですが。次回期日にほんの一日でも会わせていただくというのは難しいのでしょうか」
藤田「お気持ちは分かりますが、それが難しいことから調停になっている状況ですので、是非ともそこはご本人に理解いただくようにお願いいたします」
林「分かりました」
滝山「小川代理人もよろしいでしょうか」
小川「はい。次回は本人を同行します。ただ、申立人本人との同席は現時点では避けていただきますようお願いします」

藤田「はい。それは承知いたしました。
　では、次回までの課題ですが、それぞれ次回期日の10日前までに子の監護に関する陳述書の提出をお願いいたします。最初にお渡しするのが陳述書に記載していただく記載事項の項目になっていて、二つ目が記載例になっています。この陳述書については、お子さんの監護に関して調整していく上で必要な情報を記載していただくようになっています」

滝山「本件は、面会交流の事件ですので、面会交流についての主張及び理由を書くに当たって、特に、申立人側は「面会交流を求める具体的な事情」について、相手方側は「面会交流を実施できない具体的な事情について」を詳しく記載するようにしてください。また、「これまでの監護の状況」の部分についても、それぞれのご主張の裏付けになるような父子関係に関する具体的なエピソードを中心に記載するよう心がけてください。
　裁判所への提出と同時にそれぞれ副本の送付も行っていただき、相手の記載に対する意見、反論があれば、その点の打合せを行った上で次回期日に出席いただくようお願いします」

林「これは本人に直接書かせた方が良いのでしょうか」

調停委員は、事前評議の際の中山調査官からの提案に沿って陳述書や写真の提出を求めていますね。これに応じて、林弁護士は、書面作成の方法を、質問しています。
当事者本人が記載する場合、具体的なエピソードが盛り込まれ、記載ぶりからも様々な情報を把握しやすいメリットがありますが、論点が拡散したり、感情的な記載が増えるなどのデメリットもあります。

一方、代理人が記載する場合、調停委員会が求める情報に焦点化されやすいメリットがある反面、体裁が整えられすぎて実情把握に至らないデメリットが生じることもあります。

滝山「どちらでも結構ですが、具体的なエピソードを挙げていただくようにお願いします。まずは話し合いのための資料ですが、先々審判の資料となる可能性もありますので、その点も含めてご検討ください」

滝山委員は、話し合いがつかず、審判手続に移った場合の資料の扱いについても言及しています。面会交流調停の手続は、話し合いがつかずに不成立になると、別途手続を要せずに裁判所が判断する審判手続に移行しますが、その場合、基本的には、調停段階で提出された資料は、審判手続の中でも判断の資料となります。滝山委員は、提出する資料については内容的に吟味するように注意喚起をしているのです。

林「分かりました。本人に書いてもらったうえで、打ち合わせて、私の方で浄書するようにいたします」

小川「では、私の方もそのようにいたします」

藤田「よろしくお願いいたします。さらに申立人には、もう一つご提出をお願いしたい資料がございます。詳しくは中山調査官から説明してもらいますが、これまでの父子関係を示す写真等の入った書類作成をお願いしたいと考えています」

中山「今日のお話では、別居後、一度面会交流が行われたということでしたので、その際の写真を撮影場所やその時の状況などの説明と一緒に提出してください。また、同居中の父子関係を示す写真などもありましたら、同様に作成してください」

中山調査官は、面会交流時の写真があれば、写真と状況説明をした文書を作成して提出するよう指示しています。
　面会交流の是非や在り方を調整していくためには、別居親とお子さんとの関係把握が大切です。具体的な状況を聴取する手掛かりとするために作成を依頼しています。

林　「おそらく写真はあると思いますが、かなりの枚数があった場合、どうしましょうか。たくさんあった方が良いですか」

中山　「最後の面会交流の際の写真は、どこでどのように過ごして、お子さんたちがどんな様子だったかのお話を聞く際、具体的にイメージできる資料にしたいという趣旨です。これまでの写真は同居中の父子関係をお聞きするにあたり参考にできればと考えています。陳述書の記載もありますし、書き手と読み手の負担にならない程度のところで検討いただければと思います」

林　「分かりました。ではこれも十日前までに提出いたします」

――こうして次回までの課題を確認し、次回期日は、八月最終週の木曜日に指定されることになった。

子の監護に関する陳述書（同居親用）

平成　　年　　月　　日
提出者氏名　　　　　　印

あなたの生活状況

1　生活歴
2　現在の仕事の状況
3　経済状況
4　一日の生活スケジュール
5　健康状態
6　同居者の状況
7　住居の状況

監護補助者（祖父母等，子の監護を日常的に補助する人）の生活状況

8　生活状況
9　具体的な監護補助の状況

お子さんの生活状況

10　生活歴
11　一日の生活スケジュール
12　これまでの監護状況
13　心身の発育状況，健康状態
14　現在の通園・通学先における状況
15　父母の紛争に対するお子さんの認識，あなたからお子さんへの説明

面会交流

16　同居中の，別居親とお子さんとの関わりの実情について
17　別居後の，別居親とお子さんとの交流の実情について
18　面会交流についての主張及びその理由（面会交流を実施できない場合はその具体的な事情）
19　その他

【参考】子の監護に関する陳述書（面会交流用）

子の監護に関する陳述書（別居親用）

平成　　年　　月　　日
提出者氏名　　　　　　　印

あなたの生活状況

1　生活歴
2　現在の仕事の状況
3　経済状況
4　一日の生活スケジュール
5　健康状態
6　同居者の状況
7　住居の状況

お子さんの生活状況

8　生活歴
9　これまでの監護状況
10　心身の発育状況，健康状態
11　父母の紛争に対するお子さんの認識，あなたからお子さんへの説明

面会交流

12　同居中の，別居親とお子さんとの関わりの実情について
13　別居後の，別居親とお子さんとの交流の実情について
14　面会交流についての主張及びその理由（面会交流を求める具体的な事情）
15　その他

5　点景一～第1回調停期日終了後の綾宅での母子、きょうだいの会話

翔真「ねぇ、ママ、絵日記まだ一枚しか終わってないよ。あと二枚何書けばいい？」
綾「夏休みに楽しかったこと書けばいいでしょ」
翔真「何が楽しかった？」
綾「ママに聞いたって分からないでしょ。翔真が楽しかったことじゃなきゃ意味がないでしょ」
翔真「えー。だって、どこも行かなかったし、何が楽しかったか分かんないよ」
綾「学童でお祭りやったじゃない。輪投げのお店の手伝いしたんでしょ。それ書けばいいじゃない」
翔真「だからー。それは書いたってば。ほかに書くことないんだよー」
綾「もう！うるさいわね。宿題は自分でやるものでしょ。お祭りは輪投げだけじゃないでしょ。楽しかったことをみんな書けばいいじゃない。早くやっちゃいなさい！
　美保も自由研究の仕上げ終わらせなさいよ！ママ、忙しいんだから、手伝ってって言われても手伝えないわよ。分かってるの」
美保「私はもう終わってるし」
綾「翔真の宿題も見てあげてよ。ママ、忙しいんだから」
美保「はい、はい」
綾「もう、はいは一回でいいの。イライラさせないで」
翔真「お姉ちゃん、何書けばいいと思う？」
美保「あんたは自分で考えようって気はないの？」

翔真「うん」
美保「はぁ。まったく」
翔真「へへへ」
美保「妖怪ウォッチの映画のことでも書いたら」
翔真「そっか。それいいね。
あのさ、お姉ちゃん。ママ、また怒りんぼになったね」

美保ちゃんも翔真くんも綾さんが怒りっぽくなったことに気づいているようです。子どもは大人が考えている以上に親の喜怒哀楽を敏感に感じ取っているのです。

美保「そうね。また、何かあったのかもね」
翔真「何かって何？」
美保「分からないけど。たぶん……」
翔真「たぶん、何？」
美保「何か、パパのことで何かあったんじゃないかな」
翔真「パパ？」
美保「ううん、ワルノスよ」
翔真「また、ワルノスか」

6 第2回調停期日～双方当事者からの聴取の後、調査官調査（主張整理）を発令する

(1) 俊之への聴取―普通に会えればよいと繰り返す俊之と調停委員の困惑

――第２回期日には双方とも本人も出席した。

俊之は、着古したカジュアルシャツにしわの目立つチノパンといった服装で、髪も伸びすぎ、もっさりした印象の人物であった。

一方的に別居となり、その後、子どもたちとの面会を求めたが、納得できる理由を説明されることなく、子どもたちとの交流が絶たれていることへの不満を述べたが、子どもたちの様子や子どもたちへの思いを生き生きと語ることはなく、陳述書に記載された内容を確認する程度で30分の聴取時間が経とうとしていた。両調停委員も中山調査官も、中立人にはつかみどころのない印象を抱かざるをえなかった。

藤田「具体的にはどのような面会交流を望まれますか」

俊之「はい。普通に会わせてもらえればいいのですが」

俊之さんは「普通に会わせてもらえれば」と話しています。普通というのは使い勝手が良い言葉なようで、日常会話でもしばしば使われますし、調停でもよく耳にするそうです。しかし、話し手にとっては当たり前の「普通」が誰にとっても「普通」であるとは限りません。特に、生活をともにしている夫婦間では、お互いの「普通」に食い違いがあることに気づきにくくなってしまうことがあり、争いの端緒になることがあります。

滝山「綾さんにお伝えするためにも、俊之さんがお考えになっている普通というのをどれくらいの頻度で、どの程度の時間、どんな場所で、どんなことをしたいかを聞かせてほしいのです」

ポイント

滝山委員は、面会交流の頻度、時間、場所、その方法等を尋ねようとしています。調停委員会は、俊之さんからの希望を聴取しつつ、面会交流の実施方法を模索しています。面会交流の実施要領の策定については、第４章３を参照してください。

俊之「はぁ。綾が良いという方法ならそれでいいと思います。私は普通に会わせてもらえれば」

林「俊之さん、調停では話し合って決めていくので、例えば月に一回とか、遠方なので月一回は難しいけれど会うときは俊之さんの住まいの東山市に連れていきたいとか、俊之さんの希望をまずは調停委員にお伝えしましょう」

俊之「そうですか。二人を新幹線に乗せてもらえれば駅まで迎えに行くので、連休とかに来てもらえば一番いいですね」

藤田「そうすると初めから宿泊を希望されるということになりますか」

ポイント

俊之さんは、面会交流の方法として、子の学校がない週末を利用して宿泊を伴う面会交流の実施を希望しています。宿泊を伴う面会交流を実施できるか否かは、子の年齢や心身の状況、学校行事、課外活動等を考慮して検討することになります。

別居親からすると、長時間にわたり子と一緒に過ごせることにより、親子関係を構築、再構築できる契機になりますが、同居親からすると、長時間にわたり子を預けることになるため、その間の子の状況等につき不安を抱くことになりますし、また、宿泊がどこで行われるか、旅行をするのか、同行者がいるか等についても不安感を持つことになります。宿泊を伴う面会交流の実施に当たっては、当事者双方が、回数、日時、方法等を慎重に協議していくことがとても重要です。

俊之「来させるとなると日帰りでは無理ですね」
滝山「俊之さんがこちらに出ていらして、半日とか日帰りでの交流から始めるということは考えられませんか」
俊之「その方が良いのであればそれでもかまいませんよ」
藤田「そうすると、俊之さんとしては綾さんが認める方法で構わないので、まずは早く面会を実現させてほしいというご意向だとうかがってよろしいでしょうか」
俊之「そうですね。でも、泊りに来てもらった方が子どもたちも楽しいと思いますよ」
林「それはそうかもしれませんが、まずは段階を踏んでいくということでよいですね」
俊之「私は普通に会えればかまいません」
藤田「調査官から何かありますか」
中山「もし、スムーズに綾さんが面会に応じてくれたとして、久しぶりにお子さんに会うにあたって、俊之さんは心配な面とかありませんか」
俊之「心配なこと。例えばどんなことでしょうか」
中山「綾さんの陳述書では、お子さんが俊之さんとの面会に消極的だとありましたよね」
俊之「ああ、そういうことですか。でも、たぶんそんなことはないはずなので。もし、そうだったとしても普通に会えれば、大丈夫だと思います」
中山「今の時点でこんな風に工夫してみようとか、こんな会い方や過ごし方をしてみようとお考えになっていることがあれば教えてほしいのですが」

俊之「特には。こっちに来れば大きなテーマパークや遊園地などもあるので、遊びに連れていけるかなぁと思うくらいで」

中山「俊之さんとしては、現時点では、面会さえ実現すれば、お子さんとは普通にこれまでどおりの関係で過ごせるとお考えになっているのですね」

俊之「そうです」

中山「ただ、私たちが心配しているのは、二年という期間は、我々大人が考える以上にお子さんにとっては長いブランクになります。しかもその間、一緒に住んでいるお母さんと別に住むことになったお父さんが必ずしも関係が良くない、争いが激しくなってきているので、お子さんたちは大なり小なり影響を受けているかもしれません。

これからの面会交流を考えていくには、今、お子さんたちがどのような状況に置かれて、どんな風に感じているかについても十分に配慮していくことが大切になってくるので、そのことは頭に置いておいてください」

中山EYES

別居親の面会交流に対するイメージ

別居親が、子どもたちとの面会について、具体的にどの程度のイメージを持てているのかを確認することは、とても重要であることが多い。

子どもと面会するイメージが、一緒にサッカーをしたり、プールで潜りっこをしたなどの同居中の具体的な親子関係に根差したものなのか、同居時にまだ幼稚園だった子が小学生になって遊びや関心が広がるなど子どもの変化や現状を理解した上でのものなのかなどを確認していくことで、具体的な解決方向を見出す端緒となる可能性があるからである。

また、具体的なイメージを問いかけることは、子どもの視線に立った解決を促す働きかけとなることも少なくない。

俊之「綾が書いてきていることが本当かもしれないということでしょうか」
中山「それはまだわかりません」
俊之「もし、子どもたちが会いたくないと言っていれば、面会はできないということですか」
中山「そういうことも絶対にないとは言えないかもしれません」
俊之「一緒に住んでいる母親に洗脳されて言っているだけでも会えなくなってしまうのですか」

ポイント

俊之さんは、子どもが会いたくないと言っている背景事情を気にしています。

子どもが別居親との面会を拒否する事情は様々です。

同居時に、子どもの心情や生活状況に応じた適切な関わりができていなかったため、子どもが別居親を否定的にみていることもあります。

子どもの年齢や発達の状況、家族の実情などから、同居親とのつながりが強固になることがあり、その結果として、表面的には別居親を拒否する言動が現れることもあります。

同居中には別居親との関係は良好で、その後も別居親との関係が悪化するような事情がないにも関わらず、非常に強い拒否が示されることもあります。

調停委員会は、子どもの発達や心理に詳しい家裁調査官を活用して、子どもの示す言動だけではなく、その背景事情を丁寧に把握しながら、調停を進めています。

中山「もし、お子さんが面会を拒否しているとしたら、それはなぜなのか、もともと同居中の父子関係がどのようなもので、それがどんなきっかけ、経緯でどのように変わってきたのか、そうしたことをそれぞれから教えていただいて、きちんと把握しながら面会交流の在り方を考えていくことになるのです」

俊之「わたしは普通に会って話したり、遊んだりできればと考えているだけなのですが。それがこんなに難しいことになるなんて。なんだかおかしい気がします」

子どもとの関係では、同居時から特に変わった事情に思い当たらない俊之さんにとっては、子どもと会うというだけのことがどうしてこんなにややこしいことになっているのか不思議に感じられるのですね。ただ、俊之さんの立場に身を置くとそうかもしれませんが、美保ちゃんや翔真くんがどんなことを考え、どんな生活をしているのか、もう少し考えたり、思いを巡らしてほしい気もします。

滝山「そうですね。俊之さんとしては、納得いかない気持ちがおありだと思います。そのためにも綾さんの考えやお子さんの状況を確認していこうと思います」

――藤田委員は、続けて婚姻費用の支払状況や離婚を巡る考え方について確認した。

滝山「それでは、次に綾さんからお話を伺った上で、もう一度俊之さんからもお話を伺いますので、いったん交代していただいてよろしいでしょうか。お待ちいただく間、お子さんの視点を持って調停を進めていくためのＤＶＤを視聴していただくようお願いします」

(2) 綾への聴取――子どもたちが嫌がっているとの主張と綾の情緒的な混乱

――綾は、グレーのジャケットに同色のパンツ、髪はぴっちりと後ろで結わえていて、就職面接のような緊張感が漂っていた。口調は、ですます調で、笑顔も見せるが、緊張でこわばっているのが伝わってきた。

滝山委員は、長時間待たせたことを侘び、調停についての説明、これまでの経過についての確認を行った上で、綾の主張の確認から進めた。

滝山「丁寧な陳述書を提出していただきありがとうございました。重複するかもしれませんが、面会交流に対するお考えから確認させていただきます。

さきほど申立人である俊之さんのお考えを伺ったところ、まずは綾さんが認めてくれる方法で良いので、早期にお子さんとの面会交流を実現してほしいということでした。

これに対して綾さんはどのようなお考えでしょうか」

綾「はい。私は、陳述書にも書かせていただきましたが、面会交流は子どもの成長のためということですので、子どもにとって必要なことでありましたら、私が賛成とか反対とか言うべきものではないと考えています」

藤田「と言いますと、俊之さんとの面会に応じていただけるということでしょうか」

綾「はい。可能な形で対応させていただくつもりです」

――滝山は、思わぬ発言に不安を持った。

藤田「では具体的にはどれくらいの頻度で、どのような方法をお考えでしょうか」

小川「あの、すみません。少し誤解があるようなのでよろしいでしょうか」

滝山「はい。そうですね。陳述書とだいぶ違うお話のように感じていました」
小川「えーと。綾さん，今のお話ではすぐに面会に応じますということになって，いつ，どんな方法で会いますかという流れになってしまいますが，綾さんのお考えは少し違うのではありませんか」

綾さんは，緊張もあってか主張をきちんと表現できなかったようですね。代理人は，綾さんの表現が十分でないことから，綾さんがちゃんと主張できるようにサポートしています。

綾「あ，はい。申し訳ありません。私は，面会に反対しているのではないのですが，子どもが拒否しているので難しいと申し上げたかったのですが」
小川「では，私の方からご説明してよろしいですか」
綾「すみません。お願いいたします」

——代理人は，現時点では面会交流に応じることはできないと陳述書のとおりの主張を述べ，その理由として子どもたちが面会を嫌がっていることを挙げ，そして，面会交流が子どもの成長にとって重要であることは理解しているが，綾としては，父親らしい愛情を注いでこなかった申立人と面会交流することが子どもにとって良いことだとは考えていない旨を説明した。

小川「綾さん，もし付け加えることがあればお願いします」
綾「いえ，小川先生に説明していただいたとおりです」
滝山「もう少し教えてくださいね。まず，お子さんが面会を嫌がっているという点ですが，具体的にはどう言っているのでしょうか」

綾「絶対いやと言っています」

滝山「絶対いやと」

綾「二人ともです」

滝山「それは美保ちゃんですか。翔真くんですか」

綾「はい」

滝山「面会を嫌がっている理由はどういうことなのでしょうか」

綾「それは……。いじわるをするからと」

滝山「お二人とも言っているのですか」

綾「それは美保です」

滝山「具体的に美保ちゃんは、どんなことを言っているのですか」

綾「翔真にいじわるするのが嫌というようなことを言っていました」

藤田「どういうことでしょうか」

綾「彼は、翔真については、生まれる前から二人目は欲しくなかったみたいなことを言っていましたから。そういうことがあるのではないでしょうか」

藤田「俊之さんは、二人目を望んでおられなかったのですか」

綾「ええ。そんなようなことを言っていました」

滝山「美保ちゃんは、パパが翔真くんにどんないじわるをしたと言っていて、それがパパに会いたくないという気持ちになっているのはどういうことなのでしょうか」

綾「私は、根掘り葉掘り聞くようなことはしないので、それはよく分かりません。ただ、美保がそのように言っているのを無理やりパパに会いなさいなどと言えませんでしょう」

滝山「そうですね。無理やり聞いたり、無理強いすることはよくありませんね」

では、綾さんとしては、美保ちゃんがどのようなことを嫌がっていると考えておいでなのですか」

綾「……」

滝山「では、美保ちゃんと翔真くんが最後に俊之さんに会って帰ってきたとき、どんなことを言っていたのか、どんな様子だったのか教えてください」

綾「もう行きたくないと言っていました」

藤田「それは、どんなことがあって、もう行きたくないと思ったのでしょうか」

綾「さぁ。美保が行きたくないというので。「そう、もう行きたくないの」と話しただけでしたから」

滝山「俊之さんのところでどんなことをして過ごしたか聞きましたか」

綾「特に聞かなかったと思います。ただ、今回、書面が提出されて、テーマパークに遊びに行ったということを知りました」

滝山「今回の資料でお知りになったのですか。お子さん方とはあまり話をされないのですか」

綾「そんなことはありません。何でもよく話します」

綾さんは子どもたちは何でもよく話すと言っていますが、お泊りに行ってどこに遊びに行ったのかずっと知らずにいたというのは気になりますね。

滝山「そうなのですね。ところで、中立人から提出された資料には当時の写真も添付されていましたね。私にはお子さん方が楽しそうに過ごしているように見えましたが、いかがでしたか」

綾「それは子ども向けのテーマパークですから、行けば楽しいと思います。私は経済的にそんな高額な入場料のかかる遊びはさせてやれませんから。きっと楽しかったと思いますよ」

滝山「それを聞いて安心しました。少なくともパパに会いに行って嫌なことばかりではなかったということなのですね」

綾「テーマパークは楽しかったけれど、父親と会うのは楽しくなかったということもあるのではないでしょうか」

滝山「そういうこともあるかもしれませんが、お子さんにとってのパパのイメージが悪いことばかりでないということは、少なくともお子さんにとっては良いことだと思いますよ」

綾「……」

中山「少しよろしいですか。違っていたら申し訳ないのですが、やりとりをお聞きしていると、少しかみ合っていない気がします。

調停委員会としては、お子さん方が俊之さんとの面会を嫌がっているということについての実情を綾さんから教えていただこうとしているのですが、綾さんは、その点は理解されていますでしょうか。

今は、以前に会ったときに少しでも楽しいことがあったのだから、会わせてはどうですか、といったような流れの話ではないのですが、綾さんのお答えを聞いていると、説得されないよう頑張って抵抗しておられるように聞こえました。

もし、少し思い違いがおありでしたら、そうではないので、安心してお話いただければと思います」

滝山「すみません。私も面会を勧めようと説得するかのような言い方になっていたのかもしれません。今、調査官が言われたとおり、綾さんがご存知の実情をお聞きしたいという趣旨ですので、誤解させてしまったら申し訳ないです」

――綾は頷いた。

中山調査官は、綾さんに対し、滝山委員のこれまでの質問の意図を理解しているかを確認しました。滝山委員の質問は実情把握の質問なのですが、綾さんは検討を促されている質問だと誤解しているように感じたからです。やはり、綾さんは、面会を勧めようとする意図だという風にとらえていました。中山調査官の介入により、ズレが解消され、質問の意図に関する誤解が解けました。お互いの理解に誤解がある場合は、質問の意図を率直に説明すること、質問の不十分さを是正することも大切です。滝山委員はこれを実践しましたね。

小川「私も少し気になっていました。綾さん、大丈夫ですか」

綾「……はい。でも、私が……」

――綾は、涙を流しながら、婚姻生活の苦しさを語った。

綾の話は、主観的で実情はよく分からない面が多かったが、両調停委員は、まずは綾との信頼関係を形成するのが大切だと考え、話の腰は折らずにあいづちを打って綾の話が一段落するまで聞き続けた。

両調停委員は、傾聴の姿勢をみせています。当事者本人である綾さんとは初対面で、初めての聴取場面です。滝山委員の質問への誤解は解けましたが、綾さんとしては、自分の気持ちや立場を分かってほしいという気持ちがあふれてきたのだと思います。両調停委員は、そうした綾さんの気持ちを受け止めているのですね。

滝山「綾さんが俊之さんとの結婚生活の中でとても苦しい思いをしておられたことがよく伝わってきました。予定の時間をだいぶ過ぎてしまいましたが、綾さんとしては、お子さんのためになる面会交流であれば反対するつもりはないけれど、現時点ではお子さんが面会に拒否的であり、それは俊之さんのこれまでのお子さんへの関わりに問題があったことでもあるので、お子さんの気持ちに反した面会交流には応じられないとお考えになっている、そういうふうに理解すればよろしいでしょうか」

綾「はい。そのとおりです」

小川「綾さんの気持ちをよくまとめていただいていると思います」

滝山「では、俊之さんに綾さんのお考えをお伝えしてみます。その後、今後の進め方について、裁判官と評議の時間を取らせていただくかもしれませんので、少し時間がかかるかもしれませんが、お待ちください。お待ちいただく間、お子さんの視点を持って調停を進めていくためのＤＶＤを視聴していただくようお願いします」

(3)　中間評議――調査官調査の内容についての打合せ

――交代した俊之に綾の主張を伝えたが、俊之は、子どもが嫌がっているとは考えられない、とにかくまずは会わせてほしいとの主張を変えなかったため、中間評議を行うこととなった。

草岡「具体的な事情が十分に明らかにならない上、双方の主張は、平行線で膠着状態ということですね。これからの進行について、藤田委員はどうお考えですか」

藤田「子どもが嫌がっているかどうかで対立してしまっていますので、実際にお子さんがどのような気持ちなのかを確認しないことには進められないように思います。ここは調査官にお子さんの意向調査をお願いしてはどうかと思います」

草岡「調査官によるお子さんの意向調査ですね。滝山委員はいかがですか」

滝山「私もこのまま調停を続けても平行線の可能性が高いと思いますので、調査官調査をお願いできればと考えます」

裁判所は、調査官がどのような場面でどのような調査を行うと調停進行に寄与できるかを示すツールを作成しています（四四・四五頁の調査事務一覧を参照してください。）。

実務では、こうしたツールを使用して、調査官調査の手法や効果を意識した上、どの時期にどのような調査を求めるのかを調停委員会として意見形成するようになっています。調停進行に寄与する調査官調査を行うためにはとても大切なことです。

草岡「やはり子の意向調査ということでしょうか」

滝山「そうですね。子どもの真意を明らかにしていただけると、方向性が見えてくるように思います」

草岡「両委員のお話を聞いていると私もお子さんの意向調査をお願いするのが良いように思うのですが、中山調査官はいかがですか」

中山「はい。お子さんの意向をめぐって争っているように見えるので、お子さんが紛争や面会についてどのように捉えているのか確認することは必要になるかと思います。しかし、お子さんの調査の時期については検討が必要かと思います」

調停委員会は、子どもたちの意向調査が必要ではないかと考えていますが、中山調査官は、調査結果を問題解決に適切に生かすためには、まだ子どもの意向調査を行うのは時期尚早だと考えているようです。

草岡「と言いますと」
中山「綾さんが「私は面会に反対ではない」と強調している点が気になっています。両委員は、お子さんが面会しても良いと言えば、綾さんが円滑に面会に応じると思われますか」
藤田「いやぁ、何かと別の理由をつけてくる気がします」
滝山「そうですね。すんなりいく可能性は低いかもしれません」
中山「私もそう思うのですが、それはなぜなのでしょうか」
藤田「子どもが会いたくないと言っていると主張しているのは、綾さんが単に会わせたくないだけなのかもしれないですね」
滝山「お子さんが、綾さんの気持ちを汲んで会いたがっていないのではないかなぁと思っています。先ほどの綾さんのやり取りでは、つい、そうした思いが出てしまったかもしれません、反省です」
中山「そうすると、お子さんの気持ちを聞いた結果、お子さんが面会を拒否していなかったとしても、調停の進め方としては難しさがあると、お二人はお感じになっているのですね」

滝山「たしかにそうかもしれません」
中山「私も綾さん自身が面会にかなり拒否的なのだろうと思っているのですが、ご本人が否定するので、なぜ拒否的なのかよく分からないですし、そもそもなぜ自分は面会交流を拒否していないと言われるのかもつかめていないですね」
草岡「中山主任としては、子どもの意向調査は時期尚早とお考えなのですね」
中山「はい。お子さんの気持ちや状況を裁判所が把握しても、それを受け入れる段階に至っていないように思います。綾さんだけでなく、俊之さんも交流が途絶えた後のお子さんたちの気持ちや状況の変化について目を向けることができていないようです」
草岡「そうすると、双方の主張整理が有効だということになりますか」
中山「はい。お子さんの気持ちをきちんと把握するための準備として、これまでのお子さんの監護に関する情報や現在のお子さんの状況に関する情報の収集が必要です。また、お子さんの状況を踏まえた解決のためには、双方とも気持ちや考えを整理してもらう必要もあります。このような情報収集と働きかけの二つの目的を達成するための調査としては、主張整理がもっとも適しています」
草岡「具体的にはどのような調査になるのでしょうか」
中山「申立人調査では、申立人が面会を求める気持ちの程度やどのような面会を求めているのかについて把握します。相手方調査では、相手方が面会交流に前向きになれない事情を明らかにしたいと思います。双方からは、主として これまでの父子関係についての情報を収集することになります」

中山調査官は、当事者双方にそれぞれ個別に面接を行って、丁寧に情報収集を行うことで当事者の気持ちや考えを整理することが、子どもの視点に立っての解決に向けた働きかけになると考えています。また、子どもたちがどのような状況にあるのかを把握して、次回期日以降に予想される子どもの意向調査に備えようともしています。

――調停委員会は、次回期日までに調査官調査（主張整理）を実施する方針を決め、双方代理人を同席させて、草岡裁判官から委員会の方針について説明を行った。その後、俊之、綾の順で個別に説明を行った。双方とも調査官調査の実施については合意し、調査報告書の提出期限を次回期日の一〇日前と定めて、裁判官は退室した。その後、次回調停期日と調査期日の調整が行われた。

一方、綾の調査期日は、代理人とも調整し、二〇日後に行うこととなった。次回の調停期日は、一か月半後に指定された。しかし、調査期日については、俊之から次回期日までの間に再度調査のために出席するのは負担が大きいとの意向が示されたため、中立人調査は昼食を挟んで午後から行うこととなった。

中山調査官は、午後から調査を行う調査室の場所を説明し、午後一時一五分に調査官室を訪ねるよう俊之及び林代理人に伝えた。

通常、調査官による調査は、次回調停期日までの間に行われます。調査期日に調査を受けるのはどちらか一方の当事者だけです。本件は、中立人の俊之さんが遠方に居住していて、何度も海南家庭裁判所まで出向くことの負担が大きいということで、例外的に調停が行われた同日の午後から調査を行うことになりました。

7　調査官調査（申立人の主張整理）

――午後になり、俊之と林代理人は、調査官室を訪れた。

中山「では午前中の調停に引き続く形でお話を伺っていくことになりますが、よろしくお願いします。改めまして調査官の中山です」

俊之「よろしくお願いします」

(1)　調査と調停との違い

中山「調査と調停の違いと、今回の調査の目的について、もう一度説明させていただきます。ただ、その前に俊之さんご自身が調査の目的をどのように理解されたのか確認させてください。俊之さんは、今回、次回の調停期日までの間に調査官が双方からお話を伺うことになった目的をどのように理解されていますか」

中山調査官は、今回の調査の目的を俊之さんがどのように理解しているか確認することから調査を始めています。調査結果が適切に調停進行に生かされるためには、調停とは別に調査を行うことになった調査の目的を十分に当事者と共有することがとても大切です。調停の中で説明した内容を、俊之さんの理解度に合わせて補足して説明することでよりきちんと伝えようとしているのです。

俊之「えーと。相手方が面会交流に応じられない事情が認められるかどうか調査をしていただけるということでしたでしょうか」

中山「そうですね、たしかに、綾さんが面会交流に前向きになれない事情を明らかにしたい、というのは大切な目標になります。そして、その目標を達するためには俊之さんからもお話をお聞きするのが大切だと考えているのです。綾さんは、今日の調停でもそうでしたが、陳述書の中でも、お子さんたちが俊之さんに会うことを拒否しているのだと主張されていますね」

俊之「そうなんです。実際にはそんなことないはずなのですが。とにかく、一度子どもたちと会わせてくれれば、そんなことはないと分かってもらえるはずなのです」

中山「さきほども伺いましたが、俊之さんは、まず、実際にお子さんと面会すれば、何ら問題がないことが分かるはずだとお考えになっているのですね」

俊之「そのとおりです。今日は、二度目の調停だというのに何も進展しないなんて思いませんでした。時間と交通費の浪費です。ほんとうにがっかりです。

　自分の子どもに会うだけなのに何でこんなに時間をかけなければならないのでしょう。おかしいと思いませんか。

　普通に生活していたのに、突然、子どもたちを連れていかれてしまって。しかもこっちは家族のために単身赴任をして頑張っている最中にです。何度も話そうとしても体調が悪いだの、悪くなるだの言って。向こうの話を信じて待っていれば、突然、離婚と生活費の調停です。モラハラだの、不貞だの訳の分からないことを言ってきて。挙句に子どもたちが会いたがっていないなんてあまりに理不尽ですよ」

俊之さんは、午前中に行われた調停期日では怒りや不満を抑えていたようです。調停委員に直接伝えると不利益になると考え、不満を感じても我慢している当事者も少なくありません。適切に調停を進めるためには、調停の進め方や進捗状況について、当事者がどのように感じているのかを把握することは大切です。

林「まぁ、俊之さん、それを今言っても仕方ありませんし、少しでも早く面会できるように調査をすることになったのですから、ここは調査官にお任せして、まずは質問に答えてください」

俊之「すみません。説明を受けていたのでしたね。つい、腹が立ってきてしまって」

中山「今回の調査は、お互いがどのように感じ、考えているのか、それはどんな事情によるものなのかをしっかりと教えていただくためのものなのです。

先ほど俊之さんは、綾さんが面会に応じない事情が認められるかどうかを調査するとおっしゃいましたが、今は、調停という話合いの手続なので、厳密には、裁判所が認めるか、認めないかという判断まで示すことは難しい面があります」

俊之「そうなのですか。てっきり調査の結果、会わせるようにと判断してもらえるものだと思っていました」

中山「俊之さんとしたら、遅々として進まないというご不満をお持ちだと思うのですが、まずは、双方の主張の根拠になっている事情、同居しているころの父子関係や夫婦の関係をお子さんがどのように捉えているのかといったご家族を取り巻いている事情等を教えていただくことが必要だということで、今回の主張整理という調査を行うことになったのです」

俊之「はい」

中山「また、今後の調停の中では、面会についてのお子さんの意向を確認するという手続も検討することになると思います。今回の調査は、調査官がお子さんの話を直接お聞きする前に、お子さんを取り巻く状況やお子さんの発達などを十分に把握し、お子さんから話をお聞きしたときに示されるお子さんの言葉や言葉以外の表現の背景を正しく理解するための準備という意味合いも持っています」

俊之「さきほど調停で調査官が、子どもたちが嫌だと言っていたらその理由というか、事情を明らかにすると話されていたことでしょうか」

中山「そのとおりです。

　調査は、調停と違って、妥協を求めたり、説得をすることは基本的にはありません。俊之さんの考えや気持ち、そこに至った具体的な事情を教えてください。そうはいっても、私の方からこうではないか、ああではないか、そうしなかったのはどうしてなのか、といった反論めいた質問をすることもあります。これは事実関係を明確にするために行うもので、反対当事者の肩を持ったり、言い分を信じているということではありませんので、ご承知おきください。

　今回の調査の目的、調停と調査の違いについては、ご理解していただけましたか」

俊之「はい。大丈夫です」

中山「もう一点、調査結果の扱いについてですが、今日これから伺うことを含め調査で得られた情報は、私の方で書面にまとめて調査報告書として裁判官に報告をします。調査報告書は、裁判官の許可を受けて閲覧謄写することができます。調査結果は基本的にはすべて当事者双方に開示されることになります。もし、非開示を希望される事柄があれば、具体的な理由や事情を伺ったうえで検討する必要がありますので、その旨おっしゃってください。報告書の提出期限は○月○日になりました。報告書ができましたら書記官から代理人あてに連絡が行きますので、十分に閲読した上で次回期日に臨んでください。ここまでよろしいでしょうか」

俊之「分かりました」

中山「あと、調査では、これまでのいきさつに加えて、それぞれの生活歴やご両親を含めたご家族のご事情など、かなり広範な情報をお伺いしていくことになると思います。ただし、お聞きしたことすべてを調査報告書に盛り込むわけではありません。まれにですが、自分が話した事柄よりも相手の話した事柄の方が多く記載されている、自分が重要だと主張している内容がほとんど記載されていないなどとご不満を訴える方があるのですが、調査報告書は、調査の目的にかなうよう調査官の視点からまとめて記載することになります。その点をご承知おきください。いうまでもありませんが、調査も調査報告書の記載も中立公正な立場から行いますので、ご安心ください。

説明が長くなりましたが、ここまでで分からない点や確認しておきたい点などございますか」

ポイント

中山調査官は、調査報告書の記載についての具体例を挙げて調査の中立・公正性について説明しています。

俊之「大丈夫だと思います」

中山「不明な点があれば、調査の途中でも構いませんので、いつでもご質問ください」

俊之「ありがとうございます」

中山「では、先ほど俊之さんが立腹されていた別居時の様子からお聞きしていきますね」

(2) 別居に至るまでの経緯

――中山調査官は、俊之が不満を訴えていた別居のいきさつを確認した。具体的な事実関係は、陳述書に記載され、調停でも聞いていたが、夫婦関係の実情がよくつかめていなかったので、別居に至るまでの経緯を確認しつつ、子どもたちがどのように父母を見ていたのかを把握するよう面接を進めた。

中山「俊之さんにとっては突然の別居だったのですね」

俊之「そうです。単身赴任先から帰ってみると、子どもも箪笥の中身もなくなっていたんです。今は腹も立ちますが、それは時間が経った今だからで、当初は何がどうなってしまったのだろうと、茫然としてしまったというのが実際のところでした」

ある日突然、配偶者が子どもを連れていなくなり、別居になったという経緯をしばしば耳にします。調停では非難や怒りとして語られることが多いのですが、俊之さんの言葉にあるようにその当初はまずは驚きや戸惑いを強く感じるようです。別居を強行した配偶者への怒りの背景には、喪失感、挫折感、惨めさなど様々な気持ちがあるのです。

中山「確かに一か月ぶりに帰宅してみると、お子さんもお子さん方の荷物もないという状況では茫然としてしまいますね。俊之さんはそのときどうされたのですか」

俊之「綾に電話をしても連絡が取れず、メールをしても返信がないので、綾の両親に電話をしました」

中山「そうしたら？」

俊之「綾の母親が出ましてね。事前に連絡せずに申し訳なかったが、四月下旬から実家に戻ってきているというんです」

中山「なるほど。ところで、俊之さんの帰宅については綾さんに連絡していたのでしょうか」
俊之「たぶん、してないと思います」
中山「初めての帰宅なのに連絡しなかったのですか」
俊之「ええ。お互いほとんど会話らしい会話はなかったですから」

単身赴任先からの初めての帰省なのに連絡ひとつなかったのですね。突然の別居とはいっても、夫婦の関係はかなり危機的な状況にあったようです。俊之さんはそのことにずいぶん無頓着な様子です。

中山「俊之さんとしては突然の別居ということでしたが、単身赴任が決まったときの綾さんの反応はどんなだったのですか」
俊之「反応ですか。特には」
中山「まだ、お子さんも小学生と保育園ですし、ご家族にとってはかなり大変な出来事だったと思うのですが」
俊之「まぁ、それはそうですが、仕事ですからね。そういえば、綾には「一体、何を考えているの」と言われました」
中山「それで」
俊之「仕事だから仕方ないだろうと伝えたら、妙に怒り出してしまって」
中山「けんかになったのですか」
俊之「いやぁ、けんかというより、綾が一方的に泣きわめくという感じで」

中山「泣きわめく？」
俊之「ヒステリーというのでしょうか。何かあるとギャーピーギャーピーになるので、私もできるだけ刺激しないようにしていたのです」

鈴木さん夫婦のコミュニケーションは、相当悪化していますね。俊之さんの話からだけでも、俊之さんが相手の気持ちを汲み取る力が弱い方なのがうかがえます。

中山「お子さんたちは、どう見ていたのでしょう」
俊之「『またママ泣かした』みたいな感じですね」
中山「『ママを泣かした』とお子さんが言うのですか」
俊之「毎回ではないですけどね」
中山「お子さんには単身赴任のことをどう伝えたのですか」
俊之「遠くでお仕事しなければならなくなったから、パパだけお引越しすることになったみたいに言ったと思います」
中山「お子さんたちの反応は？」
俊之「ふーん、みたいな感じですか」
中山「二人ともですか」
俊之「上の子ですね」
中山「美保ちゃんは『ふーん』という反応だったのですね。翔真くんの方は」

俊之「どこ行くの？だったかな」

子どもたちは、俊之さんの単身赴任をどのように受け止めていたのでしょうか。美保ちゃんは、両親の不和も感じていたようで、言葉にできない複雑な思いを持っていたのかもしれません。一方の翔真くんは、年齢相応にパパがどこかにお引越しすると言葉通り受け止めていたようです。

(3) 結婚生活の実情

中山「綾さんとほとんど会話のない状態だったということですが、それはいつごろからのことなのですか」

——中山調査官は、夫婦関係が悪化した時期や事情、それを子どもたちがどのように見ていたのかといった婚姻生活の実情について調査を進めた。そして、提出された子の監護に関する陳述書の記載を補完する形で俊之の生活歴を尋ね、併せて俊之の父母ら親族との関係、子どもたちと父方親族との交流などについても確認していった。俊之方の親族との関係を絡めながら綾方の親族についても確認し、自然な流れで結婚、子どもたちの出生、育児を中心にした結婚生活の実情に話題を移し、夫婦不仲の実情にとどまらず、俊之と綾と子どもたちの家族状況とそれを取り巻く親族や職場の状況などについても聴取を進めた。

俊之は、質問に対しては記憶をたどりつつ淡々と答えたが、自分の経歴や親族関係などを説明することが子どもたちとの面会にどのように関係するのか分からず、どのように答えることが自分にとって有利に働くのか、早期の面会に結び付く答えが何なのかを考えながら調査に応じていた。

そして、調査官から求められる、過去の出来事をどのように受け止めたり、考えたりしていたのかについての質問や俊之の行動や考えを周囲の親や妻がどのように見ていたかといった質問に、しばしば戸惑った。戸惑いながら質問に答えているうちに、自分が感情の起伏があまりなく、友達や職場の人間関係だけでなく妻である綾の気持ちにもあまり頓着せずに暮らしてきたことに気づいた。そして、綾がしばしば「何を考えているのか分からない」と癇癪を起こしていたのは、そうした自分に対するいら立ちだったのかもしれないと感じるようになった。

一方で、子どもたちには少し違う感情を持っていることにも気づいた。綾についての質問と同様に、いろんな場面での子どもたちの成長や気持ちについての質問にはほとんど答えられなかったが、答えられない自分に対して、どうして覚えていないのか、もっと知っていても良いのでないかと自責や焦りのような感情を抱いたのだった。

──調査を始めて二時間以上が経過し、中山調査官は、調査を終了させることにした。

中山「調停に引き続いて、だいぶ長い時間お話をお聞きすることになってしまいました。かなりお疲れになったことと思います」

俊之「そうですね。かなり疲れましたね」

中山「実は、陳述書を拝見したり、調停で伺っただけでは、俊之さんがお子さんとの面会を求めるお気持ちがよく分からない部分が大きかったのですが、調査でいろいろと教えていただき、少し理解できてきた感じがしています」

俊之「そうなのですか」

中山「親が子どもに会いたいというのに理由も何もないのかもしれませんが、面会交流を求める親御さんと消極的な親御さんとの調整を進めていくには、単に親子だからという理由で面会を求めてもなかなかうまくいかないことが多いのです」

中山調査官は、時間をかけて面接をしてようやく面会交流を求める気持ちが理解できてきたと投げかけることで、俊之さんに何を伝えようとしているのでしょうか。綾さんに俊之さんの気持ちが伝わっていないこと、綾さんの気持ちや立場を理解しないと円滑な面会交流は困難であることを暗に指摘しているようです。

俊之「ずいぶんいろんな質問を受けて、正直、面会とどんな関係があるのか疑問に感じることもあったのですが、最後の方になると何となく調査官の意図が分かってきた感じがありました」

中山「それはどんなことでしょうか」

俊之「なんか自分なりの気づきみたいな感じなのですけど」

中山「どんな気づきでしょうか」

俊之「面会についていうと、何で綾は会わせてくれないのだろうということしか考えていなかったのですが、ひょっとすると、綾は綾で、なんで会わせろと言ってくるのか理解できないのかもしれないですね」

中山「ほう。それはどういうことでしょう」

俊之「綾からは「何を考えているのか」と再三言われてきていて、それこそ綾が何を考えているのか分からなかったですし、知ろうとも思わなかったのですが、調査官から言われて、それは綾なりの私へのメッセージだったのだろうなと気づいた気がします」

俊之さんは、面会交流の問題だけではなく、夫婦のコミュニケーションの問題にも何か気づきを得たようです。相手の立場や気持ちに立って考えることは、言うほど簡単なことではありませんが、とても大事なことですね。

中山「ええ」
俊之「私にとっては当たり前のことが、綾には当たり前ではなくて、綾の不満はそこから蓄積していったのかもしれません。では、どうすればいいかということは、分からないのですけどね」
中山「でもそうしたことに気づいたことは大きな一歩かもしれません。話を伺って、俊之さんは綾さんを傷つけたり、攻撃する気持ちは持っておられなかったのは分かったのですが、綾さんとしては、家族や自分に関心を払ってほしい、夫婦、家族としての温かいやりとりがほしいと思っておられたのかもしれません。まだ、お話を伺っていないので、分かりませんが。いずれにしても綾さんには、俊之さんが美保ちゃんや翔真くんとの面会を求めている、お子さんたちに愛情を持っているというのが伝わっていない可能性は高いように思います」
俊之「そう思われるのかもしれないなということは分かった気がします。自分では普通にしてきたし、そんなことはないという気持ちも強いのですけれど」
中山「今日、長時間お話を伺って、俊之さんの「普通」を教えてもらったことがとても大切なのです。
　少なくともお子さんたちにとっては、生まれた時からそのままの俊之さんがお父さんですからね。綾さんの主張では、お子さんたちが会うことを拒否しているということなので、それがどういうことなのかを確認していくためには、ご家族のこまごましたエピソードやそれらを俊之さんがどのように受け止めているのかといったことを教えておいていただく必要があったのです」
俊之「もっと普通に会わせてくれればすむと思うのですけどね」
中山「そうですね。でも、お子さんとの交流が途絶えてだいぶ経ちますから、普通に会うことそのものがかなり難しくなってしまっているかもしれません」
俊之「それは本当に子どもたちが拒否しているかもしれないということですか」

中山「可能性はゼロではないと思っています」

俊之「子どもが嫌だと言えば、会えないわけですか」

中山「もし、お子さんが嫌がっているとすれば、それはなぜなのか、どのようないきさつでそうなったのかを把握して、面会の在り方を考えていかなければなりません。そうした可能性も踏まえて、面会交流を考える上で必要な情報を収集したり、それぞれに考えていただくための調査を進めることになっているのです」

俊之「そうでしたね。よろしくお願いします」

中山「では、俊之さんへの調査はこれで終了させていただきますが、何かご質問などはありますでしょうか」

林「確認ですが、次回期日までの宿題としては、調査官から提出された調査報告書を読んで次回期日に臨むということで、追加の書面は必要ないということでよろしいでしょうか」

俊之「いえ、大丈夫です」

中山「はい。それで結構です。長時間お疲れさまでした」

8　調査官調査（相手方の主張整理）

――第2回調停期日から二〇日後、調停期日で打ち合わせたとおり、綾は、海南家庭裁判所三階の家事調査官室に中山調査官を訪ねた。小川代理人からは、打合せで、調査官から聞かれたことにはありのままを話せば良いと言われていたが、何を聞かれるのか、答え方によって調停の行方がどのようになっていくのか、綾は体が硬くなるのを感じていた。

調停の時は、あまり前面に出てくることはなかったが、調停委員は、調査官を頼りにしている様子に感じられた。調査官にどう思われるのかで調停の進行が大きく左右されるに違いない、穏やかそうな人に見えたが油断はできない、綾は、調停に立ち会っていた中山調査官を思い出しながら調査官室のドアを開けた。

綾が心を決してドアを開けると、すぐに中山調査官と視線が合った。中山調査官は、「こんにちは」と笑顔で挨拶をして、綾を調査室にいざなった。

(1)　調査と調停との違い

中山「お待ちしていました。場所はすぐに分かりましたか」

綾「ええ。前回調停にも出席しましたから」

中山「そうでしたね。調停の受付と階が違うので、少し心配しましたが、迷われずに良かったです。お疲れさまです。では、こちらの部屋で小川代理人がお越しになるまで少しお待ちください」

――調停室よりも小さな部屋に通され、綾は着席した。五分ほどして中山調査官は小川代理人を同行して入室した。

中山「改めまして、調査官の中山です。今日はよろしくお願いいたします」

綾「こちらこそよろしくお願いいたします」

中山「小川代理人もお見えになりましたので、調査を始めさせていただきます。まず最初に、今回の調査について説明させていただきますね」

中山EYES

同居親の主張整理に対する姿勢

中山調査官は、今日の調査はこれからの調停進行を左右するほどとても重要なものと位置づけていた。面会交流の実施に向けて説得するような雰囲気は出さないよう気を付けなければならない、まずは相手方がどのような経験をして、どのように感じ考えているのかを共有することが大切だと考えている。先入観を捨ててまずは当事者の立場に立ってみること、何百、何千という家族の紛争調整に関わってきた経験から得た基本的な姿勢の一つである。

これだけ面会交流が注目を集めるようになった現在では、多くの当事者は、両親が別れてしまっても、子どもは両親から愛情を注がれていると実感して育つ方が良いとの一般論には理解を示し、その考え方に真正面から反論する人は少ない。そこで多くの同居親は、総論賛成、各論反対的立場を示すことが多い。一般論では子どものためになるのだろうが、自分たちの場合は違うと。面会交流に反対する同居親は、別居親と子どもとの面会がいかに子どものためにならないか、別居親が子どもの親としていかに不適格であるかを訴える。

このような同居親に面会交流に前向きになってもらうためには、どう働きかけるのが良いのか。働きかける意識がないわけではないが、そうした意識を調査官が持った時点で、同居親は公平に扱われていないと感じてしまうものなのだ。

まずは、同居親のありのままを知ること、その上で裁判所の立場や考えをきちんと説明すること、必要な時期に子どもの置かれた状況を把握して問題解決に関わる者にきちんと伝えていくこと、この繰返しの中で当事者自身に答えを探してもらう以外に近道も抜け道もない。

裁判所が答えや結論を差し出したのではダメなのだ。面会交流事件に対する調査官関与の程良い在り方は当事者とより良いゴールを探しながら半歩先を歩くガイドのようなものだ。正確な目的地・ゴールを知っている訳ではないが、近くで寄り添いながら、当事者が道を誤らないよう常にほんの少し前を歩いている。ゴールにたどり着いた時には、双方当事者がそれぞれ自分で道を探して歩いてきたと感じられるようなエスコートが望ましい。同居親への主張整理はそのための大切な最初の一歩だと考えている。

──中山調査官が言葉を変えながらも同じ内容を何度も説明するので、綾も調停と調査が異なることを何となく理解することができた。

調停委員は、中立人と相手方の言い分を聞いて合意点を探って合意をあっせんする役割で、調査官は、調停委員が適切に役割を果たせるよう事実関係や当事者の気持ちや考えを調査する役割だということだ。そして今回の調査は、綾と俊之の主張が対立しているので、より詳しく実情を確認するために行われることになったという。また、今後、子どもたちから直接話を聞く可能性も高いので、その準備として双方から詳しく事情を聞きたいとのことだった。なるほど、それで小川弁護士は思ったままを話せば良いと言っていたのか、綾は、肩が軽くなる気がしていた。

(2)　子どもの面会拒否

中山「調停でお聞きしたことと重複する面もあるのですが、綾さんがただちに面会交流の実施に前向きになれない一番の理由としては、お子さんが面会を嫌がっているということなのでしょうか」

綾「はい。そのとおりです。
　前回の調停が終わった後も子どもたちに聞いてみましたが、やはり二人とも会いたくないということでした」

中山「前回の調停の後にも聞いてみたのですか」

綾「はい。中立人もそうですが、調停委員も私が会わせたがっていないとお考えのように感じましたので、もう一度直接聞いてみるのが良いと思いまして」

中山「では、その直近のお話を少し詳しく教えていただけますか」

綾「はい。前回の調停が終わった翌日かその次の日、ちょうど次の週から学校が始まるときだったと思います。翔真が夏休みの宿題の絵日記を終わらせられなくてバタバタしていましたから」

中山「夏休み最終週の土日は戦場ですよね。絵日記が残っていたのですか。大変でしたね。どうにか提出できたのですか」

綾「はい。美保が手伝ってくれてどうにか」

中山「美保ちゃんがですか。頼もしいお姉ちゃんですね。美保ちゃんの宿題は？」

綾「はい、美保は夏休みが始まって1週間もしないうちに自由研究以外の宿題はすべて終わらせてしまいました」

中山「それは優秀ですね。

それで、面会についてはどのようにして聞いてみられたのですか」

綾「登校日に持っていくものをすべて準備したかどうか確認した後、二人を呼んで、聞いておきたいことがあると話をしました」

中山「二人一緒に聞かれたのですね。どんな風に聞かれたのですか」

綾「また裁判になっていて、今度は向こうからも裁判を起こされていることを説明しまして、向こうはあなたたちに会いたいと言ってきているけど、どうする？という感じで」

中山「今度は向こうからも裁判を起こされているっていうのは？」

綾「以前、東山家裁で離婚と生活費の調停をしていたことは伝えていましたし、今回、正式の裁判を起こしたことも言ってありましたから。ただ、面会交流の件は特に説明していなかったので、そのことを伝えました」

中山「裁判を起こされていると説明されたのでしょうか。できるだけ正確に知りたいのですが」

中山調査官は、子どもたちの状況を知るために、子どもたちが綾さんからどのような情報をどのような場面でどのように伝えられたのかを正確に把握しようとしています。

綾「そうですね。ママが裁判にしたら、向こうからも面会したいという裁判を起こされたと伝えたと思います。子どもには調停と言っても分からないと思いますので」

中山「俊之さんのことは「向こう」と呼んでおられるのですか」

綾「いえ……」

中山「お子さんたちは俊之さんのことを何と呼んでいるのですか」

綾「あの……ワルノスと呼んでいます」

中山「ワルノス、ですか」

綾「はい」

中山「それは、どんな経緯でそうなったのでしょうか」

綾「ええっと。どうだったでしょう」

中山「一緒に生活しているときは何と呼んでいたのですか」

綾「……パパと呼んでいました」

中山「それが今ではワルノスと呼んでいるのですね」

綾「はい。一時、私がかなり精神的に追い詰められてしまって、申立人のことを思い出すだけで、厳しい時があったのです。子どもたちがパパと呼ぶだけで不安定になってしまう感じで。「パパって呼ばないで」と子どもたちに言ったところ、翔真が「じゃあ何て呼べばいいの」みたいになって、それで悪者だからワルノスみたいな感じで……。言い出したのが私だったのか、美保だったのか忘れてしまいましたが」

ママに「パパと呼ばないで」と言われた美保ちゃんと翔真くんはどんな気持ちだったのでしょうか。思い出すだけで不安定になってしまうママ、パパをワルノスと呼んでいる子どもたち。胸が痛みますね。

中山「そうなのですか。すると、今回の説明は？」
綾「ワルノスもあなたたちに会いたいっていう裁判を起こしていて、ママは会いたいとも会いたくないとも答えられないから、あなたたちがどう思うか教えてほしいみたいな聞き方だったと思います」
中山「そうしたら？」
綾「会いたくないということでした」
中山「美保ちゃんと翔真くんそれぞれがどんな風に言ったか、できるだけ正確に教えてもらえますか」
綾「翔真は「やっつけてやるから大丈夫」みたいなことを言ってました」
中山「やっつけてやるから大丈夫？どういう意味でしょうか」
綾「さぁ？やっつけてやるというくらいだから、それくらい嫌なのかと思いましたが」
中山「そうですか。美保ちゃんは何と」
綾「何で会いたいなんて言ってるのか、みたいなことを聞かれたので、ワルノスでもパパだからじゃないかって言いました」
中山「そうしたら」

綾「絶対に嫌だと言っていました」
中山「それに綾さんはどう答えられたのですか」
綾「ママが会わせないみたいに思われるからちゃんと理由を教えてと頼みました」
中山「それで」
綾「最初は嫌なものは嫌みたいに言っていたのですが、前はちゃんとした理由も言っていたでしょ、と言うと、翔真にいじわるなのが嫌だと。少し私が言わせたみたいな感じに受け取られるかもしれませんけど、でも、美保は、以前にもそう言っていたんです」
中山「初回の調停で小川代理人からも伺いましたし、陳述書にもそう書いておられましたね」
綾「私もよく分からないところもあるのですが、美保が言うには、翔真にいじわるするから嫌だと」
中山「綾さんご自身は、俊之さんが特に翔真くんを差別的に扱っていたというほどの思いは持っておられないのですね」
綾「ええ」
中山「そうなのですね。では、少し、同居中のお話を伺っていきたいと思いますが、よろしいですか」

中山調査官は、綾さんの考えや気持ちを尋ねるのではなく、具体的な会話や対応を尋ねる質問を繰り返していますね。具体的な事実、状況を把握することが、気持ちや考えを正確に理解する上ではとても大切なのです。

(3) 別居、離婚申立てに至るまでの経緯——綾の陳述

——中山調査官は、同居中の俊之の子育てへの関与の実情やそれに対する綾の不満などを確認し、同居中の父子関係について把握したいと考えた。

しかし、綾が前回の調停で自発的に語ったのは夫婦関係に関する内容であったため、綾が子どもの視点に立って面会交流の在り方を考えるようになるには、まずは綾が訴えたいことを話してもらい、綾の抱える不満や不安を理解することが先決であると思われた。そこで、子の監護に関する陳述書の綾の経歴に沿って、婚姻に至る経緯から確認していった。

（俊之との婚姻まで）

綾は、地方公務員の父、専業主婦の母の第三子次女として出生した。父母も兄、姉もどちらかというと穏やかでのんびりしているが、綾は、活発で、一途な努力家、家族は末っ子の綾を中心に回っているところがあった。

高校に進学後、兄や姉の影響を受けてアニメやパソコンなどに凝り、コンピュータの専門学校に進学、卒業後は学校の推薦を受けて経理事務員として就職した。上司や同僚とうまくいかずに職場を二回ほど変わっているが、経理事務の仕事を続けていた。専門学校の同級生と三年ほど交際し、結婚を考えたこともあったが、最初の転職時期に喧嘩別れしてしまい、その後は出会いもなく、仕事と趣味で過ごしていた。三〇歳を超えてからは両親の心配もあり、綾自身も人並みの結婚願望から婚活を意識するようになった。

俊之とはお寺が企画した婚活パーティで知り合ったが、綾の一目惚れといってよい形であった。綾には、物事に動じず、自慢や売り込みもしない俊之が大人の世界の住人に見え、自分のことを丸ごと受け止めてもらえる感覚があった。俊之はあまり自分のことを話さなかったため、男三人兄弟の次男であること、母子家

庭で育ったこと、大学院を出て中堅の商社勤めであることくらいしか知らなかったが、綾は、俊之を母子家庭で苦労して育った人の痛みが分かる懐の広い人だと思っていた。

実際に生活を始めると、俊之に対して抱いていたイメージが自分の勘違いであることに気づいた。物事に動じないのではなく、鈍感で頓着しない人であったし、何よりも本当に自分を必要として結婚したのかどうか、その実感が得られないことが気になった。

一方で、俊之には平均以上の収入があり、家具や食器などは綾の欲しいものを揃えることができ、それに文句も言われないので、三〇歳過ぎの見合結婚夫婦はこんなものかもしれないとの思いもあった。

――中山調査官は、話の流れで子育ての状況に話を移していった。

（美保・翔真の出産と子育て）

美保を妊娠したときは、三〇歳半ばでの初産で、綾自身はあれこれ心配したが、トラブルはなく無事出産した。綾は、自分の心配に対して無反応な俊之に腹を立てながらも、自分が精神的に追い詰められなかったのは、綾の不安や心配にほとんど気づきもしない俊之のおかげもあると思ったりもした。

子育てに関しては、俊之はまったく頼りにならなかった。おむつ替えや入浴の手伝いなど綾が頼めば言われたことはするが、寝かしつけの最中に帰宅して自分の食事を要求するなど、綾の状況を思いやったり、次に何が必要か自分で考えて子どもの世話をすることはなかった。

綾は、たくさんの育児書を読んで、自分なりに理想と思える育児を行った。できる限り母乳を与え、離乳食も手抜きせずに手作りのものを与えた。布おむつや肌着の素材にもこだわった。この頃から生活費がかかり過ぎるのではないかと言われるようになったが、けんかになるほどではなかった。

美保は、育児書どおりに標準的な発達の子であまり手がかからなかったが、翔真は、おむつ替え、入浴一つとっても手がかかった。そのため、翔真が生まれてから育児に悩むことが増え、忘れられない出来事があった。

それは、翔真が手作りの離乳食を嫌がった際、綾がたまたま買ってきた市販の離乳食を与えたところ、翔真がそれを喜んで食べたとき、俊之が「そんなに手間暇をかけても意味ないな」と言われたことだった。綾は、そんな中で俊之から吐かれた心ない言葉を忘れることができず、心の傷になっていた。

――中山調査官が「それは辛い言葉でしたね」と綾の気持ちを察して労わると、綾は、堰を切ったように俊之への不満を次々に話した。

（俊之との婚姻生活）

一生懸命味付けを工夫して調理をしてもこれが一番だと濃厚ソースをたっぷりかけること、家族旅行の計画を立てて相談をしても、子どもはどこに連れて行っても同じで金の無駄だと取り合ってもらえなかったこと、家を建てる際に間取りや内装で希望をきいてもらえなかったことなどのエピソードが思い出された。また、遅くに帰宅して電気をつけてわざと起こされる、家の中ですれ違うとすごい顔でにらみつけてくるなど俊之との関係が悪くなるにつれ、我慢できなくなった出来事もあった。

――中山調査官がそうした不満をどのように俊之に伝え、折り合いをつけてきたのか尋ねると、綾が感情的に取り乱し、俊之が黙るパターンが続いてきたとのことだった。続いて別居のいきさつを確認しておくため、離婚を考えるようになった直接のきっかけを尋ねた。

（離婚を考えるようになったきっかけ）

離婚を意識するようになったのは、はっきり覚えていないが、美保が小学校に入学してからだった。何かの本で俊之の態度がモラルハラスメントに当たると思って以降、この人とこの先何十年も一緒にいると思うと胸がふさがるような苦しさを覚えるようになった。

自立を考えて経理の仕事のパートに出るようになったが、誰でも代わりのいる仕事だと馬鹿にされたのも離婚を強く意識するきっかけになった。

美保が入学してしばらくすると性関係もなくなった。綾がセックスを拒否して俊之の機嫌が悪くなるというパターンでの軋轢が繰り返され、俊之が別の部屋で寝るようになった。面倒くささがなくなった反面、女性として見られていない気持ちになったり、妻として扱おうとしない俊之に腹を立てたりしたが、俊之の反応は鈍く、今まで以上に何を考えているか分からなくなった。

美保が小学校二年になってからは、必要以外に話をしなくなり、夫婦らしい会話はほとんどなくなった。平成二六年一二月から俊之の帰宅が極端に遅くなり、翌年の二月に俊之が自分の下着を自分で買ってきたことがあった。綾としては、不貞に違いないと確信した。そして、その直後に転勤の話があった。

自立への自信がない状態ではあったが、俊之と別れたい気持ちが固まり、このとき明確に離婚を意識した。俊之に対しては、自分だけ勝手な生活を始めようとしていると思うと腹が立って仕方がなく、何度も何を考えているのかと詰ったが、俊之は「仕事だから」と言うばかりであった。

ちょうどその前後に翔真が保育園で転んで前歯を折る出来事があった。手当や通院、事情の説明や謝罪など保育園の対応は問題なく、綾としては不満に感じるどころか、申し訳ない思いをしたのだが、主任保育士から元気が良すぎて心配なところがあると指摘されたのが非常に気になった。

インターネットでいろいろ調べてみると、不注意での怪我が多かったり、気が散りやすいなどの翔真の行動がＡＤＨＤ（多動性注意欠陥症候群）に当てはまるのではないかと思えて仕方なくなった。

あまり気が進まないまま俊之に相談すると、「つまらない仕事をして子どものことを見てないからじゃないのか、つまらない心配をするな。こっちは転勤前で忙しい」と思いもかけない言葉が返ってきた。このことで綾は、俊之との離婚を決意した。

ＡＤＨＤ（(Attention-Deficit/Hyperactivity Disorder、注意欠陥・多動性障害）は、発達障害[16]の構成要素の一つです。子どもが発達障害のため、その対応をめぐり夫婦が不和になることがあります。しかし、発達障害であるか否かについては正確な診断が難しいと言われています（次頁を参照してください。）。

ウ　衝動性とは，「事前に見通しを立てることなく即座に行われる，および自分に害となる可能性の高い性急な行動（注：注意せず道に飛び出す）のことである」と定義づけられます。そして、榊原論文はこれらの行動特徴は，脳の実行機能（注意持続，省察，行動の一時停止，行動の組み立て，感情コントロール，自己評価，社会認知，指示の遵守，作業記憶，運動の協調）が十分に発達していないことが原因と指摘しています。そして，前記行動の特徴は，ADHDの診断基準に現れるとし，その行動特徴が，DSM-5の診断基準に挙げてある「注意欠陥」あるいは「多動・衝動性」の項目のどちらかで６つ以上当てはまり，そのために日常生活，学校生活等で困難（支障）を来している場合に，ADHDと診断すると説明しています。

もっとも，診断基準について問題点を指摘する見解もあります。すなわち，前記診断基準のみでは正確な診断が難しいとする意見があるほか，「DSM-5では『診断基準はあくまでも臨床的判断に対して補助的に用いられるものであり，DSMはレシピ本のように用いるものではない』と明記」されており，また，「臨床現場においては，DSMの診断基準がすべて当てはまるような典型例にほとんど出遭わないのであり，たとえば５項目しか満たさないから支援の対象ではないと考えるのは本末転倒である」（本田秀夫「発達障害の理解と支援に向けて」下山晴彦・村瀬嘉代子・盛岡正芳編著『必携　発達障害支援ハンドブック』金剛出版，20頁）とする見解があります。その他，DSM-5につき，「安全性と科学的妥当性が十分でない」，「精神疾患の診断を有するための必要条件を引き下げた」などと問題点を提起する見解（アレン・フランセス『精神疾患診断のエッセンス　DSM-5の上手な使い方』金剛出版，８頁）もあります。したがって診断基準は，何項目当てはまるかという機械的な処理ではないということを忘れてはいけません。

４　ところで，沼上潔医師（東京家庭裁判所技官）は，「発達障がいを抱えた当事者の理解と対応―大人の自閉症スペクトラム障がいを中心に―」（ケース研究320号60頁以下）において，「発達障害はこころの病気ではないこと」，「脳神経系の障害であること」，「いくつかの遺伝要因が偶然重なったときにだけ発症すること」，「因子を受け継いでも，発症しやすい環境，発症しにくい環境があること」，「アスペルガー障害には，⑴社会性に乏しい，⑵会話がすれ違う，⑶想像力が育ちにくいというの３つの特性があること」，「大人のアスペルガー障害があること」と指摘しております。また，同書には大人のアスペルガー障害における調停運営について具体的なアドバイスも記載されていますので，参考にしてください。

Zoom up 16

発達障害

1　発達障害といわれるものは，⑴自閉症（スペクトラム），⑵注意欠陥多動性障害（多動性注意欠陥症候群），⑶学習障害の３つの障害によって構成されています。

　小児科医の榊原洋一（お茶の水女子大学理事・副学長）教授は，「発達障害と少年非行」の論稿（家判８号９頁）において，発達障害とは，「複数の遺伝子が関与して引き起こされる，生得的な実行機能などの脳の高次機能の障害であって，低年齢に発現し，集団生活，社会生活，あるいは学習における様々な技能（スキル）の困難を示すものである。理由は不明だが男児に多く，また，他のタイプの発達障害との併存や，行動や精神機能の二次障害をきたすことが多い，小児期で最も発生頻度の高い脳機能の障害である。」と定義付けています。

2　榊原論文は，前記各障害について，次のように説明しています。すなわち，⑴自閉症（スペクトラム）は，対人関係やこだわり，言葉の遅れなどを特徴とするものですが，対人関係の障害は，他人の表情や意図を理解する脳機能が低下していることによるとされています。言語発達に遅れのないアスペルガー症候群というサブタイプもよく知られています。

　また，⑵注意欠如・多動性障害（ADHD）は，小児期の精神神経疾患（障害）のなかで最も頻度が高いようですが，不注意や多動行動のある子どもは，生活全般で幸福感，満足感を感じることが少ないとされています。注意欠如・多動性の基本的特徴は，機能または発達を妨げるほどの，不注意と多動性，衝動性，またはそのいずれかの持続的な様式とされています。

　次に，⑶学習障害（LD）は，基本的には全般的な知的発達には遅れはありませんが，聞く，話す，読む，書く，計算するまたは，推論する能力のうち特定のものの習得と使用に著しい困難を示す様々な状態を示すものとされています。そして，学習障害の中核となる状態は，近年の脳科学的研究により脳内の文字の理解過程に障害があると指摘しています。

3　ところで，ADHDについて，『DSM-5®精神疾患の診断・統計マニュアル』（医学書院）60頁は，次のように，説明しています。

ア　不注意とは，課題から気がそれること，忍耐の欠如，集中し続けることの困難，まとまりのないことをいい，

イ　多動性とは，不適切な場面での（走り回る子どもといった）過剰な運動活動性，過剰にそわそわすること，過剰にトントン叩くこと，しゃべりすぎることをいい，

――中山調査官は続けて別居後の生活を尋ねた。

（別居後の生活）

俊之が東山市に赴任するとすぐに綾は子どもたちを連れて実家に転居した。子どもたちには、パパがいなくなって、ママはじじとばばに手伝ってもらわないと仕事ができないから、しばらくじじの家でお世話になると説明した。転校させるのはかわいそうなので、祖父母に頼み、車で送迎してもらった。

（別居後の面会交流）

離婚を決意した当初は、俊之への怒りと子どもたちに申し訳ない自責の念とで混乱しがちであったが、別居後は、俊之のことを考えただけで汗が出て動悸や焦燥感が激しくなるといった症状に苦しむようになった。綾自身がとても俊之と直接連絡をとれる状況ではなかったので、別居後は綾の父母が間に入っていた。俊之からの子どもたちに会いたいとの連絡があり、夏休みにどこにも連れて行ってやれないことも可愛そうに思った綾の両親が子どもたち二人を連れて東山市まで出かけ、両親はホテルに泊まって、子どもたちを二泊俊之宅に宿泊させた。この時はテーマパークなどに連れて行ってもらい、楽しんだようだった。

秋にも帰省するので会わせてほしいと言われたが、運動会の日程と重なったり、子どもが風邪を引いたりで面会はできなかった。両親は、孫と俊之との交流は悪いことではないと思っていたが、八月の面会の後、綾が体調を崩したり、秋の日程調整のたびに綾が精神的に不安定になる様子を目の当たりにして、しばらく面会や連絡を待ってもらう方が良いと考え、俊之に了解してもらった。

翌年の四月、翔真は校区の小学校に入学、美保も転校した。

綾も職場を移り、精神的にも落ち着きを取り戻してきて、実家近所にアパートを借りて、母子での生活を始めた。俊之は、約束どおり、面会を求めるなどの連絡はなく、綾の両親と話して決めた金額の生活費を綾名義の通帳に送金していた。生活も落ち着き、きちんと離婚したいと考えて法律相談に行ったところで小川代理人と出会い、東山家裁に離婚と婚姻費用の調停を申し立てることになった。

――中山調査官は、綾と俊之の双方の話から、俊之は積極的に育児に関わってきたとは言い難いが、まったく非協力的で子どもに無関心であったともいえないし、俊之なりの関わりをしてきたのではないかと推察しながら、綾から見た父子関係についてのエピソードを確認した。

綾は、俊之がまったく育児に関わってこなかったと思っていたし、それを不満に思ってきた。

俊之は、週末にはおむつ替え、食事の介助、散歩、入浴、歯磨きの仕上げ磨きなどしてくれたが、綾が指示した範囲内のことで、しかも十分ではなく二度手間になることも少なくなかった。七五三、入園式、入学式などには一緒に参列したが、俊之は、予定を忘れていたため仕事が休めず卒園式に出席できないこともあった。

しかし、中山調査官に問われるままに答えていくと、これまでと異なる気持ちになっていた。中山調査官とのやり取りは、自分の訴えを否定されている訳ではなく、実際にどのような出来事があったのかを確認されているだけだったが、俊之が子どもに関わらず、家庭に無関心であったと説明すればするほど、逆に、事実としては、父子の関わりがそれなりにあったことを認めざるを得ない気持ちになるのだった。また、綾は、自分の不満は俊之が子どもや家庭に関わらないことへの不満ではなく、自分に言われなければ自発的にやらない俊之に苛立っていたのかもしれないとも思った。

ポイント

具体的な事実を丁寧に拾い上げて確認する応答を繰り返すことで、綾は、自分自身で意識していなかった気持ちに気づいていったようです。調査官による事実の調査は、結果として調整的な側面を持っているといわれるのはこうしたことなのですね。

(4) 調査終了

――中山調査官は、ひととおりの実情を押さえ、次の調停進行をどのように持っていくのが良いのか考えながら、相手方の調査終了に向けてまとめの作業に入っていった。

中山「かなり駆け足でいろんなお話を聞かせていただきました。お疲れになったでしょう」

綾「はい。でも、すっきりした感じもあります」

中山「いろいろと教えていただいて、分かった気がすることも多いのですが、お子さんがお父さんとの面会を嫌がっている、お母さんの前では会いたくないと言っている、それがどうしてなのか、その点だけは正直、まだ霧の中にいる感じです」

中山調査官は、子どもたちが俊之さんに会いたくないと言っていることよりも、それが何故なのかの方が重要だと考えているようです。そして「お母さんの前では会いたくないと言っている」という調査官の言葉からは、子どもたちが会いたがらない理由についてある程度見当をつけているように見えます。

綾「私の前でだけ嫌がっていると思われるのですか」

中山「まだ、私自身が直接お子さんから話を聞いていないので、嫌な言い方になってしまっていたら、すみません。いずれにしても、お子さんが嫌がっているという前提で、次の調停をどのように進めるのがいいのか、と思いましてね」

綾「どうして彼は子どもに会いたがるのでしょう」

中山「それについて、俊之さんは、こんなことを言っていました」

綾「どんなことですか」

中山「「私にとって当たり前のことが、綾には当たり前ではなくて、綾の不満はそこから蓄積していったのかもしれない」というようなことをおっしゃっていました」

綾「どういうことでしょうか」

中山「自分が普通に自然な気持ちで子どもに会いたいと言っても、綾さんには理解してもらえない、なんで会わせろなどと言ってくるのか不信に感じているのかもしれない、と感じるようになったと。

会わせてくれない綾さんを責める気持ちが強かったけれど、綾さんからすれば、なんで会わせろ会わせろと言ってくるのか理解できないのかもしれない、ということに思い至ったのだと思います」

綾「でも、会わなくてよいとは言ってくれないのですよね」

中山「そうですね。そこまでは」

綾「では、何も変わりませんよね」

中山「そうかもしれません。

ただ、今のままでは、お子さんが嫌がっているのは本当かどうか、みたいな流れになってしまうのが心配です。確かにお子さんがどうして嫌がっているのかを知ることも大切ですが、その前にできることもあるような気がするのですが」

綾「どういうことでしょうか」

中山「違っていたら申し訳ないのですが、今日のお話を聞いて、お子さんたちも面会を嫌がっているのかもしれませんが、むしろ綾さんが面会を嫌がっておられるのではないかと感じています」

中山調査官は、綾さんが自分ではなく子どもたちが面会交流を嫌がっていると話していることに、調停のときから引っかかりを持っていましたね。調査を通じて感じ取った綾さんの心情を直接言葉にして綾さんの気持ちを明確にしようとしています。

綾「私がですか」

中山「はい。調停では、俊之さんとの面会は、お子さんのためにならないから認める気持ちになれないとおっしゃっていましたね」

綾「はい」

中山「もちろん、そうしたお考えも持っておいでof でしょうが、それ以前にもっと感情の部分で嫌だと思っていて、それはそれで当然なのではないかと感じました」

綾「どういうことでしょう」

中山「家族の生活をより良くしたいと綾さんが工夫をしたり、努力をしてきたことって、日々の細かいことを挙げれば、今日伺った以上にたくさんあったのだと思います。そうした思いを全然受け取ってもらえなかった。そうした悲しみや悔しさが綾さんが離婚を考え始めた発端ですよね」

綾「はい」

中山「だとすると、お子さんのための面会にならないから、というより、今更面会を求めるなんて納得できない、そのようなことは許せないという気持ちになって当然だと思います。

当然の気持ちは、きちんと伝えておいた方が良いのではないでしょうか」

綾「よく分からないのですが。どうすれば良いのでしょうか」

中山「夫婦のことなので、どちらか一方が決定的に悪いと言うことは難しいのかもしれませんが、綾さんが傷ついてきたことは確かですから、この傷つきを何とかしてもらえないと、会わせる気持ちになれませんといった主張になるのではないかと感じました」

綾「たしかに私自身が面会をさせたくない気持ちがあります。それは夫として彼を許せないという気持ちが強いからなのかもしれません。私の気持ちで面会を拒否してはいけないのだと思っていましたが、そんなことができるのでしょうか」

綾さんは、自分自身が面会をさせたくないという気持ちがあること、それは結婚生活の中で傷付いてた自分の気持ちを分かってくれていない俊之さんに対する感情に根差していることを言葉にすることができました。中山調査官は、明らかになった綾さんの意向を調停の中できちんと扱おうとしています。

中山「まずはきちんと気持ちを伝えることから始めたらどうかと思うのです。もちろん、綾さんが全然そんな気持ちではありませんというのであれば、別ですが。
　私は納得できない、許せないといった感情を伝えて、「なるほど分かりました。調停は止めます」と言ってくれる人は少ないですが、きちんと気持ちを伝えてみるのが大切ではないでしょうか」

綾「ありがとうございます。何か気持ちが軽くなる感じがします」

中山「次回の調停の進め方としては、綾さんの気持ちとして面会交流を待ってほしいということを伝えて、それに対する俊之さんの考えを確認していくということで考えてみましょう」

綾「はい」

中山「そうはいっても、俊之さんが分かりました、そうしますと言ってくれる可能性はそう高くはないと思うので、その場合ですが、やはりお子さんにお会いしてお話を聞かせてもらうことになるかもしれません。そのときはそうした段取りに協力していただけますか」

綾「それはもちろんです」

中山「ただし、それは次回の調停で判断していくので、今はお子さんにはまだ何もお話ししない方が良いと思うのですが、よろしいですか」

綾「分かりました」

中山「今日の段階で、お子さんの状況について、私なりに確認できた点としては、最後に会った八月の交流はテーマパークだったこともあって、それなりに楽しく過ごせたということ、その後は俊之さんには会っていなくて、電話もしていないということ、でも、今は最後に会った時以上に俊之さんに会いたくない気持ちが強くなっているということなのですが、綾さんも代理人も同じところまで確認してもらったと考えて良いですか」

中山調査官は、子どもたちの状況について調査で確認した内容を、綾さんと小川代理人の二人と共有しました。面会交流を拒否しているという美保ちゃんの言動を理解する上でとても重要な事実関係について共有したのです。

綾、小川「はい」

中山「ここを出発点に私なりにじっくりと整理して、どんなことが考えられるか、報告書にまとめてみたいと思います。お二人とも報告書を読んで、調査官の意見について代理人と検討した上で、次回期日に臨んでください」

中山調査官は、調査報告書を読んで次回期日に臨むよう伝えました。調査官が当事者に対し事前に報告書を閲読することを求めるのは、双方に対し、予め、調査官の意見を検討することを促すためです。調査官は、次回期日においては報告書の内容を補足する形で調査結果の概要を述べています。

第2節

前節では、調停委員会は、子の意向調査を行う前に、双方に対し主張整理を行いました。別居親である俊之さんに対しては、子どもたちとの面会についてどのようなイメージを持っているかを確認し、子どもの視点に立った解決をするよう働きかけを行うこと、他方、同居親である綾さんに対しては、同居中の俊之さんの子育てへの関与に対する綾さんの不満、面会が行われることへの不安を確認することを目的として、双方から、婚姻に至る経緯、子育ての状況、別居のいきさつ、別居後の生活、子どもの状況、面会に関する方針等の事情を聴取しました。

さて、第2節では、双方の主張整理を受けて、子どもの意向・心情調査等を紹介します。ここでは、中山主任調査官及び駒場調査官が、美保ちゃん、翔真くんの気持ちを聴き取りながら、面会交流の試行につなげていく過程が明らかになります。

9　組・定例ケース会議

——中山主任調査官の組には、二人の女性調査官が配属されている。

駒場調査官は、昨年まで調査官補の指導担当者補佐をしていた実力のある任官一五年目の中堅で、中山主任調査官の片腕として活躍している。

富士調査官は、家事事件の経験は少ないが、負けず嫌いで何事にも一生懸命に取り組む任官三年目の若手調査官である。

中山主任調査官の組では、毎週火曜日の朝、組・定例ケース会議を行って調査の受命時期や内容、調査の進め方、調査結果の分析評価など様々な検討を行っている。調査官関与の在り方に偏りや漏れがないかどうかを多角的に検討し、調査の質的向上を確保するため、全国の庁で行っている取組である。

中山主任調査官の組では、関係者一覧程度の事前情報で検討課題に絞ったプレゼンを行って討議することが多いが、今回は、二日前に調査報告書の意見欄の草稿を配り、当事者双方の立場から読んで意見を求めたいと事前課題方式での検討を求めていた。

中山主任調査官は、「では、続いて私のケースの検討もお願いしますね」と切り出した。

中山「申立人、相手方、どちらの立場からでもいいので、意見を聞かせてくれますか」

富士「では私からいいですか。相手方としては、ちゃんと聞いてもらえたという感じで受け止めるのではないかと思いました。ただ、二回調停を開いた後に調査をして、次回の方向として、まず相手方の心情を尊重できるかどうかについて、中立人に対し検討を促すというのは、なんというのでしょうか。その……」

中山「進展していない。むしろ逆戻りしている感じでしょうか」

富士「すみません。特に中立人としては、そう思うのではないかと」

中山「確かにそうですね。それで、中立人の立場としては、調査官の姿勢が相手方の言いなりになって、偏っていると感じましたか」

富士「偏っているとまでは感じないと思いますが、いつ面会できるのかと不満は持つように思います」

中山「駒場さんはどうですか」

駒場「私も偏ってはいないと思います。やや相手方寄りではありますが」

中山「そうですね。そこは私が、当事者にとっての中立性、特に譲歩を求められる同居親にとっての中立性として意識しているところなので、少し説明しますね」

中山EYES　中山調査官が考える当事者にとっての中立性

中山調査官は、紛争の最中にある当事者に裁判所が中立で公平だと実感してもらうには、形式的な中立性、公平性では足りないと考えている。

裁判所が外形的、形式的な中立性を意識しすぎると、自分の訴えや主張が通らない当事者は、裁判所が反対当事者の肩を持っていると感じ、そのまま手続が進むと、不公平な扱いを受けていると被害感に凝り固まってしまうことがある。そうなると、円滑な話し合いが困難になって適切妥当な解決が遠のいてしまう。

特に、面会交流調停では、面会に拒否的な同居親は、調停の早い段階から自身の感情を整理して子の視点に立って面会に前向きになるよう求められる。自分だけが譲歩を求められている、公平に扱われていないという感覚を持ってしまいがちなのだ。

調停では、面会交流の意義を説明して理解を求める役割と同居親の心情を十分に受け止める役割の両方が必要で、多くの調停委員が努力をしているが、時間の制約、葛藤の大きさなどから十分でないことも多い。その点、個別に時間を取って、過去の紛争や心情をじっくりと聴取する調査官調査では、心情の受け止めと説明の両方を行いやすく、その結果として拒否的な心情が軟化する契機となることも多い。こうした心情の軟化は、心情を語ることで気持ちがすっきりして落ち着く（いわゆるカタルシス効果）ために生じるのだが、難しいのは、最初からカタルシス効果を狙っても奏功しないことが多い点である。

中山調査官は、得られるかどうか不確実なカタルシス効果に期待するのではなく、同居親の主張、心情をきちんと聴取し、調停進行に取り上げるという事実の積み重ねが重要だと考えている。これによって、公平に扱われていると感じ、信頼感が育まれる。調整に困難を要するケースでは、調停進行の中で子どもの調査や面会交流の試行が必要となることが多いが、調査の円滑な実施や調査結果が調停進行に生かされるためには、同居親の協力や納得が欠かせない。調停の初期段階から同居親が抱きやすい不公平感を軽減しておくことは、円滑な進行に寄与し、のちのち求めることになる協力や納得の確保にもつながることが多い。

中山調査官は、同居親に自分だけ譲歩を求められるという不公平感を持たれないように、同居親の主張、心情をきちんと聴取し、信頼感を育くみ、同居親の協力や納得を得て、子どもの調査や面会交流の試行につなげていきたいという考えを持っているのですね。

中山「ところで、富士さんが言いにくそうに言ってくれた点について、もう少し意見交換しましょうか。調停段階から逆戻りするような調査をして意味があるのか、っていう点ですね。駒場さんどう思いましたか」

駒場「子の意向調査の前に主張整理を行った意味が分かりづらいので、逆戻りな感じを受けるのだと思いました」

中山「なるほど、富士さん、いかがですか」

富士「そうですね。その点が理解できていないので、今回の調査が今後の調停にどう活きるのかが分からず、前回調停から進展していないのではないかと感じました。実際、子どもの意向調査でも当然双方から事前に話を聞きますよね。それと主張整理を別途行うのとではどのような違いがあるのですか」

中山「前者で十分にうまく進むケースもあるし、当事者や委員会の強い意向で子どもの調査から入らざるを得ないケースもあるね」

駒場「主任は、主張整理から入ることが多いですね」

中山「そうですね。本来、子の調査の事前準備としての親面接というのは、調査官が子どもと面接するに当たって、子どもの意向や心情をよりよく理解するために、子どもの日常生活や親子関係の様子についてあらかじめ親から情報を得ておくために行うものです。

一方、主張整理としての親面接は、面会交流についてよりよい解決を目指していくために、自身の紛争の渦中でなかなか子どもの視点に立つことができずにいる当事者本人に紛争の経過や主張の背景などを十分に話してもらい、当事者本人の傷付きやこだわりがどこにあるのか、どうすれば夫婦や元夫婦としての軋轢とは別の視点で面会交流を考えることが可能になるのかといったことを一緒に考えてもらうためのものです。そのため、親面接というよりも当事者個人との面接だと言えます」

駒場「一見すると同じように見える親面接でも、子の調査の事前準備として行う場合と主張整理とでは、面接の目的や意味が大きく異なるということですね」

中山「そのとおりです。僕は、子の調査とその事前準備としての親面接というのは、面会交流について、当事者の双方が自分にとっての有利、不利という紛争の次元ではなく、子どもの視点を大切にして解決したい、そのために客観的な立場から子どもの心情などを把握、確認してほしい、という状態になっているときに行うのが最も望ましいと考えています。そうでないと、せっかく子の調査を行っても、事案によっては当事者がその結果をめぐって対立することもあるなど、必ずしも解決に結び付かないことがあるからです。

僕が主張整理から入ることが多いのは、このような理由からなのです。駒場さんはどう考えていますか」

駒場「子どもの調査の中での親面接でも、主任のやろうとしていることを実現させてくれる当事者もいると思います。

ただ、紛争性の高いケースや抱えている葛藤が大きな場合など、調整や進行が難しいケースでは、まず当事者それぞれときちんと向き合ってからでないと、せっかく子どもの気持ちや状況が分かっても、それを受け入れてもらえないことが多いです」

――中山調査官は、今回の調査のねらいを説明した。

中山EYES

中山調査官が考える働きかけのターゲット～子の意向を争点にしないために

第2回調停期日での到達点と調査の到達点の違いは、子どもの意向を最大の争点にしていないことにある。子どもが嫌がっているのか、いないのか、いずれは把握する必要がある。今回の調査で双方の原家族を含めて経歴から結婚生活の実情まで広く聴取したのは、子どもらの意向調査の下準備でもある。しかし、子どもらが別居親を嫌う明白な事情が見当たらず、発達に大きな問題のない小学四年生と二年生であることを考えると、現時点で子どもが拒否を示していても、それは大きな阻害事由にはならない。同居親が面会の必要性を理解すれば面会は実現すると考えている。

別居後も面会が行われていて、その後、父子交流が途絶えている間に子どもに拒否が生じているのだから、おそらく申立人に起因、帰責する事由はない。そうすると、このケースでの働きかけのターゲットは同居親である相手方だ。今のままでは子どもの意向のいかんに関わらず、円滑で継続的な交流は難しい。相手方への働きかけの端緒として子どもの意向調査やその後の面会交流の試行が想定されるが、子どもの拒否を理由に面会を拒否している同居親と子どもが拒否するわけがないとする別居親が真っ向から対立している段階で、子どもの調査だけを行っても奏功する見込みは低い。双方が、子どもらがどう感じていて、それはなぜだろうかと子どもの目線で考えられる状態になっていなければ、子どもの調査結果を調停に活かすのは難しい。子どもの調査の前にワンクッション置いて主張整理を行ったのもそのためである。

ポイント

中山調査官は、経緯を分析し、本件の働きかけのターゲットは同居親である相手方綾さんであると認識していたのですね。子どもの調査の前にワンクッションを置いて主張整理を行った理由が分かりますね。中山調査官の視点は、一九一頁冒頭で触れています。

【参考】主張整理と子の意向・心情調査の違い

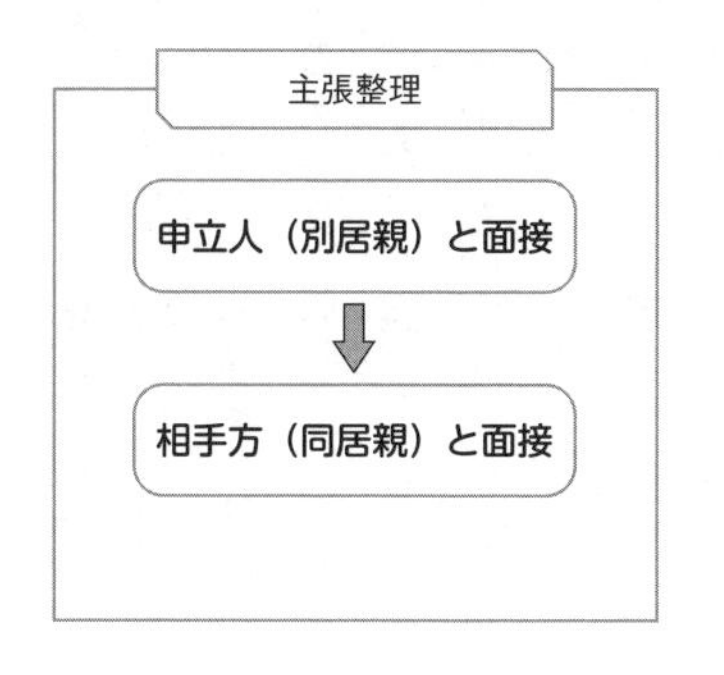

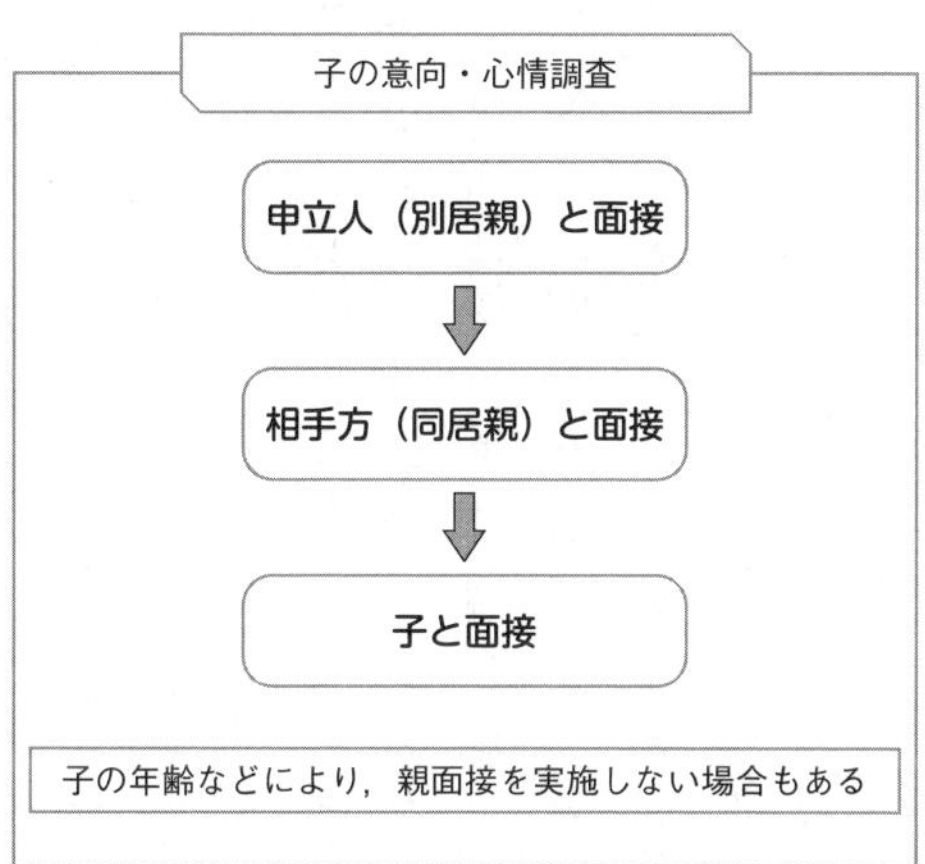

主張整理	子の意向・心情調査
（目的） ○当事者の主張を整理して，明確にする （親面接の位置づけ） ○調査の対象は親自身である ○当事者の主張や心情について理解するため，客観的な紛争の実情に関わる事実だけでなく，当事者の受け止め方などの心理的な事実にも焦点を当てて面接し，事案によっては，当事者の成育歴やその両親きょうだいなど原家族の状況なども聴取する。そして相手との紛争だけでなく，家族として円満に生活していた実情や子育ての喜びなども聴取する。 （親への効果） ○親が感情を整理することができ，子の視点から面会を考え始めるようになる ○親が裁判所の評価判断基準を理解できるようになる	（目的） ○子の意向や心情を把握する （親面接の位置づけ） ○子の調査の質を上げることを目的に，子の発達や子への説明など，子の状況を把握するために行う ○親自身が，一定程度，客観的な立場から子どもの心情などを把握，確認してみてほしいという気持ちになっていることが前提となる （親への効果） ○親がより一層，子の視点を持てるようになり，調査結果を理性的に受け止める準備が整う

※ただし，主張整理での「親面接」と子の調査の中での「親面接」の目的や位置づけは，ケースに応じて変化するものであり，明確に切り離せるものではない。

富士「紛争性の高い難しいケースでは、手間をかけた方が良いということでしょうか」

中山「紛争性の高さやその背景を見極めることは大事なことだと思います。でも、僕は、紛争性が高いから手間をかけるべきとは考えていないし、何よりも主張整理は二度手間ではないと考えています。さっきの駒場さんの話でいうと、子どもの調査での事前面接でちゃんと分かってもらえる人の場合、主張整理するだけで調停が進んでまとまることが多い。直接子どもに会って調査をしなくてもね」

富士「子どもの意思把握・尊重の観点からは調査官による子どもの調査の積極的活用が求められていますよね」

中山「たしかに僕らが子どもの調査をすることで明らかになることもあるけれど、一番たくさん子どものことを知っているのは親である当事者のはずですよね。その人からきちんと得られる情報を得て、子どもの意思や状況を把握する、それが基本だと思います」

駒場「それでも紛争性が高く、高葛藤の親の場合、子どものことをきちんと理解できていない人も多い気がします」

中山「そう。我々のスキルが大事になるケースにおいては子どもの調査も増えてくるのは確かですね。調査官による子どもの調査が不可欠なケースも少なくない訳ですが、調査結果が効果的に調停進行に生かされるためには、当事者が調査結果を冷静に受け入れる状態になっている必要がありますね」

富士「そのための主張整理でもあるということなのですね」

中山「そのとおりです。今回の調査の目標を簡単にまとめると、できる限り子どもの意向で決める展開に持ち込まない、子どもの調査や試行を見据えて、調査結果を受け入れてもらえる素地を整えるっていうことだったのですが、この報告書ではちょっと不十分なのが分かったので、もう一度起案し直してみますね」

【参考】調査報告書（主張整理～意見欄要旨）

1　双方の主張

母は，父が育児に関与してこなかったことに加え，子らが嫌がっていることを理由に，面会の実施は困難であると主張している。子らが面会を拒否している理由について，母は，長女の発言として，父が長男を差別的に扱っていたことを取り上げているが，母自身も詳細な内容は把握していない。なお，母は，父との同居中の様々な出来事に対する傷つきが大きく，父と接触することが精神的な負担であるとしている。

父は，同居中の父子関係には全く問題はなく，子らが拒否的な言動を示していたとしても，それは母からの影響によるものであって，父子関係に起因するものではないとしている。そして，一年以上面会が途絶えていることから，早期に面会を実現することを求めている。

2　主張の背景

双方には結婚当初からコミュニケーション不全がみられ，お互いの認識の違いや不満に気づかないまま関係が悪化し，紛争が表面化したときには関係修復が困難な状況にまで陥ってしまっている。母は，父が家事や育児に対し消極的であったことに不満を抱きつつも，話合いによって解決を図ることなく，不満を蓄積させた。そして，長男が卒園時に保育士から指摘されたことについて悩んでいた際に，父から心無い言葉の暴力を受けたとして，父との離別を決意している。一方，父は，父なりに家事や育児に関与してきたが，母が抱く不満に気が付くことができずにいたため，単身赴任中の突然の別居や，その後の母からの対応が理解できないという状況が続いている。

3　現状分析

双方の話を聞く限りでは，同居中の父子関係に問題があったとはいえず，父の単身赴任後に行われた父子の交流でも，父は子らに不安やおそれを与えるような対応はしていない。また，母が子らに対し，父をあだ名で呼んだり，本手続を裁判であると説明していることなどから，仮に現在，子らが面会に対して拒否的な言動を示しているとしても，これまでの父子関係に起因するものではなく，父母の紛争下にある板挟みの影響による可能性が高いと考える。

また，父に関しては，同居中の様々な出来事の存否について大きな対立はないが，母の心情への理解はほとんどできていない。

4　今後の調停進行

面会交流が実現できない背景には，母自身に感情的に受け入れられない拒否的な姿勢があることが明らかとなったが，母が主張しているように子らにも拒否的な意向や心情が生じている可能性もある。今後は，子らの意向や心情を把握して，紛争の影響の軽減に努めつつ双方に妥当な解決を検討してもらう必要があるが，その前提として，父母双方には，子らが紛争の影響を受けている可能性が高いことを理解し，子らや相手親に対し配慮姿勢を示すことが求められる。

そのための第一歩としては，まずは，父が母の心情を理解する姿勢を持つことが欠かせない。次回期日では，調停委員会から父に対し，母の主張や心情を伝え，母の拒否的な感情を緩和する方策を考えてもらうよう働きかけるところから始めたい。

10 第３回調停期日～主張整理を踏まえた調整を経て、調査官調査（子の意向・心情）を発令する

(1) 綾への聴取──子の調査に向けての調整

──第３回調停期日において、まず、双方に対し、主張整理についての調査結果について確認した。その上で、俊之からの聴取を終えて、綾が代理人とともに調停室に入った。

滝山「お待たせしました。
　だいぶ時間をかけて俊之さんに綾さんのお気持ちを説明して、検討してもらいました」

小川「申立人は何と言っているのでしょうか」

滝山「はい。夫婦の関係については、釈明したい部分もあるけれど、綾さんの気持ちが初めて分かったところがあったということでした。
　また、面会については、お子さんに嫌がられていると言われるよりは、綾さんが前向きになれないと言われた方が理解できるとおっしゃっていました」

綾「理解できるということは、面会を諦めてくれるということではないのですね」

滝山「はい。俊之さんは、納得できないと言うと、怒らせてしまうかもしれないが、理解できることと納得して希望を受け入れることは違うことを分かってほしいという言い方をされていました」

綾「結局、何も伝わらないということですね」

滝山「綾さんの気持ちを受け入れて、面会交流を諦めるという選択はできないというご意向だと考えています」

綾「それで、これからどうなるんでしょうか」

小川「双方の調査をしていただいた調査官には申し訳ありませんが，この結果は，ある程度想定されていたと思いますので，やはりお子さんが嫌がっているということをわかってもらうためにも，[17]お子さんの調査をお願いするのが良いと思うのですが，綾さんいかがですか」

綾「それしか方法がないのであれば」

藤田「調査官，いかがでしょうか」

中山「そうですね。今日は，綾さんから調査で伺った内容を踏まえて，調停委員会からかなり時間をかけて俊之さんに働きかけてもらいました。綾さんの気持ちを少しでもほぐすために俊之さんとしてできることはないのかといったことも繰り返し伝えました。代理人の言われるとおり，俊之さんの主張としては変化には至らなかったのですが，お子さんとの関係については，だいぶ考えてもらった面があったと思います」

綾「どんなことでしょうか」

中山「綾さんがおっしゃっていたとおり，綾さんから言われたこと以外自分からやらなかったのはそのとおりだと。自分ではそれが普通だと思っていたけど，調査官の質問に対して子どもの成長やその時々の気持ちなど答えられないことがたくさんあって，綾さんの言うとおり関心が低すぎると言われても仕方がないと思ったとのことでした。

　そして，普通に会えると思っていたし，今もそうは思っているのだけれど，子どもが自分をどう見ているのかは正直分からないし，そのようなことを今までは考えたことがなかったと言っていました」

小川「でも，それが変わったことになるのでしょうか」

中山「小さな変化かもしれないけれど，今後，もし面会交流をしていくとすれば，とても大切な一歩になるのではないかと思っています」

綾「やっぱり面会交流をしないとならないのでしょうか」

綾さんは、率直に不安や葛藤を表現するようになりましたね。その背景には調停で主張を取り上げてもらい、俊之さんに変化があったということが影響していると思われます。

中山「綾さんとしては、そこが一番気にかかりますか」

綾「正直なところそうです。彼との関係が続くと考えるのは、それだけで苦しいです」

両親が別れても、両方から愛情を受け続けて成長することは、子どもの視点からは望ましいことです。しかし、夫婦としてうまく行かず、関係を絶ち切りたいと思い詰める親にとっては、相手と一定の関係を保ち続けなければならないということが大きなストレスとなることが少なからずあるのです。

滝山「今日は、綾さんのお気持ちや状況を踏まえて、まずは俊之さんに何らかの譲歩を得られないかという観点で進めてきましたが、やはり難しいようです。確定的なことは言えませんが、いままで双方からお話を聞いてきた限りでは、裁判所が面会を禁止・制限する事情まではないように感じています。これは事前に調停委員会において協議したところです」

Zoom up 17　子の意向・心情調査

子の意向・心情についての調査は，子どもの意向・心情に関して，当事者双方が主張する事実に食い違いがあり，調停委員の聴取のみでは把握できない場合や，当事者が子の意向・心情を把握できずにいる場合において，子どもがどのような意向・心情を持っているかを明らかにするために行います。子どもに対する調査においては，過去の生活状況，子の生活状況，子からみた家族関係，父母の紛争，今後の生活等の事項を聴取することになります。

子どもの意向・心情を的確に分析・評価するため，実務上，親に対する面接調査が必要になります。子どもに対する調査のほかに，親に対する面接調査を行うことにより，子どもの発達状況，生活状況，同居親と子どもとの関係，別居親に対するエピソード，別居時の状況，子どもの性格や行動傾向等を把握し，子どもの意向・心情を分析，評価することになります。

意向調査は，本件でいえば，子どもが面会交流を望むか望まないか，その理由は何かなど，面会交流に対しての子どもの気持ちを直接的に確認する趣旨が強く含まれます。これに対し，心情調査は，両親への思いや紛争に対する認識，現状への認識や不安，近い将来への希望など，本件だけでなく広く現状に対する受け止め方などを確認する趣旨が強いです。概ね10歳未満の場合は心情調査，10歳以上の場合は意向調査という使い分けがされています。

面会交流を禁止・制限する典型的な事情や阻害事由としては、⑴別居親による子の虐待のおそれ、⑵別居親による子の連れ去りのおそれがあります。また、円滑な面会交流を妨げる事情として、⑴別居親による同居親に対する暴力等、⑵子の拒否、⑶同居親の別居親に対する嫌悪と関わり合いの拒絶、⑷同居親の再婚、子の同居親の再婚相手と養子縁組等が挙げられます。詳細は、第4章1を参照してください。

綾「子どもたちが絶対に嫌だと言っていても面会させなければならないのでしょうか」

中山「さきほど代理人から話がありましたが、お子さんがどう考えているのかを把握することは必要だと思います」

綾「でも、子どもが嫌だと言っても面会させるのであれば、子どもから聞く意味がないようにも思います」

中山「綾さん、私たちは綾さんからお話を聞いて、綾さんが俊之さんとの関係を絶ちたいとまで思い詰めていて、そう思うに至った背景事情も教えていただきました。そうした綾さんの状況が分かっていながら、なおお伝えしなければならないので、心苦しいところがあります。すみません、その点は最初に言い訳させてください」

綾「はい」

中山「裁判所としては、お子さんが嫌がっているかどうかも大切なのですが、面会交流がお子さんのためになるかどうかを一番大事に考えていくことになります。つまりどのようにしたら、より良い交流になるのかといった視点で見ていきたいと思っています。

そのため、今のお子さんの気持ちだけではなく、いつから、どんなことがあって、今の気持ちになっていったのかというプロセスを丁寧に確認したいのです」

綾　「さきほど報告書の説明の際、別居後、一度面会したときは楽しく会えていて、その後、彼と会っていないのに拒否するのはおかしいと言われたことでしょうか」

中山　「おかしいのではなく、気にかかるとお伝えしました。その変化の原因が分かってくると、お子さんの気持ちを変えていくこともできるかもしれないとも考えています」

綾　「子どもが嫌がっているかいないかで決める訳ではないということは、何度も聞きましたが」

中山　「そうです。お子さんに決めさせることではありませんし、綾さんと俊之さんのどちらの言い分が正しいかを決めることでもありません」

綾　「分かりました。私も子どもたちがなぜ嫌がっているのかちゃんと知りたい思いもありますので、子どもたちに会ってもらって構いません」

(2) 俊之への聴取――子の意向・心情調査の決定

――調停委員会は、俊之に子どもの意向・心情調査を行う打診をしたところ、林代理人は、むしろ自分たちから求めたかったと言い、俊之も東山に遊びに来た際にテーマパークに行った思い出を確認してほしいと乗り気であった。

裁判官と評議を行い、次回までに子どもの意向・心情調査を行うこととなった。

具体的な調査の方法としては、まず家庭訪問を行って一緒に遊びながら子どもの発達や性格などの情報収集を行うと同時に関係形成を行い、後日、家庭裁判所に同行してもらって個別に面接調査を行うこととした。家庭訪問に先立って調査官から子どもあてに分かりやすく調査の目的を説明した手紙を送付するので、それをもとに相手方からも調査の説明を行ってもらうよう依頼した。

家庭訪問調査や裁判所での調査に先立って、自己紹介や調査の目的、手順などを説明した手紙を送付することがあります。子どもの年齢に応じて、ひらがな表記を増やしたり、易しい表現にするなどの工夫をしています。

11 点景二～家庭訪問調査を控えた綾宅での母子、きょうだいの会話

翔真「ねぇねぇ、中山さんってどんな人。しょうまくんと遊びたいって書いてあるよ。何して遊んでくれるのかな」

綾「遊びに来てくれるんじゃなくて、お話を聞くために来てくれるって書いてあるでしょ」

翔真「でも、ほら、一緒に遊びたいって」

綾「美保の手紙にはなんて書いてあるの」

美保「はい」（手紙を手渡す）

綾「はい、じゃなくて、説明してくれないと、美保がちゃんと分かったかどうか、ママに分からないでしょ」

美保「だって決まったことなんでしょ。私が分かったかどうか関係ないじゃん」

用語解説

【家庭訪問】

子どもの意向・心情調査などを行う場合，家庭訪問をして調査を行うことがあります。家庭訪問調査のメリットは，子どもの日常生活の場所を直接見ることができるほか，子どもが生活のホームグランドで話せるため，緊張感をほぐしやすいことが挙げられます。本件のように裁判所で子どもの意向を聴取する前に，子どもの理解力や性格などを把握し，顔見知りになっておくことで後日の調査を円滑にする目的で家庭訪問を実施することも多いです。

美保ちゃんは、調査官からの手紙の内容よりもママがどう感じているかが気になるようです。決められたことを受け入れるのだという受け身の姿勢を保とうとしているようです。

綾「そうはいかないのよ。美保が分からないところは、ママがちゃんと説明してあげないといけないんだから」

美保「ふーん。そうなの」

翔真「ねぇってば。何して遊べばいいかな。ゲーム得意かな、ゲーム持ってくると思う?」

綾「そんなもの持ってくるわけないでしょ。ちょっと黙ってなさい。どうなの、美保、聞いておきたいことはないの」

美保「私よりこの宇宙人にちゃんと説明した方が良いんじゃない」

綾「そうね。でもこの人に説明しても無駄な気がする」

美保「たしかに」

翔真「何、何が無駄なの。どうして無駄なの」

美保「ちょっと静かにしててくれない」

翔真「ねぇ、お姉ちゃん。楽しみだね。中山さんてちゃんとゲーム持ってくるかなぁ」

美保「それはあり得ないんじゃない」

翔真「だって自分から遊びにくるって行って、何も持ってこないって、その方があり得ないっしょ」

美保「何の話をしにくるか、分かってんの」

翔真「分かってまーす。だって、ちゃんと書いてあるもん。

ほら、おうちのこと、学校のこと、ママやパパのことって。あ。ワルノスのこと聞かれるんだって。ワルノスのひどいこと教えてあげなきゃね」

美保「だからあんたはお気楽だって言ってんの」

美保ちゃんは、ママとパパの関係に心を痛めてきたのでしょうね。美保ちゃんは、天真爛漫な翔真くんの存在によって、気持ちが楽になっているところもあるのかもしれません。

翔真「お姉ちゃん、知ってたんだ」

美保「中山さんってどんな人なんだろうね」

（ママは、ちゃんと話を聴いてくれる人だって言っていたし、何か話をしてほしそうな感じもした気がする。ワルノスのことになると、いつでも機嫌が悪いはずなのに。）

翔真「何。お姉ちゃん」

美保「ううん。何でもない」

12　子の意向・心情調査

──予定通りに家庭訪問調査が終わり、裁判所での面接調査が行われることとなった。

子どもの調査の前に、親から子どもについての情報収集をしたり、子どもの調査についての説明を行うことも多いです。本件では、双方の親の主張整理を行うに際し、双方に面接を行っているため、「子の意向・心情調査」においては、親との面接調査を省略して、子どもと面接・調査を行っています。
美保ちゃんの年齢では、綾さんの影響を排除するため、家ではなく、裁判所の面接室での調査が一般的です。

翔真「こんにちは！ここで話するの？」

──翔真は、物珍し気に調査官室に入り、中山の席まで走り寄ってきた。

綾　「翔真！」

──中山調査官は、「こんにちは。よく来てくれたね」と応じつつ、「でもお話を聴く部屋は別のお部屋だよ」と入口まで翔真を押し戻し、「こんにちは」と綾と美保に挨拶をした。

――３人をプレイルームに案内し、先日の家庭訪問での応対をねぎらった。そして、今日は、美保、翔真の順で個室で話を聞き、調査を待っている間はプレイルームで待ってもらうことを説明した。翔真は、話なんてつまらないから遊ぼうよとプレイルームに興味津々の様子で、綾と美保にたしなめられた。中山調査官は、翔真に対し美保とお話をしている間はママと遊んでいて構わないと伝え、美保を児童面接室に案内した。

用語解説

【プレイルーム】

多くの家庭裁判所にはプレイルーム（児童室と呼んでいることが多いです）が設置されています。面会交流の試行の状況を別室から観察できるようにマジックミラーや録画装置などが備えられていることもあり，乳幼児から小学生くらいまでの子どもが親と遊べるようなぬいぐるみやおもちゃ，絵本などが揃えられています。

【児童面接室】

裁判所の調停室，面接室には，白い壁に事務用の机，椅子が備えられています。絵画を飾るなど工夫していますが，事務的で緊張感を与える構造です。これに対し，児童面接室は，子どもの調査のための部屋で，壁を暖色に塗装したり，椅子や机も柔らかい印象を与えるものを揃えています。安心感を与える雰囲気はプレイルームと同じですが，遊び道具などはないので，気を散らすことなく面接が行えるよう配慮されています。

(1) 美保の意向調査

――中山調査官は、美保の緊張を解くように学校を早退してもらったことをねぎらい、今日の授業や給食など美保が答えやすい問いかけをして、調査の導入を図った。

中山EYES　子どもの調査の導入

学校での様子を尋ねたり、好きな遊びや友達のことを尋ね、褒めたり感心したりしながら調査の導入を図るのは、オーソドックスな方法である。抵抗が少なく関心の高い話題を取り上げて緊張をほぐし、積極的で温かい関心を示して関係を深めていく。

この導入では関係形成と同時に、日常生活や友達関係、親子関係などの基礎的な事実に関する情報収集も行い、さらにその子どもの表現力、記憶力など発達や性格傾向に関する情報も確認している。このように調査官調査では、一つのやりとりで、働きかけと種類の異なる情報の収集を同時に行っている。

中山「そうか、五時間目は楽しみの体育だったのに、早退してもらってごめんね」
美保「いいえ、大丈夫です」
中山「この前、少し説明したけど、美保ちゃんは、今日、どんなこと聞かれるって思ってきたのかな？」

中山調査官は、美保ちゃんに対し、調査の目的を確認しています。子どもの調査では、子どもの言動をどのように受け取るかがとても大切ですが、その言動の意味を正確に理解するためには子どもが調査の目的をどの程度理解しているかを確認し、どのような状態で調査に臨んでいるのかを正しく知っておくことが重要になります。

美保「あの、面会のこととか。どっちに住むかとか」
中山「そうだね。パパとの面会についてのことを聞かせてほしいなぁと思ってます」
あと、どっちに住むかっていうのは、どんなことをイメージしてるのかな」
美保「私は、ママと住むって決めてるけど、ワルノスは、それはダメって言ってるから」
中山「パパから聞いたのかな」
美保「(首を振って) ママが」

美保ちゃんが、パパがママと住むことをダメと言うのを直接聞いたのか、パパがダメだと言っていることをママから聞かされたのか、この違いはとても大きいですよね。

中山「ママからは今日、裁判所に来ることをどんな風に説明してもらってきたのかな？」
――中山調査官は、美保の話を確認したうえで、調査説明用ツールを使って、父母が面会交流の調停をしていて、調査官はその手伝いをしていること、今日は面会交流についての話を聞きたいこと、美保から話を聞くことは父母ともに知っていて、聞いた話は書面で父母の両方に伝わること、内緒にしてほしいことがあれば相談してほしいこと、美保の考えは大切にするが、それで決める訳ではないことなどを説明した。そして、話を聞くに当たってのルールとして、分からないことや知らないことについての質問には「分からない」と答えて良いこと、見たことや知っていることと違うことを尋ねられた場合には「違う」と答えて良いことを丁寧に伝えて、ちゃんと美保が「知らない」、「違う」と答えられるような質問をして応答の練習をさせた上で話を聞いていった。

海南家庭裁判所の調査官室では、当事者や調査官などの人物、家や学校などの建物の絵をマグネットシートにプリントして切り抜いて作った調査説明用のツールを使用しています。調査や調停などの裁判所の手続だけでなく、転居前後の同居関係などもマグネットを移動させながら説明することができ、視覚的に分かりやすく工夫されています。

紙芝居風の説明ツールを作成している裁判所もあり、適切で分かりやすい説明をするための工夫が重ねられています。

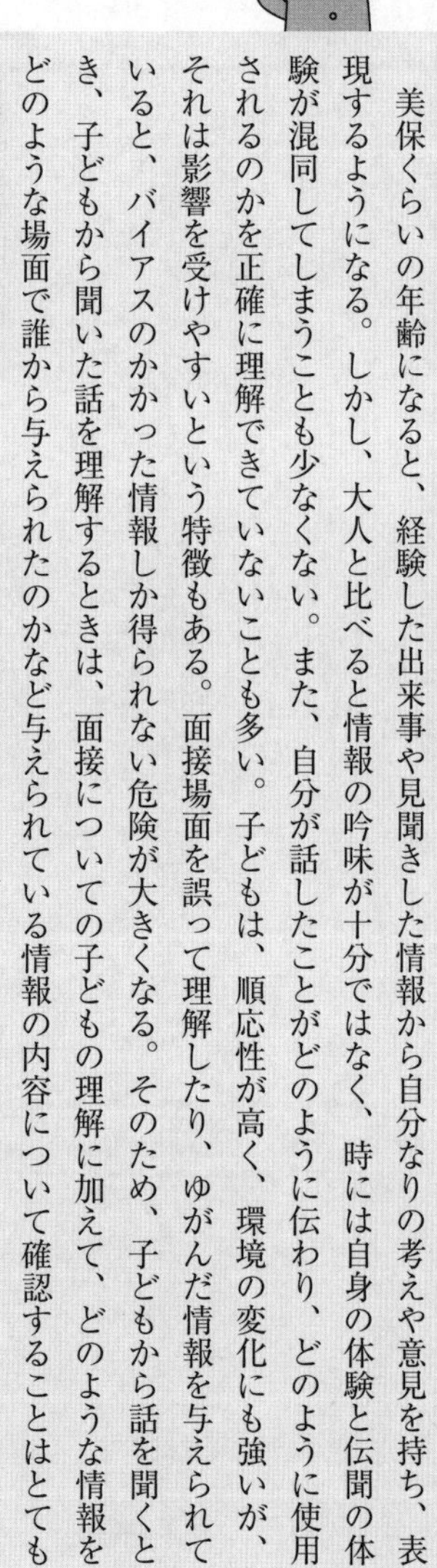

子どもの発達の視点を持つことの重要性

美保くらいの年齢になると、経験した出来事や見聞きした情報から自分なりの考えや意見を持ち、表現するようになる。しかし、大人と比べると情報の吟味が十分ではなく、時には自身の体験と伝聞の体験が混同してしまうことも少なくない。また、自分が話したことがどのように伝わり、どのように使用されるのかを正確に理解できていないことも多い。子どもは、順応性が高く、環境の変化にも強いが、それは影響を受けやすいという特徴もある。面接場面を誤って理解したり、ゆがんだ情報を与えられていると、バイアスのかかった情報しか得られない危険が大きくなる。そのため、子どもから話を聞くとき、子どもから聞いた話を理解するときは、面接についての子どもの理解に加えて、どのような情報をどのような場面で誰から与えられたのかなど与えられている情報の内容について確認することはとても大切だと考えている。

また、父母の紛争下に置かれた子どもは、年齢によって一定の傾向があるといわれている。例えば、小学校就学前後であれば、両親の不和を自分のせいだと考えてしまったり、自分が良い子になれば両親が仲直りをすると思い込んだりする傾向が見られたり、小学校高学年になってくると、片方の親と強く結びついて忠誠心を示す一方でもう片方の親を極端に批判する傾向が生じがちであると言われている。年齢的な発達によって生じるこうした傾向も念頭に置いて、目の前の子どもが示している言動を吟味しながら面接を進めていくことが重要である。

中山「パパに会いたくないっていう気持ちがどんなことから来ているのか教えてくれるかな」
美保「だって翔真にいじわるするから」
中山「ママからも美保ちゃんが「パパが翔真くんにいじわるするから嫌がってる」って聞いたんだけど。美保ちゃんから直接詳しく教えてね。美保ちゃんの言ういじわるっていうのは、どんなことがあったのかな」
美保「美保が生まれるときは喜んだけど、翔真はほしくなかったって」
中山「パパは美保ちゃんが生まれたのは喜んだけど、翔真くんはほしくなかったんだ」
美保（頷く）
中山「そっかぁ。美保ちゃんは、パパからそれを聞いたの？」
美保「（首を振り）ママが言ってた」
中山「そうなんだ。他にはどんなことがあるのかな？美保ちゃんが実際に見たり、聞いたりしたことで教えてくれるかな」
美保「お祭りに行くとき、美保には五〇〇円くれるのに翔真には五〇円しかあげなかった」
中山「へぇ、そうなんだ。それで美保ちゃんはどんな風に思ったの」
美保「ひどい、かわいそう」
中山「翔真くんはどうしてたのかな」
美保「泣いて怒ってた」
中山「そうなんだ。そのお祭りっていつ頃のことかな」
美保「美保が1年か2年のときくらい」
中山「そうすると翔真くんがまだ保育園のころだね。翔真くんだけ何も買えなくてかわいそうだったの？」
美保（首を振る）
中山「お金は五〇円しかあげなかったけど、欲しいものはパパが買ってくれていたのかな」
美保（頷く）

中山「そうか。でも美保ちゃんは、翔真くんが泣いて怒っていたのを覚えてるんだね」

美保「翔真が泣いてるのにワルノスは笑ってた」

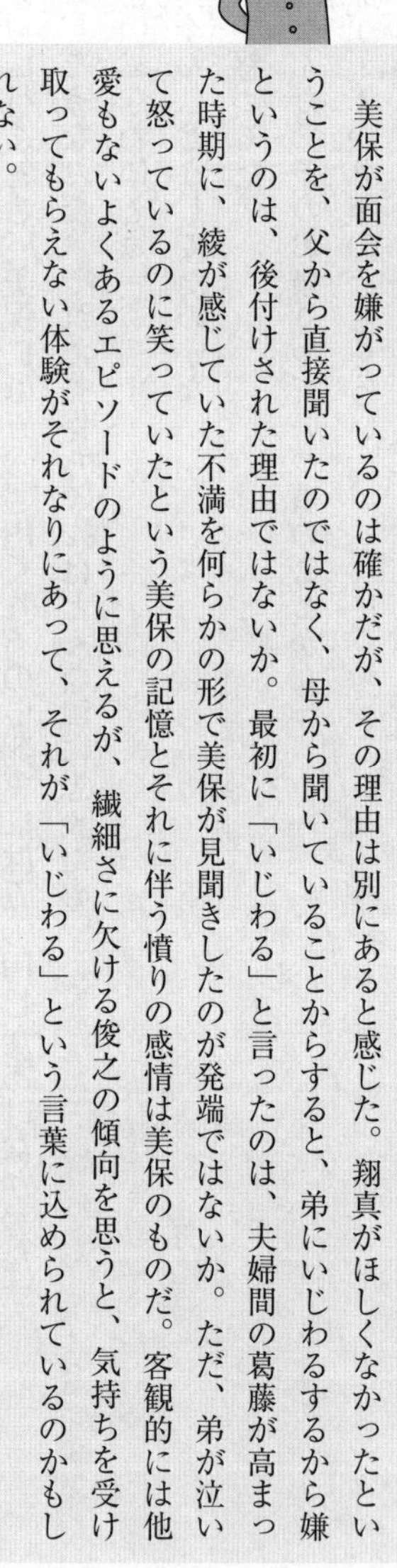

美保の拒否的言動に対する見立て

美保が面会を嫌がっているのは確かだが、その理由は別にあると感じた。翔真がほしくなかったということを、父から直接聞いたのではなく、母から聞いていることからすると、弟にいじわるするから嫌というのは、後付けされた理由ではないか。最初に「いじわる」と言ったのは、夫婦間の葛藤が高まった時期に、綾が感じていた不満を何らかの形で美保が見聞きしたのが発端ではないか。ただ、弟が泣いて怒っているのに笑っていたという美保の記憶とそれに伴う憤りの感情は美保のものだ。客観的には他愛もないよくあるエピソードのように思えるが、繊細さに欠ける俊之の傾向を思うと、気持ちを受け取ってもらえない体験がそれなりにあって、それが「いじわる」という言葉に込められているのかもしれない。

――中山調査官は、美保の俊之に対する気持ちをより聞いてみたいと考えた。

中山「美保ちゃんの話を聞いていて、美保ちゃんはパパのことをすごく怒ってるのかなって思ったんだけど、違うかな」

美保（首をかしげる）

中山「最初に言ったように、間違っていたら、違うって言ってね。大人も間違うこと、たくさんあるからね。大丈夫？」

子どもは、大人が言うことは本当のことだと思い込んだり、実際には違っていると思っていても頷いてしまったりすることがよくあります。そのため調査の冒頭では知らないことは知らない、違っていることは違うと言ってよいことを丁寧に説明するのです。美保ちゃんがパパのことをどう思っているのかを確認するために、中山調査官は、自分が感じた印象を投げかけましたが、同時にその質問が誘導的にならないように最初に説明したルールを思い出させているのですね。

美保「はい」
中山「パパのことが嫌とか嫌いっていうよりも、怒ってるって感じたんだけどなぁ」
美保（あいまいに頷く）
中山「美保ちゃんがパパを嫌だなと思うのはどうしてか、教えてくれるかな」
美保「ママのこと泣かすから……」

——美保は、聞かれるままに話していると、鼻の奥が変な感じになって目が熱くなって涙が込み上げてきた。

何か変だなと思うようになったのは小学校に上がってからだ。それともそれ以前は美保が小さいから気づかないだけだったのだろうか。

ママが泣くことが増えた。理由は分からないが、すごい勢いでパパに怒鳴りつけることも増えた。

「何を考えているの！」

「もうやってられない！」

意味は分からないが、ママがパパに怒っている。パパは、ママが真剣に話しているのににやにやしている。悪いことをしたらちゃんと謝らないといけないのに。ほら、またママが泣いちゃった。

ママの言っていることはよくわからない。翔真を欲しがらなかったって何だろう。私のランドセルはとても高級品だったけど、翔真のはスーパーの安物しか買えなかった、それって私のせい、ううん、パパが悪いんだ。そう、ママは、パパがお金をくれなくなったってよく泣いていた。しょうしゃ（商社）のくせにって。パパのお給料が高いから、ママのお給料が安くなるって。

私はパパが嫌いだ。許せない気持ちがある。絶対に会いたくなんかない！

裁判のたびにママはイライラして、泣いたり、怒ったりする、生活が苦しいって。ママは一生懸命働いて、ご飯作って、洗濯して、夜一人で泣いてる。

みんなパパが悪いんだ。パパなんかじゃない、やっぱりワルノスだ。

中山「そうか。ママとパパの仲が悪くなって、美保ちゃんは、心配したり、悲しい思いをしたり、とっても大変だったんだね」

美保（頷く）

中山「美保ちゃんから見ると、パパとママのけんかは、パパが悪いって見えるところが大きかったのかもしれないね」

美保「……」

中山「他にもパパと会いたくないなぁって思うわけがあるのかなぁ？」

美保「ママといたい」

中山「ママといたい？」

美保（頷く）

中山「パパと会うと、ママといられなくなっちゃうのかな？」

美保「……」
中山「美保ちゃんは、パパと会うと、ママと一緒にいられなくなってしまうかもしれないって心配しているのかな」
美保（頷く）
中山「そうだったんだ。そんなことはないから心配しなくても大丈夫だけど、どうしてそうした心配をするようになったのか教えてくれるかな？」
美保「裁判になったからって……」
――中山調査官がゆっくりと確認してみると、美保は、綾から離婚の裁判になったことを説明されていたが、常日頃から経済的に苦しいと綾が漏らしている状況や感情的になった綾が親権も取れなくなるかもしれないと口にしたりすることから、美保が俊之と会うと俊之に引き取られることになってしまうかもしれないと思い込んでいることが明らかになった。
中山調査官は、あらためて離婚の裁判と面会交流の調停の違いを分かりやすく説明し、俊之に会ったからといって俊之と生活することになるわけではないので心配しないよう諭した。

美保ちゃんは、パパと会うとママと暮らせなくなってしまうと心配していたのですね。子どもに裁判所の手続をどのように説明するのか、不安を感じさせずに理解できるように説明するのはとても難しいことです。

中山「パパと会ったとしても、ママと一緒にいられなくなる心配はしなくていいってことは分かってもらえたかな」
美保「はい」
中山「そうしたらね、ちょっと難しいかもしれないけど、今日はワルノスじゃないパパのことも教えてほしいなって思ってるんだ。この写真、覚えてる？」
——これは、夏休みに翔真と二人でワルノスのところに行ったときの写真、東山テーマパークだ。なんで私、こんな風に笑ってるんだろう。おかしいな、こんなソフトクリーム食べたっけ。しかもワルノスと二人で写ってるなんて信じられない。
中山「このときは東山までおじいちゃんとおばあちゃんの四人で行ったんだっけ？」
美保「あ、はい。確かそうだったと思います」

別居親に対し拒否的な言動を示している子どもが、関係の良かったころのエピソードを自発的に語るということは簡単なことではありません。同居親への気遣いから拒否的な言動を示している子どもから写真の状況を説明してもらう形でやりとりをすると、同居親への気遣いの負担が軽くなって話しやすくなる場合があります。また、視覚的な情報を目にすることで、撮影当時の記憶が想起され、写真の情景以外の具体的な状況やエピソードなどの情報も得られやすくなります。

——そうだ、この時はまだ転校する前で、おじいちゃんとおばあちゃんが「パパも久しぶりに会えることを楽しみにしてる、ママのことは大丈夫だから安心して楽しんでおいで」と言ってくれて。ママはお仕事があるから留守番するって言って。

ばか翔真は、すっぽんぽんではしゃぎ回って、それを面白がってパパが写真を撮ったんだ。嫌だ、私も笑ってる。ってなんで私の写真撮ってんのよ、気づかなかった。

美保は、ぼんやりしていた記憶が鮮明になっていった。

この旅行の後、しばらく普通のママだったママは、また泣き虫と怒り虫になった。そして、泣きながらパパと呼ばないでと言われ、美保がワルノスと呼ぼうと提案したのだ。

悪人設定だが、呆けているゲームキャラは、実際のパパのイメージにも重なっていた。以来、家族の中ではパパをワルノスと呼んでいるが、美保はそう呼ぶことにときどき息苦しさを感じてもいた。特に、中山さんのいうワルノスではないパパを思い出しているときは、ついパパと言ってしまうことがある。

それにしても中山さんはどれだけうちの家族のことを知っているのだろう。それにどこか心の中を見透かされるような感じがする。悪い感じではないけど、ちょっと怖い。家庭訪問のときにあれを見られたのもびっくりだった。

中山「この宝箱の中には何が入ってるの？」

美保「別に、大したものは……」

中山「見せてもらっていい？」

美保「はい」

中山「すごいきれいで、面白い髪ゴムだね。普段はしないの？」

美保「え？」

中山「ほら、そこに髪ゴムがいくつか掛けてあるから」

美保「あ、はい。最近は」

中山「もう一つのこのブローチはどうしたの」
美保「転校する前の友達がお別れにくれたんです」
中山「そうか。宝物なんだ」
美保「一応」
中山「この髪ゴムもお友達からもらったの？」
美保「いえ」
中山「この宝物はどうしたの」

―結局、お祭りでとても気に入ってパパに買ってもらったことやママから髪が短いのに髪ゴムなんか買ってどうするのかと言われて髪を伸ばし始めたことなどを話してしまった。さすがに今も時々取り出して手にとって眺めてみることは黙っていたけれど、「美保ちゃんは大切なものはちゃんと大事にしまってあるんだね」としんみり言われたときはなぜかドキリとした。

中山「なんか無理やりパパの嫌じゃないところを話させてしまったみたいでごめんね。でも、美保ちゃんが今はパパに会いたくないって思っているけど、一緒に住んでいたころや東山に遊びに行った時の嫌じゃないパパのこともちゃんと覚えているって分かってとても安心しました」
美保「……」
中山「だいぶいろいろと話を聞かせてくれてありがとうね。疲れたかな」
美保「え、あ、はい。でも大丈夫です」

―中山調査官は、美保から聞いておきたいことや確認しておきたかったことに漏れがないか50分ほどの面接を反芻しながら、言葉で確認した美保の気持ちを要約して、美保に確認を求めた。

美保は、疲れでぼぉっとしかけながら耳を傾けていた。

大人との面接でもそうですが、子どもとの面接でも、面接で確認した内容を要約して共有することが大切です。面接者は聴き取った内容に間違いがないか、誤ったニュアンスで捉えていないかを確認することになりますし、子どもにとっても話したことをちゃんと聞いてもらえたという安心感につながります。

中山「美保ちゃんは、今はパパに会いたくないと思っているんだよね」
美保（そう、私はワルノスに会いたくない。）
中山「会いたくない理由はいくつかあって、ぴったりの言葉がない感じなのかなって感じました」
美保（うん、そんな感じ。）
中山「こんな感じかなと思ったのは、二つあって、一つはパパがママを泣かせてつらい目に合わせたと思っていて、許せない気持ちがあるから」
美保（そう、ママをいじめるから、ママがとても嫌がっているから。）
中山「で、もう一つは、ママとパパが離婚したら美保ちゃんはママと暮らしたいと思っているのにパパはそれを許していなくて、パパと会ったりしたらママと暮らせなくなってしまうかもしれないと心配しているから。っていう感じなんだけどどうかな」
美保（ママと暮らしたいのはそのとおりだし、そんな感じかな。）
中山「あと、一緒に住んでいるときのパパはちょっと無神経なところはあるけど、今のように会うのも嫌なくらいのワルノスではなかったんだよね」

美保（そう、飛び切り素敵ではないけど、それが当たり前のパパだった。）
中山「美保ちゃん、少し説明というかお話しさせてね。これからママとパパの話合いがどうなっていきそうか、お手伝いしている裁判所がどんな風に考えるかっていうこと、美保ちゃんに分かるようにお話しておくね」
美保（お話って何だろう。）
中山「美保ちゃんたちのママとパパみたいに仲が悪くなって別々に暮らすことになる家族って実はとてもたくさんいるんだ。それで、別々に住んでいる親、美保ちゃんの場合はパパだけど、別に住んでる親と会って話したり、遊んだりすることを面会交流って呼んでるの。少しお話しておきたいのは、この面会交流をどんな風に考えているかっていうことなんだ」
美保（学校の友達にはいないけど、ほんとにたくさんいるのかな。）
中山「面会交流をするかしないかは、したいかしたくないかで決まることではないの」
美保（え？どういうこと。）
中山「裁判所では、別々に住むママやパパと定期的に会って、お話したり、遊んだりすることがとっても大切だと考えているのね。
別々に住んでいても、大切にしてもらっているって実感するのは、子どもにとっての大事な心の栄養みたいなものなの」
美保（ワルノスは家族を大切にしてくれなかったし、大切にしてもらわなくってもいい。ますます大変なことになっちゃうじゃない。）
中山「中にはあまり心の栄養にならない人もいるかもしれないけど、自分の親がどんな人なのかをちゃんと知りながら成長することも大事なことだと言われているんだよ」

美保（私はそんなの知らなくていいの。ママが普通のママでいられるようにしてほしいだけ。）
中山「今すぐにパパに会おうねっていうことじゃないから安心してね。ただ、面会は、とても大切なことだということの説明をちゃんとしておこうと思って」
美保（それならいいけど。）
中山「今はママとパパで話合いをしているところだから、まず、会うか会わないかはママとパパで決めることになるからね。ママにも面会が大切なんだってこと分かってもらって、パパには美保ちゃんが会いたくないっていう今の気持ちなのを分かってもらって、それでどうするかママとパパで決めることになるからね」
美保（じゃあ、大丈夫だ。ママは絶対嫌がってるから）
中山「それで、質問なんだけど、美保ちゃんがパパに会ったとして、一番、心配なこと、困ることってどんなことがあるか教えておいてくれるかな」
美保（え、何それ。）
中山「ママがやっぱり美保ちゃんたちのためには会った方が良いって思ったとき、実際にパパに会うのは美保ちゃんたちだから、具体的に心配なこと確認しておきたいなぁって思うんだ」
美保「会いたくないから」
中山「うん、美保ちゃんの会いたくないって気持ちはパパにもきちんと伝えるね。
　それで、もし、会うことになったらだけど、一番困ること、心配なことって何だろう」
美保「……こわい」
中山「こわい。ちょっと怖い気持ちになるよね。美保ちゃんが怖いって感じるのは、どんなことが起こりそうで怖いのかな」

美保「分からないけど、怖い」
中山「そうか、今は怖いなぁって感じで、こんなことが怖いとか、あれが心配ってことではなくて、とにかく怖いなぁって感じなのかな」
美保（頷く）
中山「そうだよね。もし、パパに会おうねっていうことになるとしても、いきなりパパのお家に行ったりすることはないと思うから、それは安心してね。
　今、翔真くんたちが待っているお部屋があるでしょ。実は、あそこの部屋は、美保ちゃんたちみたいに離れて暮らしているパパと会うかどうか考えたり、どんな会い方がいいか相談したりするために、試しに会ってみてもらうためのお部屋なんだ。だから、もし、美保ちゃんたちとパパが会ってみることになったら、まずはあそこで会うことになるかもしれないね。面白い仕掛けのあるお部屋だから後で教えてあげるね」
美保「パ[18]パには会いたくない」
中山「うん。もしも会うことになったらっていう場合の話だからね」
美保「はい」
中山「たくさん聞いたり、話したりしちゃったけど、美保ちゃんの方から聞いておきたいこととか言っておきたいことはあるかな」
美保「いえ」（いっぱいある気がするけど、どう言ったらいいか分からないよ。）
中山「じゃあ、翔真くんと交代してもらおうと思うけど、待っている間に聞きたいこととかあったら、後で教えてね」
美保「はい」

Zoom up 18　子どもの拒否事案における真意の捉え方の留意点

子の意向は，子どもの利益を判断するために考慮すべき重要な事情です。しかし，両親の離婚という紛争の渦中に巻き込まれ，また，両親が面会交流で激しく対立しているような場合においては，子どもには同居親への忠誠葛藤（どちらの親につくのがよいのか選択を迫られながら，どちらも裏切れないと引き裂かれるような思いを持つこと）から，別居親に会いたい気持ちを有していても，同居親の拒否感を察して，本心を言えない場合もあります。さらに，子どもが同居親の影響により，別居親に対して強い拒否をすることがあります。何故拒否するのか，子どもの年齢，発達の程度，それまでの養育環境や別居理由等を検討することが必要です。言語での表現の信用性は慎重に検討する必要があります。

パパには会いたくないという気持ちを分かってもらったと思っていた美保ちゃんは、突然パパと会うことになったらという話を聞かされて戸惑っているようです。中山調査官は、美保ちゃんに面会交流の意味や考え方を伝えています。

中山EYES

子どもに面会交流の意味や考え方を伝える意義

別居親との面会に拒否的な小学校中学年以上の子どもには、状況によっては面会交流の意味や考え方を伝えることが必要な場合がある。

物事の因果関係をある程度抽象的に考えられるようになってきた子どもほど、面会交流についての対立を、別居親が同居親や自分が嫌がることを求めていると捉えてしまうことがある。そうなると、人が嫌がることをする人は嫌な人だと別居親への拒否的な姿勢を強めたり、面会交流を勧める裁判所は別居親の味方だと思い込むことも危惧される。そうならないように面会交流は別居親のために行うのではなく、子ども自身のためのものであることを伝えることがある。

(2)　翔真の心情調査

――中山調査官は、翔真を面接室に案内し、長時間待たせたことを詫び、何をして待っていたかを尋ねた。翔真は、ゲームで遊んでいたが、綾に誘われてジェンガをやってみたらはまったのだと言い、美保と調査官も一緒にみんなでやろうとねだった。

中山「今日はお話を聞くために来てもらったから、みんなではできないなぁ」

翔真「えー。お話終わったらやろうよ。すぐにお話終わりにしたらいいじゃん」
中山「そんなにジェンガ面白かった？」
翔真「うん。初めてやったけど、ママに二連勝した」
中山「そっかぁ。でも楽しく遊べてよかったね。もし、今度来ることがあったら、そのときやろうか」
翔真「えー。今日やろうよ」
中山「じゃあさ、今度パパが来ることになったらみんなでやろうか」
翔真「えー、パパが来るの」
中山「どうかなぁ、もしかしたらね」
翔真「今日が良いのになぁ」
中山「待ってる間にママとおじさんと今日どんなお話するのかなぁとか、お話しした？」
翔真「全然」
中山「そっかぁ。翔真くんは、どんなお話すると思ってきてくれたのかな」
翔真「この前、ワルノスのこと聞きたいって言ってたでしょう。手紙にもあったし」

――中山調査官は、調査説明用のツールを取り出して、美保に対するよりもかみ砕いて調査について説明した。

中山「じゃあ、パパのどんなこと教えてくれるのかな」
翔真「うーんとね。すっごい悪いやつなんだよ」
中山「そうなの。パパとお話してもそんな風に思わなかったけどなぁ」
翔真「夏休みに智くんはアメリカのディズニーランドに行ったんだよ。雄二くんは軽井沢。なのにうちはどっこにも行けなかったんだ」

中山「え？それで」
翔真「それはワルノスのせいなんだって」
中山「え？どうして」
翔真「だってお姉ちゃんがそう言ってた」
中山「そうなのかなぁ」
翔真「そうだよ。世の中で起きてる悪いことはみーんなワルノスのせいなんだって」
中山「翔真くんのパパはなんかすごい人みたいだね」
翔真「すごい悪い人なんだよ。でも、大丈夫。おれがやっつけてやるんだ」
中山「ふーん。どうやってやっつけるの？」
翔真「えーと、パンチとキックで、えいって」
中山「ところでさぁ。この写真みてくれる。
　これだーれだ」
翔真「あれ？おれじゃん。なんでこんな写真持ってるの？」
中山「じゃ、これは誰？」
翔真「お姉ちゃん」
中山「これは？」
翔真「パパ」
中山「そうだね。いつころ、どこで撮った写真か分かるかな」
翔真「けっこう前だね」
中山「どれくらい前だろうね」

翔真「たぶん保育園」
中山「これ、なんか楽しそうだね。何してるんだろう」
翔真「これはぁ、お風呂からでたとこ」
中山「このときお風呂は一人で入ったのかな」
翔真「わかんない。
あ、でも、パパと入って、先に出たけどパンツ履かないからってこちょこちょされたんだ。それで逃げ回ってる」
中山「そうなんだ。こっちの写真は何してるのかな」

――中山調査官が俊之から提出された写真を示すと、翔真は屈託なく、写真を写した時の様子を聞かれるままに話した。俊之に対する嫌悪や拒否的な感情はほとんど持っていない様子がうかがえた。ワルノスは悪者というイメージを持っているが、現実の俊之をイコールワルノスという図式で捉えておらず、ワルノスと名付けて、悪者に仕立てている状況を遊びの延長で楽しんでいるように感じられた。
翔真自身には面会交流の阻害要因はないのではないかとの見立てをさらに強く持ち、直接的に聞いてみることにした。

中山「もし、今度、さっきのお部屋でパパと遊ぼうかっていうことになったら、翔真くんはどうかな」
翔真「別にいいよ」
中山「会ってもいいかな」
翔真「うん」
中山「お姉ちゃんはちょっと怖いし、嫌だなぁって思ってるみたいだけど」

翔真「怖かったら、おれがやっつけるし」
中山「頼もしいねぇ。さすがだねぇ」
——中山調査官は、俊之と同居中のエピソードなどを聞いたが、取り立てて楽しかったエピソードも嫌だったエピソードも出なかった。
　綾の話を振ると、すごく怒りんぼうになる時があってその時は怖いし、困るという話は出たが、取り留めなく翔真が話したいことを話していることの方が多かった。父母の紛争の影響は、美保が一手に引き受けているように感じられた。
　翔真は、年齢的に他者の気持ちを想像することは、まだできる年齢ではないようでもあるし、元来マイペースであまり周囲に頓着しない傾向が強いようでもあった。当面、面会交流の調停進行を考える上で必要な情報は得られたと考え、面接を終え、プレイルームに翔真を案内した。
翔真「ただいまー」
美保「あんたの家じゃないでしょ」
綾「お帰り。ちゃんとお話しできたの」
翔真「うん！」
中山「えーと、美保ちゃんと翔真くん。おじさん、少しだけママともお話ししたいんだけど、ちょっとここのお部屋で待っててもらえるかな。
　綾さん、少しだけよろしいですか」
綾「美保、大丈夫？」
美保「うん、大丈夫」

(3) 綾との面接

――綾は、子ども達の面接だけでのつもりでいたので、少し戸惑ったが、子ども達がどんなことを話したのか気にもなったので、中山調査官から話を聞けると思いホッともした。美保は、会いたくないとちゃんと話せたと言っていて、たぶん、そのとおりだろうと思うが、中山調査官がきちんと分かってくれたかどうか確認したかった。

中山調査官は、お子さんたちを待たせているので、ほんの少しだけと前置きして、話し始めた。

中山「二人とも思っていた以上にちゃんとお話ししてくれました。特に美保ちゃんは、とても頑張ってくれたと思います。家に帰ったらおじさんが感心していたとさらりと褒めてあげてください。内容的なことはできるだけ触れずにニュートラルにしてもらうのがお子さんにとっては大切だと思いますので、お願いします」

綾「分かりました。中山さんが感心していたと褒めて、具体的なことは聞かないようにします」

中山「お願いします。二人から聞かせてもらった内容は、詳しくは調査報告書にまとめます。今後の進め方についての意見も書かせてもらうので、代理人とも打ち合わせて次回期日に臨んでください。今日聞いた概要と今の時点で考えている進行について、お伝えしておきます」

綾「はい」

中山「まず、美保ちゃんですが、パパには会いたくないと言っています。これは事前に綾さんから伺っていたとおりで、今日の面接の中で何度か確認させてもらいました」

綾「ありがとうございます。

それで会いたくない理由は何と言っていたのでしょうか」

中山「会いたくない理由は、言葉で筋道を立てて説明するのは難しいようでした。今日の最後の段階で美保ちゃんと確認したのは、パパがママに辛い思いをさせてきたことを許せないという気持ちと、仲良く会うことになるとパパと暮らすことになるかもしれないと心配する気持ちがあるからということです。翔真くんにいじわるをするからという話も詳しく聞きまして、そうした気持ちもあるかもしれませんが、むしろそれらはママから聞いた話を美保ちゃんなりにパパを嫌う理由にしている側面が強いのだろうと思います」

綾「そうでしたか」

中山「翔真くんですが、美保ちゃんと比べると、ママを気遣うといった両親の不和の影響は小さい状態だと感じました。綾さんが苦しい思いをしながら頑張っていること、美保ちゃんがお姉ちゃんとしての役割をかなり果たしていることが、翔真くんを家族の葛藤から守ってくれているのだと思います。翔真くんの心情としては、変な言い方ですが、パパを悪者にすることを遊び感覚で楽しんでいる状況のように感じます。そうすることで、深刻な葛藤に直面しないよう無意識的に自分を守っているのかもしれません。面会については、あっけないくらい抵抗は示しませんでした」

綾「そうですか。
　でも分かるような気がします」

中山「今後の進行ですが、まずは俊之さんに今回の調査結果を踏まえての意向を確認します。特に美保ちゃんが面会を嫌がっていることを踏まえ、前回と同様、現時点での面会交流再開を保留する気持ちになれるかどうかを確認します。ただし、もし、俊之さんが面会を保留するという気持ちを示したとしても、調査官としては、そうすることはお子さんたちにとってはベストな選択ではないと思います」

綾「どういうことでしょうか」

中山「今回の調査で美保ちゃんが面会を嫌がっているのは、俊之さんとの直接的な関係ではなく、ご両親の不仲に起因する様々な状況が影響しているためだと分かりました。良好だったパパとの関係を思い出すことにも罪悪感を感じている節もありました。面会交流の途絶が長引くことになれば、こうしたマイナス感情が強化、固定化されてしまうのが心配です」

中山調査官は、美保ちゃんが片親疎外と呼ばれる状況になってしまうことも危惧しているようです。片親疎外とは、同居親の意識的、あるいは無意識的な影響を受けて、子どもが別居親に対して合理的ではない強い悪意、拒否反応を持ってしまうことで、別居親が子どもと会えなくなる（疎外される）状況を言います。

綾　「私たち夫婦の問題で美保が傷ついているということですか」

中山　「そうだと思います」

綾　「今の状況が長引くとどんなよくないことが考えられるのでしょうか」

中山　「自立を果たすことが難しくなるなど良くない影響が出てしまうかもしれません」

綾　「どうしてそんなことが起こるのですか」

中山　「お子さんにとってはお母さんもお父さんも大切な存在です。美保ちゃんにとっても同じです。その大切な片方を自分で嫌い、拒否してしまったとしたら、美保ちゃん自身が自分を責め続けなければならなくなってしまうからです」

中山調査官は、美保ちゃんが父母の不仲に巻き込まれることにより、他人との親密な関係を築くことが難しくなるなどの悪影響があると指摘しています。親を拒絶することによる子どもへの影響について、小澤真嗣「子どもを巡る紛争の解決に向けたアメリカの研究と実践―紛争性の高い事例を中心に」ケース研究２７２号１５６頁は、拒絶のプロセスに巻き込まれた子どもに見られる影響として、「非監護親との関係が失われた子どもは、監護親の価値観のみを取り入れ、偏った見方をするようになる。」「監護親が子どもの役割モデルとなる結果、子どもは、監護親のように自分の要求を充たすために他人を操作することを学習してしまう。そのため、兄弟との葛藤や友人関係のトラブルが多くなったり、集団で孤立してしまったりして、他人と親密な関係を築くことに困難が生じる。」「成長するにつれて物事がわかってくると、非監護親を拒絶するように働き掛けていた監護親に対して、怒りの気持ちを抱いたり、非監護親を拒絶していたことに対して罪悪感や自責の念が生じ、悩み苦しむことがある。」と論述しています。中山調査官の発言は、前記論文と同じことを説明しています。

綾　「美保に決めさせてはいけないということなのですね」

中山　「はい。こうしたことがあるので、美保ちゃんには、会うか会わないかはパパとママの話合いで決めるし、話合いでどうしても決まらなければ裁判所が決めることだと強調してあります。そして、大人が判断していくためには、早い時期に一度はパパと会う機会を持つかもしれないと説明してあります。しかもそれは美保ちゃんの意向で決まるのではなく、美保ちゃんたちのことを一番大切に考えている大人、要は綾さんですが、ママとパパが決めるのだと伝えています」

綾　「それで美保は何と」

中山　「美保ちゃんも突然の説明でびっくりしている様子でしたし、会いたくないと繰り返していました」

綾　「そうですか。それでどうなるのでしょうか」
中山「今後の進行は、綾さんも気になるところですよね」
綾　「はい」
中山「具体的なことは、今回の調査結果を整理して調査報告書でお伝えさせてもらいますね。
今お伝えできることは、一般的なことになりますが、比較的多くの場合、先ほどのプレイルームを使っての面会交流の試行を行うことがあります。
美保ちゃんの場合で言えば、私たちが面会のお手伝いをしながら、様子を観察して、本当に面会を続けることで大丈夫かどうか、もし続けるとしたらどのような方法が望ましいかを考えるための情報収集を行うということになるかと思います。美保ちゃんの拒否の程度を見極めたり、俊之さんがお子さんの状況に合わせた対応をどの程度とれるのかを調査することが考えられます」
綾　「とにかく会わせなければならないということでしょうか」
中山「今後調停を進める中で、面会交流の試行の要否や方法などについて検討していくことにはなると思います」
――綾は、予想していた以上に面会交流が現実的な問題だと知り思考が停止してしまう気がした。
「次回以降の検討課題ということです」と繰り返す中山調査官の言葉だけが頭にこだましていた。
美保は嫌がっているのに。それでも面会交流を検討しなければいけないのか。
みんなでジェンガをやろうとうるさくねだる翔真を叱る気力も起こらず、現実と非現実の境目がなくなったような感覚のまま、綾は裁判所を後にした。

13 点景三～意向調査後の美保の体調不良

綾「もう、食べ終わったら食器は流しに戻してって何度言ったら分かるの！」
翔真「まだ、ごちそうさまじゃないもーん」
綾「だったら、席を立たないの。行儀悪い！もう、片付けるわよ」
翔真「えー。まだ、お芋もっと食べたいー」
綾「一度、席を立った人は、ごちそうさまです。はい、おしまい！」
翔真「えー。また、ママ、怒りんぼうになってる」
綾「あんたがちゃんとしないからでしょ。いい加減にして」
美保（また、ママ、怒りんぼうになっちゃったな。やだなぁ。）
綾「美保、どうしたの。早くしないと学校遅れちゃうわよ」
美保「うん。なんか頭痛い」
綾「どうしたの」
美保「わかんないけど、頭痛いの」
綾「あれ、熱があるんじゃない？体温計で測ってみて」

14　第４回調停期日～子の意向・心情調査結果を踏まえて、調査官調査（面会交流の試行）を打診する――●

(1)　調査報告書、双方意見書の提出

――調査を終えた一週間後、中山調査官は、調査報告書を提出した。

書記官から連絡を受けた双方の手続代理人は、調査報告書を謄写し、その後、双方から意見書が提出された。

――俊之側の意見書は、美保が本心から面会を拒否していると受け止めるのは難しく、綾の心情や態度が影響しているのではないかとの見方が示された。そして、綾が面会交流に前向きになってくれれば、美保の気持ちも変わってくるのではないかと、綾に面会交流の意義を理解した上での対応を求めた。裁判所に対しては、早期に面会を実現させるためにも裁判所における面会交流の試行の実施を求めた。

綾側の意見書は、一般的に面会交流が子どもの福祉にかなうとされていることは理解するとしながら、小学校四年生の子どもがこれだけ明確に会いたくないと言っているのに、その意向を無視して面会交流を実施することが子どものためになるとは思えないと面会交流を実施する方向性に反対した内容で、特に、美保が調査の翌日に発熱して一日学校を欠席したことを理由に、当面は直接的な面会ではなく、手紙等による間接的な交流が相当との内容であった。

双方とも反対当事者に副本の送付をしており、第４回調停期日は、調査報告書及び双方の意見書を踏まえて事情聴取が行われる予定であった。しかし、俊之側は手続代理人のみの出席であったため、主として綾からの事情聴取が行われた。

する見通しのない中でこのまま父子交流の途絶が長期化すると，子どもたちの父親イメージが現実の体験や記憶と乖離した否定的なものに変化し，それが固定化，強化され，健やかな成長を阻害することが危惧される。こうした父母の紛争による更なる悪影響を抑えるためには，長女の板挟み状態を軽減するなど阻害要因を解消しながら，面会交流を行うことで，父子関係の修復を図ることが望まれる。

ただし，現状では，長女の拒否の程度及び父の子への配慮姿勢の見極めがまだできていない。そのため，今後の面会交流の在り方を検討するために，面会交流の試行を行うことが望ましいと考える。

【参考】調査報告書（子の意向・心情～意見欄要旨）

1　長女について

（面接時の状況）

長女は，年齢相応の理解力，言語表現力を持っていて，面接時の態度も落ち着いていた。

（意向）

長女は，現在の状況を両親が子の引き取りを巡って裁判をしていると理解しており，父との面会について拒否的な発言をした。父が母を泣かして母につらい思いをさせたので父に対して許せない気持ちがあること，父と会うことになると，母と生活できなくなるのではないかと不安に思っていることを理由に挙げている。

（意向の背景～分析評価～）

長女が母を悲しませたくないという思いを持ち，父の要望を正確に理解していないことが分かった。父に対しては，悪い思い出だけではなく，楽しい思い出もあり，それらを語ることもできた。父に買ってもらった髪ゴムを宝箱に大切にしまっており，髪ゴムが使えるようになるために髪の毛を伸ばしているエピソードも明らかになった。

これらの調査結果からは，長女が父のことを全く拒否していると考えるのは妥当ではない。父への拒否的な言動は，父との二者関係に起因するものではなく，父母の紛争の影響（板挟み）による可能性が高いと言える。一般的に10歳という年齢では，両親の紛争によって板挟み状態に陥った場合，一方の親と強く結びついて忠誠心を示す一方でもう片方の親を極端に批判することがある。長女は，年齢相応に両親の不和に心を痛め，母に忠誠心を示すことで心の安定を図ろうとしていると考えられる。

2　長男について

（面接時の状況）

長男は，面接時，特段緊張した様子はなかった。

（心情及び分析評価）

長男は，父の写真を見ると，その時の様子を笑顔で話し，父に対する嫌悪や恐怖といった拒否的感情を示さなかった。父を面白がるように悪者扱いし，長女とのやり取りの中で父を悪者に仕立てその状況を楽しんでいる様子であった。父を悪者扱いすることになった具体的なエピソードや父への否定的な感情は語られず，現実の父を悪者として捉えていると考えることはできなかった。実際に父との面会交流を打診したところ，抵抗なく受け入れた。

長男は，年齢相応に他者の気持ちを想像することはまだできる年齢ではないことやマイペースな性格などから，両親の不和の影響を長女ほどには受けていないと考えられる。

3　今後の方針について

長女が強い板挟み状態にあること，長男がよく分からずに父のことを悪者扱いしている現状は子の福祉にとって望ましい状況ではない。父母の関係が改善

(2) 綾への聴取——面会交流の試行に向けての調整

滝山「美保ちゃんが発熱してしまったのですね」
綾「はい。普段は風邪一つ引かない子なのですが、調査の翌日に熱を出して一日学校を休みました」
滝山「それは大変でしたね。風邪を引いてしまったのでしょうか」
綾「お医者さんに行っても、のども鼻も特に悪くなくて、解熱剤だけもらったのですが、結局飲まずに治りました」
滝山「なるほど、それで精神的なものではないかとお考えになっているのですね」
綾「美保なりにしんどかったのではないかと」
滝山「その後はいかがだったのですか」
綾「熱はその時だけで、そのあとは特に体調を崩すことはありませんでした」
滝山「そうですか。それは良かったです。
　ところで、面会についてですが、そうしたこともあって、直接の面会交流ではなく、間接的な交流をお考えになったということでしょうか」
綾「はい。中山調査官から説明もお聞きし、小川先生とも相談して、間接交流というのがあるということも知りまして、まずはそうした交流が良いのではないかと考えました」
滝山「意見書の副本を送付してもらっているので、俊之さんからその提案についてのお考えも先にお聞きしてみたのですが、綾さんもお読みいただいているとおり、直接の面会を求めたいという俊之さんのお考えは変わらないとのことでした」
綾「そうですか。でも、私はこれだけ考えて、譲歩しているのに、相手は自分の言い分だけを押し通そうとするというのはどうなんでしょうか」

調停は、譲り合いの気持ちが大事だと言われます。自分の要求だけを通すのではなく、相手の言い分も受け入れる互譲の精神は大切です。
ところで、調停において自分だけが譲歩を迫られていると訴え、不満を募らせる当事者がいます。しかし、大事なことは、多すぎる要求や相当性を欠く要求を譲ったからといって、それは譲歩したことにはならないということです。

藤田「確かに調停は話合いなので、譲り合いは大事ですが、面会交流の場合は、回数や方法では譲り合っても、やる、やらないに関しては譲歩というわけにはいかないんですよ」
綾「じゃぁ、最初から面会するべきということなんですか。こんなに子どもは嫌がっているんですよ」
藤田「でも、調査官の報告書にあるとおりお子さんの意向だけで決めるわけにはいかないんですよ」
綾「それじゃ、いくら時間をかけて話し合っても無駄じゃないですか」
滝山「少しよろしいですか。
美保ちゃんの状況を踏まえると間接交流から始めるという選択肢が絶対ないと言うわけではないと思いますが、翔真くんに関しても間接交流をお考えになっているのでしょうか」
綾「美保は会わずに、翔真だけ面会というのは……」
滝山「きょうだいを別々に扱うのはお子さんにとって良くないのではないかとお考えなのですね」
綾「はい」
滝山「私もきょうだいの一方は面会して、他方はしないという方法はできる限り取らない方が良いと思います。綾さんがお子さんのことを考えて提案しているというのが大切なことだと思ってお聞きしていました。

間接交流について、少し説明と言うか、お話させてもらってもいいですか」

——滝山は、調停委員研修の際の資料を取り出し、間接交流の具体的な在り方や考え方を次のとおり説明した。

間接交流とは、親子が直接会って交流する以外の方法を総称しているが、実際には、手紙や電話で親子がやりとりする双方向のもの、別居親が手紙やプレゼントなどを送付したり、同居親が子どもの写真等を送付するなど一方方向のものの両方を指していて、その具体的な在り方は多様なものがある。

以前は、妥協の産物として取り決められることも少なくなかったが、現在は、直接交流を行うことが子の利益にならない事情がある場合や直接交流の導入に向けての第一歩として取り決めるなど、かなり限定的な場合に限られている。特に、プレゼントや写真などの一方的な送付は、子どものための面会交流とはなり難く、望ましい解決と言い難い。仮に間接交流を定めるとしても、できる限り早期に直接交流を実現できるよう、時期や方法などの具体的なプロセスも定めることが望ましい。双方が妥協の産物として子どもの視点に立った面会交流を考えられない場合、間接交流であっても、別居親に対し拒否的な気持ちを持っていたり、同居親に多大な気遣いをせざるを得ない状況の子どもにとっては、苦痛になる場合もあるので注意が必要である。

滝山委員は、間接交流の意義と問題点を指摘しています。研修で得た成果が調停の現場で生かされていますね。

——中山調査官は、滝山委員による間接交流の説明が終わった所で意見具申の理由を説明することにした。

中山「我々は必ずしも面会ありきで進めているわけではありません。それを理解していただくためには少し、調査官として試行の実施が必要だと意見具申した理由を説明させてもらいたいのですが、よろしいでしょうか」
小川・綾「はい」
中山「試行の第一の目的は、直接的な面会交流の継続的な実施がお子さんの利益を害する可能性がないかどうかを見極めることです。俊之さんがお子さんたちの様子や状況にどの程度配慮できるのかを把握することと言い換えることもできます。美保ちゃんが拒否している状況で、面会を実施していくことが良いのか悪いのか、可能なのかどうかを客観的に検討するためには不可欠な手順だと考えています。逆に、美保ちゃんが拒否していないのであれば、裁判所が関与した試行などせず、任意に面会を実施していただければ良いわけです。当事者間の任意なやりとりで面会交流の実施が難しい状況にあるからこそ、今後の実施の是非も含め今後の面会交流の在り方をきちんと話し合うための検討材料として試行が必要だと考えているのです」
小川「試行の結果、直接交流をしないということもあるということですか」
中山「調停段階なので、当然あると思います」
小川「第一の目的ということは、第二の目的もあるというでしょうか」
中山「美保ちゃんの拒否の意味をより正確に把握することです。お子さんの意向調査を行った結果については、調査報告書を読んでいただきましたが、美保ちゃんの拒否が本当に父子関係に起因するのではなく、両親の葛藤に起因するものと言い切れるのか、実際の面会交流場面を観察して検証する必要があると考えています」
小川「父子関係に重大な問題があるということが分かれば、面会交流をしない選択肢もあるということですね」

中山「そういうことがないとは言い切れません」

綾「向こうが納得しなくても、裁判所が面会を認めないという判断を示してくれるということでしょうか」

中山「俊之さんがあくまで直接面会を求め、綾さんもどうしても受け入れられないという場合は、裁判所が判断する手続、つまり審判に移ることになります。

裁判所が判断することになった場合、今、分かっている状況だけでは判断できないので、試行に協力してもらい、その結果を踏まえて判断することになります」

綾「美保がどうしても嫌がって、試行ができない場合はどうなるのですか」

中山「その場合、嫌がる理由が合理的で了解可能なものであるかどうかによることになりますが、今まで把握している状況からすると、試行すらできない、すべきでない事情はないように思います」

綾「それでもできない場合はどうなるのですか」

中山「最終的には裁判官の判断になるので断定的なことは言えませんが、試行の実施なしに判断するのは非常に難しいのではないかと思います。綾さんの協力が得られずに試行ができない場合は、協力が得られないことを理由に禁止制限する事由はないと考えざるを得ず、直接交流を認める判断になる可能性が高いように思います」

綾「私は協力を拒否するつもりはありませんが、美保が嫌がった場合はどうなるのでしょうか」

中山「お子さんを育てていく上では、お子さんが嫌がってもきちんと説明して言うことを聞かせなければならないことがたくさんありますよね。就学前であれば「買って買って」と駄々をこねている子どもをしつけなければならなかったり、小学生になればゲームよりも勉強を優先させたり、夜更かしを禁止して就寝させたり。あるいは、歯医者に行くのを嫌がっても、必要であれば受診させせなければなりません」

綾「ええ。でも、それと面会は違うのではないですか」

中山「今お話したのは、子どもを監護する親としての当然の責任についてですね。お子さんにとって重要なこと、面会交流をするべきかそうでないかを判断する手続で必要な試行の実施に、お子さんを納得させてきちんと参加させるというのは、適切な生活習慣や教育、医療を受けさせるのと同様に同居親としての責任だと裁判所は考えているんです」

子どもが嫌がってもさせなければならないことってたくさんありますね。たしかに歯医者さんは典型的な一つといえそうです。
一番大切なのは、面会交流が子どもにとって必要なことだと同居親がしっかりと理解することです。

小川「面会交流の実施が前提ではなく、やるのがいいか、そうでないのかを考えるためには試行が絶対必要だと言うことなのですね」

代理人は、調査官に面会交流の試行が不可欠であることを強調して確認することで、自身が理解するだけではなく、綾さんへの働きかけも行っているようです。
最近は、同居親の代理人から面会交流の試行の実施を求められることも増えています。

中山「はい。鈴木さんご夫婦の面会交流を考えていく上では、そう理解していただいて構いません。ただし、一般的には多くの場合、途絶えている親子の交流を再開するための準備、端緒として試行を行いますし、今回も交流再開の第一歩とすることも試行の目的の一つではあります」

小川「綾さん、そういうことのようですが、どうしましょうか。少し、時間をもらいましょうか」

綾「ええ」

中山「お考えいただく前提についてもう少し説明させてください。私がお考えいただきたいのは、試行をするか、しないかということではないのです。試行は調停や審判を進めるうえで、不可欠なのです。お考えいただきたいのは、美保ちゃんに納得してもらうためには、まず、綾さんが面会交流の必要性を十分に理解していただく必要があるということなのです」

綾「どういうことでしょうか」

中山「一般論として、離れて暮らす親との交流を通じて、愛情を受けて育つことが望ましいということは理解されていると思いますが、俊之さんと美保ちゃんたちの交流については必要がある、望ましいとは思えていない状況ですよね」

綾「はい。正直なところ、必要だと思えません」

中山「綾さんの心情として会わせたくないと思ってしまうのは仕方ないと思っていますが、必要性については、今一度、考えていただきたいと思っています。

その際の参考にしてもらえればと思うので、何点かお話させていただいてよろしいでしょうか。子どもが拒否しているからこそ面会交流が必要ではないかという視点です」

藤田「ぜひ、お願いしたいと思います。綾さんもよろしいですか」

綾「はい」

――中山調査官は、私見だと断った上で、次のような話をした。

中山EYES　中山調査官が考える面会交流が必要な理由

自身のルーツを求める性

面会交流の重要性を指摘する研究や論文があり、家庭裁判所も基本的な考え方としている。しかし、面会交流をしなければ子どもが健全に育たない訳ではない。それでも、面会交流を推奨しているのは、自分のルーツを知ることは人間にとってとても重要なことで、面会交流は、子どもにとって自分のルーツを知り、実感するための機会になるからだ。

戸籍を持たない日本人が戸籍を作る就籍許可という手続があり、一時期、中国残留孤児の就籍事件が多数家庭裁判所に係属した。多くの中国残留孤児と面接をした際、長年、中国で育ての親に育てられ、結婚し、子どもも孫もいる孤児たちが涙ながらに肉親や祖国を求める姿に圧倒され、自分のルーツを求める人間の性を実感した経験がある。

また、人工授精によって生まれた子どもが精子提供者の実父を探し求めるドキュメンタリー番組では、ごく普通に育っていた若者が育ての親も普通の日常生活も投げ打って自分のルーツを求める姿が紹介され、自分探しに突き動かされる姿に衝撃を受けた。

至らない別居親であったとしても

別居親が親として十分な役割を果たせない人でも、面会交流の必要性はある。むしろ、別居親が至らない人であるほど、子ども自身が自分の体験の中で別居親の至らなさを知ることが重要なのだ。心無い言動で傷つくことがあったとしても、そうした体験ですら子どもにとってはかけがえのない宝物である。子ども自身が自分の体験で別居親を嫌い、関係を途絶しようとするかもしれないが、それは子どもの大切な権利であり、親を嫌う機会、親を捨てる機会を奪ってはならない。子ども自身が別居親と交流する中で、自身の親をどう理解し、どう関係を形成していくのか、それができるようになるまでの間、交流を継続できる環境を整えてあげるのは同居親の責務だといえる。

別居親のイメージ回復

子どもの別居親イメージが悪い場合、それを回復させることはとても大切である。配偶者は別れれば他人だが、子どもはそうはいかない。別居親がひどい人のままでは、子どもは自分の半分はずっとひどい人だと思い続けなければならない。常に自分の半分を否定的に捉えていたのでは、自分を大切にできなくなってしまう。自分を大切にできない人は、なかなか人を大切にできない。子どもの中の別居親イメージを回復する効果的で効率的な方法の一つが面会交流なのだ。毎日の生活の中では最低限の親の役割も果たせなかった人でも、月に一回の短時間であれば、良い親を演じられるかもしれない。

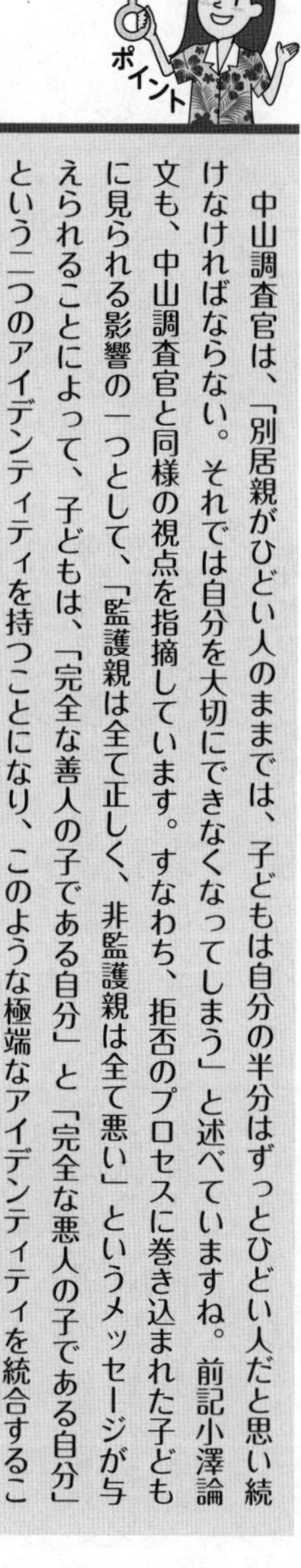

中山調査官は、「別居親がひどい人のままでは、子どもは自分の半分はずっとひどい人だと思い続けなければならない。それでは自分を大切にできなくなってしまう」と述べていますね。前記小澤論文も、中山調査官と同様の視点を指摘しています。すなわち、拒否のプロセスに巻き込まれた子どもに見られる影響の一つとして、「監護親は全て正しく、非監護親は全て悪い」というメッセージが与えられることによって、子どもは、「完全な善人の子である自分」と「完全な悪人の子である自分」という二つのアイデンティティを持つことになり、このような極端なアイデンティティを統合することは容易なことではなく、自己のイメージの混乱や低下につながってしまうことが多いと論述しています。参考にしてください。

中山「個人的な考えなのですが、まとめると、人は自分のルーツ、親を知りたいと本能的に思うもので、良いことも悪いことも含め自分の体験の中で別居親を知っていく機会が大切なのだと私は考えています。

お子さんが自分の経験と考えで別れて暮らす親との関係をどうしていくか決められるようになるまでは、お子さんが多少嫌がったり、拒否したりしても、面会交流の機会を継続的に与えてあげられるように環境を整えることが、両親そろった家庭で育ててあげられなくなってしまったご両親の責務ではないでしょうか」

藤田「綾さん、調査官の話を聞かれていかがですか」

綾「離れて暮らす親から愛情を受けて育つのが大切だと言われても、夫との面会交流が子どものためになるとは思えていませんでしたが、自分の経験で離れて暮らす親との関係を考えられるようになる機会という考え方はなるほどと思いました。良くない親であっても、良くないという判断は配偶者から見たものであって、子どもから見ると別の面もあるというのも、そうなのかなと思います」

中山「そういってもらえるとありがたいです。今日、ここではなくていいので、今の話を踏まえて、試行に協力してもらえるかどうか検討していただけますか」

小川「私も調査官の話を聞いて、なるほどそんな考え方もあるのかなと思えた面もありました。ただ、実際、美保ちゃんの状況を踏まえてどうするのが良いのか、綾さんとも打合せをさせてほしいので、次回までに検討するということでよろしいでしょうか」

藤田「今日、少し相談して回答をいただくことは難しいですか」

滝山「どうでしょう。この問題は、じっくりと考えていただいた方が良いようにも思いますが」

藤田委員は、次回期日までに検討したいと申し出た代理人に対し、今日中に回答をもらえないかと尋ねました。調査官の発言の流れで面会交流の試行を受け入れてもらいたいとの気持ちが先走ってしまったようです。

これに対し、滝山委員は、穏やかに、でも即座に、じっくり考えてもらうべき問題ではないかと軌道修正を図り、藤田委員が先走るのを制止しました。相調停委員に行き過ぎがあった場合には、ただちに相互にフォローし合うことが大切ですね。

藤田「分かりました。では、次回までにできる限り前向きに検討いただくということでお願いしたいと思います」

小川「裁判所にとって前向きかどうか分かりませんが、しっかりと考えてきたいと思います。綾さんもそれでよろしいですか」

綾「はい。お願いします」

――調停委員は、俊之の代理人の林に相手方側からの聴取結果を伝え、面会交流調停における本人の調停出席の重要性を再度説明して、次回期日以降の俊之本人の出席を強く促した。

15　第5回調停期日～調査官調査（面会交流の試行）実施に双方の同意を得る

——調停委員会としては、試行に応じてもらえる可能性が高いと考えながらも、相手方が拒否した場合に備えて、事前評議を行い、その場合は、裁判官が出席して、試行に応じるよう説得する段取りを検討していた。

調査官としては、相手方が試行に応じる意向だったとしても、子の意向調査での美保の拒否的な姿勢が強かったため、円滑な試行導入に向けて、試行当日の前に、再度、子どもたちと会って導入調整を行うかどうか検討していた。

第５回調停期日では、相手方が面会交流の試行に応じる意向を示した。また、子どもたちへの説明も、綾が責任を持って行いたいとのことであった。

綾が前向きな姿勢で試行に応じる意向を固めていたため、期日では双方に対して個別に中山調査官の主導で次のような試行の段取りについての調整と説明が中心に行われた。

【参考】試行の段取りについてのメモ

１　試行の目的

①　今後の面会交流の在り方を検討する資料とする。

②　途絶している父子交流の再開の第一歩とする。

２　約束事項と注意事項

①　双方は子の緊張を緩和し，子が楽しいと感じる面会交流になるよう配慮する。

②　別居親はプレゼントや菓子等を与えない。

③　別居親は次回面会の日取り，外出など一方的な約束はしない。

④　別居親は試行中の撮影や録音は行わない。

⑤　同居親は試行時の様子などを根掘り葉掘り質問しない。

３　試行の段取り

①　共同調査として対応する。

②　双方当事者が顔を合わせないよう導線に配慮する。

③　事前にスケジュール表を送付し，試行当日，実施前に事前説明と約束事項確認及び実施後に感想聴取を行う。

④　試行時間は約60分の予定とし，短縮，延長，中止など調査官の指示に従う。

⑤　場合によっては，きょうだいを分離して試行を続けるかどうか検討する。

⑥　試行中，相手方及び双方代理人は観察室から観察する。

ただし，相手方が観察するかどうかは相手方の状況，意向に委ねる。

【参考】当日のスケジュール表

	時間	対象者	場所	進行手順・内容	所要時間
1	14:30	父	第５調査室	予定と注意事項などを確認します。	20分程度
2	15:00	母，子	プレイルーム	予定と注意事項などを確認します。 母，子，調査官が会話をしたり，遊んだりします。	30分程度
3	15:30 〜 16:30	父，子	プレイルーム	父，子，調査官が会話をしたり，遊んだりします。	60分程度
4	16:30	子	プレイルーム	感想などを聴取します。	15分程度
5	16:45	母	面接室	感想などを聴取します。	15分程度
6	17:00	父	第５調査室	感想などを聴取します。	15分程度

16 点景四～俊之に現れた変化の兆しと綾が美保に行った面会交流の試行への稚拙な働きかけ――――――――・

「課長。鈴木課長！これで決裁にまわしてよろしいですか」

「ああ、それで構わないよ。よろしく頼みます。それと、これ五部コピーをお願いできるかな」

「その計画書ならさきほどコピーをお渡ししましたけど」

「あ、そうか。そうだったね」

――俊之は、一日中、頭がぼんやりしていた。ふと気づくと、明日、裁判所で行う面会交流の試行のことを考えるともなく考えてしまうのだった。


子どもに会って何と言葉をかけるか、返事が返ってこなかったらどうするか、そんなことは考えてみたこともなかった。中山調査官からあれこれ聞かれなければ、明日だってこれまでどおりに普通にしていられたはずだ。明日の休暇を前に夕べから急に前回調停での中山調査官の質問が頭から離れなくなってしまったのだ。どうも彼と話をすると調子が狂うようだ。

美保はどんな様子で来るのだろうか。裁判所などではなく、どこかに遊びに連れていければいいのに。翔真はいつもの調子であれをやりたい、これをやりたいと騒いで、美保が笑いながら制止して、そんな普通の生活を取り戻したいだけなのだが。

美保「ねぇ、なんで会わないといけないの。この前、裁判所でちゃんと話したんだよ。ワルノスには会いたくないって」
綾「そう決まったの。美保の気持ちだけで決まるわけではないって説明も受けたでしょ」

美保「でも、嫌だって言ってるのに、おかしいでしょ」
綾「もう決まったのだから仕方ないでしょ。これからのことを決めるのに、これは絶対に必要なの。美保のためでもあるんだからね」
美保「私のためってどういうこと」
綾「歯医者さんみたいなものなの。ママは上手に説明できないわ」
美保「意味、分かんないよ」
綾「裁判所で聞いたら、ちゃんと説明してもらえるから」
美保「そんなの聞けないよ」
綾「ママもたくさん悩んで考えて決めたことなの。聞き分けてちょうだい」
美保「会わないとママが困るの？」
綾「そうね。ママ、困っちゃうわ」
美保「分かった。ママが言うなら」
綾「ありがとう。でもママのためじゃないのよ」

第3節

第2節では、第1節の双方の主張整理を受けて、中山主任調査官は、美保ちゃんと翔真くんから気持ちの聴き取りを行い、その調査結果が明らかになりました。美保ちゃんは、面会交流に拒否的な姿勢を示していますが、両親の不仲に起因して母を気遣う心情があること、面会に応じると父に引き取られるかもしれないという不安があることが分かりました。そして、美保ちゃんの宝箱の中にあった髪ゴムは、父に買ってもらったこと、髪ゴムを使うために髪を伸ばし始めたことも分かりました。そして、調停委員会は、面会交流の途絶が長期化することは父に対するマイナス感情が悪化、固定化されるので、面会交流の試行を検討することにしました。

さて、第3節では、面会交流の試行が行われます。そして、その後も継続的に面会交流を続けることが美保ちゃんのためになるという父と母の合意に基づき、代理人の協力の下で任意の面会交流が行なわれることになります。水族館での面会交流を通じて美保ちゃんに心情の変化が生じます。また、父からは、母に対し、子どもの父親でいられることの感謝の気持ちが示されることで、父と母は、夫婦の争いから一歩身を引き、子どもの気持ちを大切にしていくことが確認されます。当事者の心情の変化の経過を読み解いてください。

17　面会交流の試行

(1)　試行までの流れ

――俊之は、約束どおり午後二時半に来庁した。中山調査官は、共同調査者となった駒場調査官とともに二〇分ほど申立人と第5調査室で面接し、本日の試行の予定と注意事項を確認した。

綾と子どもたちは、午後三時に来庁する予定で、当日の予定と注意事項を確認した上で、子どもたちの様子を俊之に伝え、午後三時半から約一時間試行を実施する予定である。試行後、子どもたち、綾の順で感想を聴取し、綾たちらの帰宅を見送った後、俊之の感想を聴取することにしている。

今回は、綾が俊之と直接顔を合わせることを拒んでいるので、俊之と綾が鉢合わせしないようなスケジュールを組んでいる。もっともＤＶ事案や接近禁止命令が出ている事案と違って、綾の気持ちを尊重しての措置であるので、準備をする中山調査官も駒場調査官も神経をすり減らすほどの緊張はなかった。別居親の控え室前に動向を見張るための要員を配置するなど、事案によっては、物々しい警備態勢を整えなければならない場合もある。

「こんにちは～。美保ちゃんと翔真くんかな。わたしは駒場っていいます。中山調査官と一緒に今日のお手伝いをします。よろしくお願いしますね。二人とも今日は学校、早退してきてくれたのかなぁ。ありがとうね」

――駒場調査官は、明るい声で子どもたちを出迎え、笑顔でプレイルームに案内した。中山調査官は、美保が緊張しながらも笑顔を返さざるを得ない感じの笑みを浮かべるのを観察しながら、すっと子どもとの距離を縮める駒場調査官の手腕に感心していた。

プレイルームで遊びたがる翔真を宥めながら、今日は久しぶりにパパと会って一時間ほどここで遊ぶことになったこと、パパとの面会中は駒場調査官が同室すること、ママは、代理人や中山調査官らと隣の部屋からプレイルームの様子を見ながら待っていることなど、面会交流の試行についての説明を行った。

中山「美保ちゃんと翔真くん、説明はこれでおしまいだけど、何か聞いておきたいことはあるかな。じゃあ、三時半になったらパパを案内してくるから、それまで五分くらい、駒場さんと一緒に何か遊んでてもらおうかな」

翔真「はーい。おれ、これやりたいでーす」

駒場「いいねー。これやったことある？」

翔真「ないない。お姉ちゃんはある？」

美保「うーん、ないかも」

綾「じゃあ、ママ行くからね」

翔真「いってらっしゃーい！ばいばーい」

――中山調査官は、綾と小川代理人を控室用の調査室に案内した後、俊之と林代理人をプレイルーム隣の観察室に入室させた。

中山EYES　面会交流の試行時の工夫①

中山調査官は、交流が長期間途絶しているケースでは、中立人をいきなり子どもらと対面させるのではなく、観察室から数分でも子どもたちの様子を見せた上で、プレイルームに案内することにしている。久しぶりに子どもを見て、その成長に驚く人もいれば、感極まって泣き出してしまう人もいる。試行の開始で不慮のアクシデントが生じないようにする準備であり、別居親の子どもへの心情を観察する調査場面でもあるのだ。

——俊之は、駒場調査官と黒ひげ危機一髪に興じている二人を見て、「美保は何かお姉さんになった感じだなぁ」とつぶやき、「翔真も大きくなってる」とマジックミラーに近づいた。数分、子どもたちの様子をマジックミラー越しに見せた後、林代理人を観察室に残して、一度俊之を第5調査室に待機させ、入れ違いに綾と小川代理人を観察室に案内した。

中山調査官は、綾に対し子どもたちをマジックミラー越しに見た俊之の様子を説明し、この後、俊之を児童室に入室させる旨を告げ、第5調査室に戻った。第5調査室から俊之をプレイルームまで案内したところ、ドアの前で俊之は緊張を解くように「なんか緊張しますね」と落ち着かなげにつぶやいた。

中山調査官は、「では行きましょうか」と声をかけると同時にプレイルームのドアをノックし、扉を開けた。

【参考】面会交流の試行の流れ

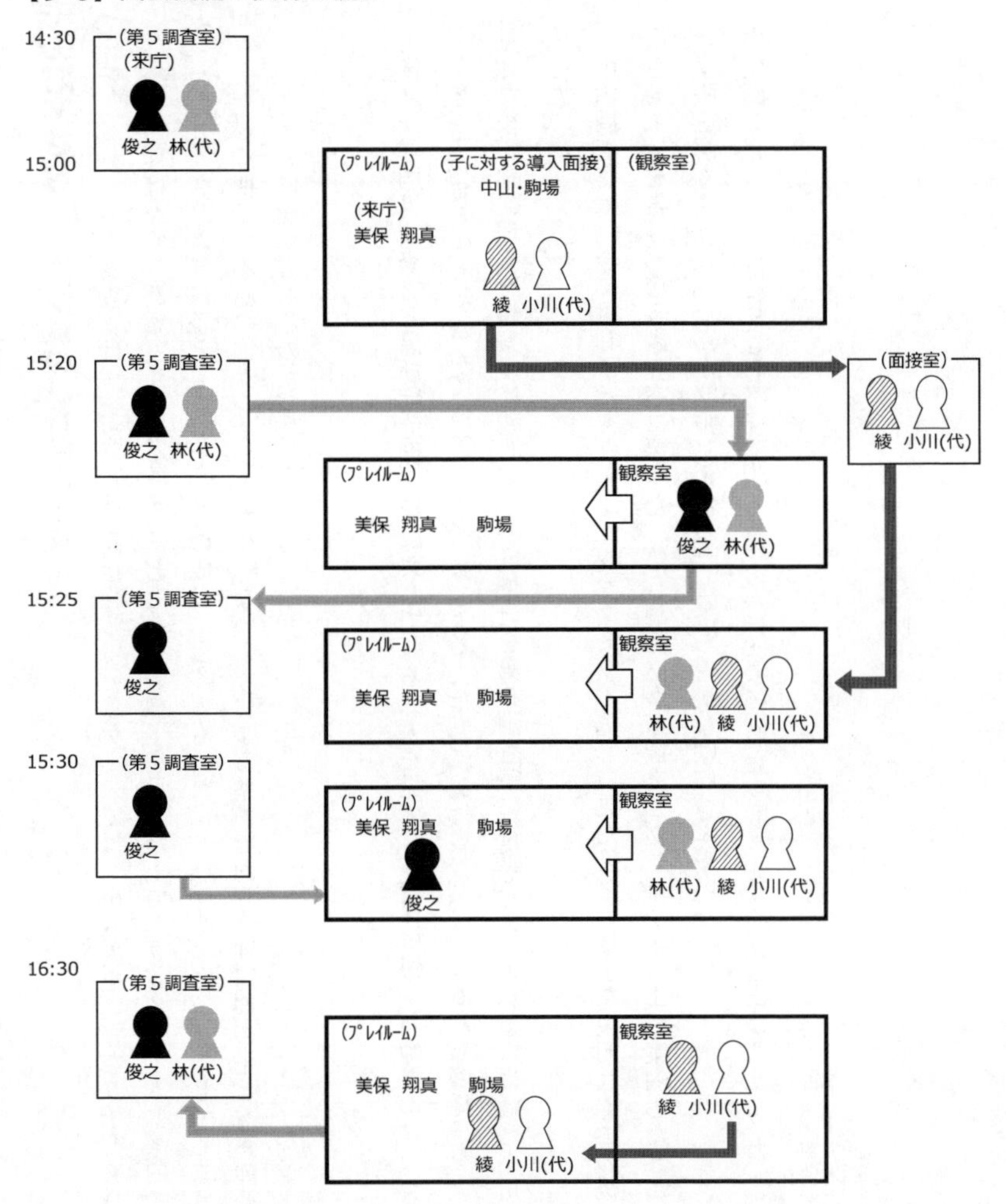

(2)　試行の開始

俊之「美保ちゃん、翔真、よく来たね～」
翔真「お、パパじゃん」
俊之「大きくなったな。身長どれくらいになった？美保ちゃん。良く来てくれたね」

――美保はうつむいたままで父親の方に顔を向けようとしなかった。

俊之「美保ちゃん、久しぶり。翔真くんは何年生になったんだっけ？」
翔真「二年だよ。知らないの」
俊之「いや、ほんとに久しぶりだなって思ってさ」
翔真「今さ、これやってたんだ。パパもやる？」
美保「翔真！」

ポイント

美保ちゃんは、屈託なくパパに話しかける翔真に尖った声を掛けました。ママへの気遣い、久しぶりに会う戸惑い、どんな顔をして、どう振舞えばよいのか、体が固まり、時間が止まってしまったような感覚なのかもしれません。

俊之「何のゲームしてたの？パパもやるよ」
翔真「黒ひげ危機一発っていうんだって。樽にナイフを刺していって、黒ひげが飛び出した人が負け」
俊之「だれの番なの？」
翔真「お姉ちゃん」

俊之「そうか、美保ちゃんの番なんだ」
美保「……」
俊之「美保ちゃんの番だって。やってごらん」
美保「……」
翔真「お姉ちゃん？」
美保「……」

俊之さんは、美保ちゃんの様子にまだ気づいていない様子です。
美保ちゃんは、どこか遠くで見知らぬ人の名前が呼ばれているようで、パパや翔真くんの声が聞こえていないようです。

俊之「じゃぁ、美保ちゃんの代わりにパパがやろうか」
翔真「えー、順番ぬかし」
俊之「駆けつけ三本」
翔真「なにそれ」
俊之「遅れてきた人は三回連続でやらないといけないっていうルール」
翔真「インチキじゃないの、それ」
俊之「大人の世界ではよくあるルールなんだよ。覚えておくといいぞ」
翔真「まぁ、いいか。はいこれ。三回分」
俊之「よーし、まずはここにしようか」

翔真「ドッカーン！」
俊之「わぁ！！」
翔真「パパの負け！ビビり過ぎでしょ」
俊之「いやぁ、ほんとに飛び出してくるんだ。びっくりした」
美保「……ドジ」
俊之「ははは。ドジは死ななきゃ治らない」
美保「死んでも治らないでしょ」
翔真「パパ、死んじゃうの」
美保「パパのドジは死んでも治らないってこと」
翔真「そだねー」
美保「ほんと、あんたってお調子者よね」
翔真「それほどでもー」
駒場「どうする？もう一回黒ひげやる？それともほかの遊びにする？」
翔真「ジェンガやろうよ」
駒場「美保ちゃんもジェンガでいい？」
美保「何でもいいですけど」
駒場「じゃぁ、パパと三人で黒ひげのお片付けとジェンガの準備をしようか」

――部屋の入り口で様子を見守っていた中山調査官はプレイルームを出て、観察室に入った。
プレイルームでは、俊之がジェンガを組み立てようとしたが、うまくいかずに崩れてしまった。

翔真「もう、パパ下手過ぎ」
俊之「ごめん、ごめん」
駒場「美保ちゃん、手伝ってあげてくれる？」
——美保は、無言で崩れたパーツを積み上げて山を完成させた。
俊之「ありがとう」
美保「別に」
駒場「じゃあ、始めようか。じゃんけんで順番決める？」
翔真「はい、はい！俺からがいい。小さい順がいい」
俊之「じゃあそうするか」
翔真「ラッキー！じゃあ、はじめよう」
美保「げっ。翔真、あんた一体どんなところから抜いてるのよ。それじゃすぐに終わっちゃうでしょ」
翔真「これが必勝法。スリルあるでしょ」
美保「まったくもう」
駒場「美保ちゃん、さすが。そこなら安心だね。私はここを抜きまーす」
はい、次は俊之さん、パパの番ですよ」
俊之「あ、はい、はい」
翔真「はいは、一回でいいの。分かってるかな、俊之さん」
美保「あんたほんとお調子者よね」
翔真「お姉ちゃんがいつもママに言われてること、言っただけでーす」

駒場「ねぇねぇ、美保ちゃん。翔真くんはおうちでは何して遊ぶことが多いの」
美保「ゲームばかりして、いつもママに怒られてます」
翔真「そうなのです。ママは怒りんぼうなのです。
　でも、それはここにいるワルノスのせいなのです」
美保「翔真。余計なこと言わないの」
翔真「実はお姉ちゃんも怒りんぼう」
駒場「いつもゲームしてるのかな」
翔真「もう、中毒なんだよ」
美保「こら。両手使うのなし！ずるしないの」
翔真「使ってないし」
美保「ちゃんと見てるんだからね」
俊之「あ！あー。あーあ」
翔真「はい。パパの負けー。正義は勝つ。悪は死ね」
俊之「えー。パパは悪なの」
美保「当然でしょ」
俊之「じゃ、もう一回やろうか」
美保「まだやるの」
翔真「まだまだやるよ〜」
駒場「美保ちゃんはほかにやりたいことあるのかな」
美保「いえ、別に」

駒場「分かった。あのシルバニアファミリーが気になってるんじゃない」
美保「え、あ、はい」
駒場「やっぱり。ここのセット、結構大きいでしょう。家具とかもいっぱいあるんだよ。じゃぁ、もう一回ジェンガしてからシルバニアで遊ぼうか」
美保「いいんですか」

――観察室では、マジックミラーとビデオモニターでプレイルーム内の様子を見ることができる。ビデオモニターで音声も聞けるのだが、状況によっては音声を拾いにくいことがある。

中山調査官は、綾及び双方の代理人に、少し時間がかかったものの父子三人での交流ができるようになったプレイルームでの状況を説明した。そして、美保がどうにか俊之と応対ができるようになったのは、抑えがたい感情を抑えて冷静に試行についての説明を行って同行してくれた綾のお陰であると伝えて綾を労った。

綾は、子どもたちが思いのほか穏やかに交流を始めた状況に居心地の悪さを感じていたが、調査官から労われたことで心が軽くなるのを感じて目礼して、視線をマジックミラーに戻した。

小川代理人が、翔真くんがいなかったらもっと険悪な雰囲気が続いてしまったかもしれませんねと述べ、林代理人も駒場調査官がうまく会話を引き出してくれていると感想を述べた。

中山調査官は、俊之の子育て関与は綾の指示、指図があってのことだと綾が強調していたことを思い出したと伝え、綾に「彼は不器用な方なんですね」と投げかけた。綾は、自分が感じている俊之へのマイナス感情を代理人や調査官から支持されたように感じ、心身のこわばりがほぐれるような気がした。

プレイルームでは、ジェンガが終わり、シルバニアファミリーのセットが広げられていた。

観察室で試行場面を目にする同居親の心情は複雑です。

子どもが嫌がったり怖がるのではないかと気遣う気持ちが強いこともあれば、別居親を見るだけで怖れや不快な感情が溢れ出してしまうこともあります。子どもの負担を心配しつつも、別居親と楽しそうに笑顔を交わす子どもを見て、裏切られたように傷ついてしまうことも少なくありません。

綾さんは、嫌がっているはずの美保ちゃんが試行場面になじみ始めているのを見て、複雑な心境になっていましたが、調査官からの声掛けによってどうにか安定を保てたようです。

駒場「美保ちゃん、これはどこにするの」

美保「こっちが台所で、こっちがお風呂」

駒場「じゃぁ、このベッドは二階かな」

美保「はい。すごい、こんな小さなジョーロなのに、ここ動くんだ」

駒場「シルバニアの小道具ってすごいよね」

翔真「ねぇねぇ、見て見て」

駒場「あらあら、プラレールも出したんだ」

翔真「うん。家の近くに電車が走ってたら、便利でいいでしょ」

美保「もう、勝手なことしないでよね」

駒場「あ、でも。それいいアイディアかも。翔真くんはパパに手伝ってもらってプラレールを完成させたらいいんじゃない」

翔真「おれ、一人でもできるし」

俊之「じゃあ、できるところまでやってごらん」

翔真「オーケー」
駒場「すごーい、美保ちゃん。お庭でご飯食べるのっていいよね。すてき。なんかパーティみたい」
美保「この子のバースディパーティで、みんなが集まってくれたの」
駒場「そうなんだ。すてき、すてき。
へぇー。美保ちゃんの誕生パーティもやってもらったの？」
美保「はい。ママ、お料理好きなんで」
駒場「へぇー。そうなんだ。ママはどんなご馳走作ってくれたのかな」
美保「えっと。ローストビーフとかエビフライとか」
駒場「ふーん。お肉もお魚も両方ありだね。美保ちゃんも何か作ったのかな」
美保「サラダ作りました」
駒場「どんなサラダ作ったの」
美保「えっと、ゆで卵の黄身をつぶして白身を刻んで、マカロニと人参と胡瓜を入れてマヨネーズで和えたサラダ」
駒場「すごいね。おいしそう。翔真くん、お姉ちゃんのサラダおいしかった？」
翔真「まぁまぁね」
美保「あんたが一番食べたんでしょ」
翔真「まぁね」
駒場「そうなんだ、すごいね。パパにも食べさせてあげたいね」
俊之「パパも食べたいなぁ」
美保「どうせ、ソースかけちゃうんでしょ」

駒場「え、何、それ。どういうこと」
美保「パパは、ママが何を作ってもソースかけちゃうから」
駒場「そうなんですか」
俊之「え、まぁ」
駒場「パパ、ソースが大好きなんだ」
美保「味音痴なんです」

ポイント

美保ちゃんは、一生懸命に味付けをした料理にソースをかけられてがっかりするママの気持ちに気づいていたのですね。
子どもは両親の争いの中で様々な出来事を見聞きしています。日常生活の些末なエピソードを語る子どもに鋭い洞察力が垣間見られ、ハッとすることが少なくありません。

駒場「パパ、たじたじですね～」
俊之「はぁ」

――駒場調査官は、初めはどうなることかと思いながらも、どうにか父娘の会話が成り立ってきたことにほっとし、目立たない様に介入の度合いを減らしていった。
美保のわだかまりは解けていないし、さすがの俊之も戸惑って距離を測りかねている様子ではある。父母の紛争が大きく影響しているのは間違いなさそうだが、美保の成長と長期間の交流途絶による気まずさもあるように感じる。長期間の交流途絶の影響については面会を重ねることで自然に氷解するだろう。
最も気になるのは父母の紛争の影響だが、美保の言動からは、俊之への直接的な拒否や攻撃というより、綾を庇う心情が感じられる。俊之が入室した直後の張りつめた感じはなくなってきており、少し安心する一方、父娘のぎこちなさが何に起因するのか見定めようとしていた。

翔真については、俊之の入室前後で様子に大きな変化は見られず、俊之とも特段わだかまりなく応答している。父母の紛争の影響がほとんど感じられない点は気がかりと言えば気がかりであるが、会話はその場に即した内容、心情でやりとりできているし、遊びや行動にも問題は感じない。今後の面会を考える上では、俊之と美保との関係を緩和する存在として期待できるのではないかと考えていた。


──観察室では、中山調査官がプレイルームでの子どもらの言動と普段の様子との差異について綾に尋ねていた。

細かい小道具を丁寧に並べる様子から美保の几帳面な性格がうかがえたが、日ごろの生活でもうるさく言わなくても整理整頓をしたりするとのことであった。また、物を捨てるのが苦手で、誕生日プレゼントや旅行のお土産などで人からもらったものを捨てられないという話もあった。

翔真は、普段から物事に頓着せず、思ったことをそのまま口に出し、買い物に行っても「前買ったらおいしくなかった」とか「高い」などと平気でいうので恥ずかしい思いをするとのことだった。

俊之との関係では、プレイルームでの父娘関係はかなりぎこちなく、美保の意地悪な対応は自分の責任かもしれないと涙ぐんでいた。

翔真との関係については、まだ翔真が小さかったので比較はできないが、あんなにワルノスをやっつけてやると言っていたのにと苦笑いしていた。

中山EYES　面会交流の試行時の工夫②

薄暗い観察室の中での小声のやり取りでは、構えが低くなり本音ベースでの言葉や表情が示されることが多く、その分、調査官側からも率直な言葉を投げかけやすい。拒否的な姿勢にならざるを得ない同居親を支持しつつ、別居親の努力や長所、憎めない点なども取り上げ、これまでの調査結果と現在進行形で繰り広げられる試行場面とを交錯させながら、継続的な面会交流に向けた働きかけや具体的な面会交流の在り方についての妥協点の模索などを行っている。

この観察室でのやりとりで本音で囁き合える関係を形成できるかどうかが合意形成の鍵になることも多かった。そして、中山調査官は、初期の調停期日や主張整理の段階からどんな経路でここにたどり着けるかを考えながら関与するようにしていた。

――終了予定時刻まで一〇分を切ったところで、中山調査官は、そろそろ片付けをしてもらいましょう、今後の面会や調停について、美保ちゃんにも少し説明しておいた方がよいと思いますので、少し早めに切り上げますと告げ、観察室を出た。

中山調査官がノックしてプレイルームに入室し、片付けを指示すると、翔真は、「もう終わりの時間?」と言いながら、美保に倣ってすぐに片付け始めた。翔真がプラレールを外して乱雑に箱に入れるのを美保が見咎め、裁判所のものなんだからもっと丁寧にやりなさい、次に使う人のことを考えて片付けなさいと注意をした。美保はもともと置いてあったものよりずっときれいに並べ片付けた。俊之がフィギュアを美保に手渡したり、これはどこ?と美保に聞くなどわずかだが父娘が意思疎通する様子も見られた。

中山調査官は、遊びの導入や遊び場面では積極的に介入していた駒場調査官が片付け場面では自然に手を引いて部屋の端で様子を見守っているのを頼もしげに眺めた。

面会交流の試行では、援助のタイミングと程度の匙加減が難しい。タイミングが早過ぎると親子関係や親の関わりの観察に支障が出るし、遅すぎると場が冷え切って柔らかで楽しい雰囲気を作りにくくなる。程度も同じで、援助しすぎると調査官がピエロのようになって楽しく遊ぶだけの場になってしまうし、不足するとぎくしゃくした嫌な感じを残してしまう。事前に子どもたちとの面接や家庭訪問を一緒にやっていなくても、これだけ絶妙に動いてくれる共同調査者に出会えたのは長い経験の中でも初めてであった。

⑶　試行の終了

中山「きれいに片づけてくれたね。なんか最初よりきれいになった感じがするね。翔真くん、どうもありがとう。美保ちゃんが次に使う人のことまで気遣ってくれているのを見て感動しちゃいました。どうもありがとう。

今日のパパとの面会はこれで終わりになります」

翔真「やったー」

中山「楽しそうにしてたのに、やったーなのかな？

最後にパパと一緒にいるところで、これからのことも含めて説明しておきますね。翔真くんにはちょっと難しいところもあるかもしれないけど、聞いてくださいね」

――中山調査官は、面会交流調停と離婚裁判の手続を分かりやすく説明し、面会についてはママとパパとで話し合って決めていくことをあらためて伝えた。そして、会いたくないと思う時があってもいいし、当然会いたいと思う時もあるはずだと前置きして、一緒に暮らすことができない分、会う時は楽しく、良い時間を過ごせるようママとパパとで一番いいと思う方法を考えていくから安心するよう伝えた。

中山調査官は、美保ちゃんたちに裁判所での手続や面会交流についてあらためて説明しました。意向調査のときの説明よりも、面会交流の実施に向けて踏み込んだようです。ただし、面会交流の試行では、子どもが別居親と安心して交流できることに焦点化するのが一般的で、今後の面会交流を働きかけていると受け取られないよう慎重な対応が必要です。

中山「じゃあ、これで本当におしまいにするけど、何かパパに言っておきたいことはありますか」
翔真「ばいばい」
中山「美保ちゃんはどうかな」
美保「ママと……ママといるから」
中山「この前いろいろ教えてもらった美保ちゃんが心配していることは、ちゃんとパパに分かってもらっているからね。ママに意地悪をしないで欲しいし、美保ちゃんはママと暮らしたいって思っているんだね」
美保「はい」

中山調査官は、俊之さんが同席しているところで、美保ちゃんが一番心配していることを言葉にして確認しました。美保ちゃんが勇気を奮って声に出した不安をきちんと受け止め、俊之さんに伝えています。これまで俊之さんへの主張整理調査、美保ちゃんへの意向調査を経て、それぞれの心情を把握し、信頼関係を作ってきているからこうしたやりとりが可能になっているのですね。

中山「パパからはどうですか」

俊之「美保ちゃん、翔真、今日はありがとうね。元気そうで安心した。みんなに悲しい思いや嫌な思いをさせるつもりはないんだけど、パパも一生懸命頑張ってるんだけど、でも、いろいろごめんね。

ママの言うことちゃんと聞いて。元気でね。またね」

中山「じゃあ、パパにバイバイしようか」

翔真「バイバーイ」

美保（小さく手を振る）

――中山調査官は、観察室から林代理人を退出させて俊之と一緒に第５調査室に待機させ、そのあとに綾と小川代理人を第１面接室に案内してからプレイルームに戻り、駒場調査官と二人で美保と翔真から感想を聴取した。

美保は、言葉少なで、何度か質疑を繰り返した。美保としては、会いたがらないことで父から怒られるかもしれないと心配していたが怒られなかったので思っていたより怖くなかった、久しぶりなのもあってどう話して良いか分からなかったとのことであった。

翔真は、ジェンガ、黒ひげ、プラレールが楽しかったと言い、パパがジェンガで連続して負けたのが一番楽しかったと笑っていた。ワルノスをやっつけるのではないかと心配していたと突っ込むと、照れたように笑った。

中山調査官は、子どもたちから面会交流の試行で楽しかったこと、心配だったことなど感想を聞いています。観察した子どもたちの言動と聴取した感想を重ね合わせて、美保ちゃん、翔真くんがそれぞれ俊之さんとの再会をどのように受け止めたのかより正確に把握しようとしています。また、試行場面で生じた不安や緊張を和らげ、父子の再会を肯定的に捉えられるよう働きかける意味もあるのです。

中山調査官は、綾の感想や反応は観察室で確認できていたことから、ママを呼んできて本当に終わりにしようと告げて、綾と小川代理人をプレイルームに入室させた。

綾は、笑顔を作って、どうだった?と尋ねた。翔真がパパと言いかけて、「ワルノスがジェンガ下手なのが楽しかった」と答え、美保は「別に。大丈夫だった」とうつむいていた。綾は、「シルバニアファミリーがいっぱいあって良かったね」と美保を抱き寄せて頭をなで、「頑張ったね。ごめんね」と涙ぐんだ。翔真が「俺の方ががんばったもんねー」と言うと、ぷーとおならをし、「くっさ！」と倒れ込んだ。美保と綾は吹き出し、プレイルームは笑いに包まれた。

ひとしきりみんなで笑った後、中山調査官は、綾らを再度労い、美保と翔真から聴取した感想を綾に伝えて、エレベーターまで見送った。

綾たちを見送った後、第5調査室に戻り、俊之の感想を聴取し、予定していた課程はすべて終了となった。

【参考】調査報告書（面会交流の試行～意見欄要旨）

１　試行結果

父子の面会交流は，当事者双方が約束を守り，スケジュールどおり実施することができた。

２　試行の概要及び評価

長男は，直ぐに父になじみ，父を遊びに誘い，黒ひげ危機一発やジェンガなどの遊びを楽しんだ。長女は，当初父と目を合わせようとせず，父のことを避けがちで，会話もぎこちないものであった。その後，長女は，同席した調査官の援助や長男の自由さの影響も受けて，時間の経過とともに，父からの問いかけに答えるようになり，父と遊ぶことができるようになった。そして，長女は交流の中で，父に対して母の不満をぶつけたり，最後に自らの意向を述べるなどした。全体を通じて，父と子らの関係が，険悪で対立的なものでないことが確認でき，交流自体は特段の問題がなかった。

交流の様子を見ていた母も，父の対応について特段の問題は指摘していない。

ただし，父は，長女の様子を見ながら遊びを変えたり，勇気を振り絞って母と暮らしたい旨を伝えてきた長女に対して，心情をくみ取ったり安心させるなど適切な対応をとることができなかった。また，ふたりを相手にして３人で遊ぶことも十分にはできなかった。

３　長女の拒否的言動についての分析

面会交流の試行によって，父子関係が不良なものではないことが明らかになり，長女の拒否的な言動が，父との二者関係に起因するものではなく，父母による紛争の板挟みによるものであることが明らかになったといえる。また，父母の紛争の影響である拒否の程度も一定の援助があれば面会交流を実施できる状況であることも確認できた。長女が受けている父母の紛争の影響を軽減し，円滑で継続的な面会交流を実現するためには，面会交流を行っても現状の生活に不安が生じず，同居親である母も面会交流が子どもたちにとって望ましいものだと受け止めていることを長女に実感させていく必要がある。

４　今後の進行

そのため今後の進行としては，面会交流を実施する方向で調整していくことが望ましい。頻度については，父が遠隔地に住んでいることから２か月に１回程度が双方にとって無理が少ないと考えられる。日程調整の方法，受渡場所及び受渡方法，面会時間，面会場所，面会方法など具体的な面会交流の在り方を検討する上では，まずは子どもらにとって負担，不安の少ない方法を検討できるよう調整を進めることが肝要である。

18 第6回調停期日～具体的な面会交流の在り方を調整しつつ、代理人の援助による期日間の任意の面会交流実施の同意を得る

(1) 俊之への聴取①――試行で見られた懸念に無自覚のまま宿泊や定期的な面会を求める俊之

藤田「久しぶりにお子さん方に会われて、いかがでしたか」

俊之「ようやく会わせてもらうことができました。ありがとうございました。感謝しています」

藤田「お子さんたちの反応はどうでしたか」

俊之「こういう場所なので、普段どおりという訳にはいかなかったと思いますけど、でもまぁ、こんな感じかなぁと思います」

滝山「美保ちゃんはなかなか打ち解けられなかったようですが」

俊之「ええ。こういう場所なので仕方ないんじゃないでしょうか」

滝山「こういう場所というのは？」

俊之「裁判所で、みんなに囲まれている中で自然にしろと言っても、大人でも無理ですよね」

俊之さんは、美保ちゃんが打ち解けられなかったのは、裁判所という慣れない緊張する場所で行ったことが原因だと捉えています。美保ちゃんは、両親の離婚が不可避になっている状況への悲しさやママと暮らせなくなってしまうことへの不安、ママとパパへの気遣いなど、両親が争っていることでとても大きな影響を受けているのですが、俊之さんはまだそのことを正面から受け止め切れていないことが分かります。

滝山「そうかもしれませんね。俊之さんも緊張されましたか」

俊之「緊張という訳ではないですが、どうしてもぎこちなくなったと思います」
滝山「そうですよね、お疲れさまでした。
　ところで具体的な面会交流の在り方についてはどのようにお考えでしょうか」
俊之「早く、裁判所ではない場所で定期的に面会を続けたいです」
林「私の方から整理してお伝えさせていただいてよろしいでしょうか」
滝山「はい。お願いします」
林「まず頻度についてですが、調査官の報告書で指摘のあったとおり遠隔地に居住していることもありますので、二か月に一度程度でどうかと考えています。日帰りの面会は、
　ただ、学校の長期休暇には泊りがけでの面会を認めてもらいたいと考えています。
俊之さんがこちらに出向き、綾さんの都合の良いところでの受渡しで構いません」
滝山「ご希望については綾さんにお伝えして調整していければと思います。受渡方法や日帰りの面会時間などはどのようにお考えでしょうか。あと、宿泊は何泊程度をお考えですか」
林「受渡場所や方法については、できる限り綾さんの都合を優先させるつもりです。お子さんの体調や予定などにもよりますので、これ以外は絶対譲れないといったものではありません。ただし、時間は最低半日、夕食まで一緒に過ごせるようにしてもらいたいと考えていて、具体的には午前一〇時頃から午後八時くらいを希望します。宿泊は夏休みで三～四泊、冬休みで二～三泊程度を考えていますが、これは柔軟に考えたいと思います」
滝山「分かりました。俊之さんご自身で付け加えたいことや補足したいことはありますか」
俊之「いえ。監視のない形で早く普通に会えればと思います」
滝山「俊之さんのお気持ちやお考えとしては、よく分かりました。頻度や方法については、相手方の意向を

聞きつつ調整していければと思います。代理人の言葉にあったとおり、柔軟に対応していただくのが肝要です。」

俊之「しかし、柔軟にといっても」

――俊之が「柔軟に対応するのが肝要」との滝山委員の発言に反発する姿勢を見せたため、中山調査官は俊之の言葉の途中で発言を求めた。

中山「少し、よろしいでしょうか。美保ちゃんが拒否的な姿勢を示したのも試行場面でわだかまりが解けきれなかったのも、俊之さんの責任ではない部分が大半だと思いますし、綾さんが面会交流に消極的なのは俊之さんだけに帰責されるものではありません。ただ、円滑で継続的な面会交流を確保していくには、今の現状を出発点にするしかないということを十分に理解して、受け入れていただくことが大事だと思っています。その点はよろしいでしょうか」

俊之「今のような状況になってしまったのは相手方の身勝手な行動が原因ですよね。その結果を私だけが受けなければならないのでしょうか」

俊之さんは、美保ちゃんたちとの交流が途絶し、円滑な交流が難しい状況になってしまったのは、綾さんが一方的に別居を強行したからだと考えています。俊之さんの立場に立つとその気持ちも分からなくはありませんが、同居親を責める気持ちが前面に出てしまうようでは円滑な面会交流は望めません。中山調査官は、俊之さんの気持ちに理解を示しながら、美保ちゃんたちの現状に見合った交流の在り方に目を向けるよう促しています。

中山「お気持ちはよく分かりますし、俊之さんだけに我慢や譲歩をお願いするということではありません。

お子さんとの関係について言えるのは、俊之さんの言われる普通に生活している中では「ふつう」だったはずですが、残念ながら、俊之さんが単身赴任した年の夏以降、お子さんにとっては、徐々に普通でなくなってしまった状況があります。これも俊之さんにとっては腹立たしいことだと思います。
一方、俊之さんは、今回の試行により、お子さんの気持ちや状況を汲み取ってうまく対応するのは得意ではないという面も明らかになりました。こうした今の状況から出発せざるを得ないことを念頭に置いていただきたいと思っています」

俊之「つまりどういうことでしょうか」

藤田「例えばですね。先ほど長期休暇の際の宿泊の希望を出されていましたが、いきなり何泊ものお泊りは難しいかもしれませんし、日帰りの面会時間についてももっと短くしてもらいたいという希望が出るかもしれません。そうした場合にも柔軟に対応していただければと思うのです」

林「しかしそれでは、先ほどの調査官の条件面での譲歩を申立人だけに求めるわけではないというお話と矛盾しませんか」

俊之「そのとおりです。納得しかねます」

ポイント

俊之さんと林代理人は、同居中の俊之さんと子どもたちの父子関係が特に悪くなかったこと、別居後も子どもたちが俊之さんの単身赴任先に泊りがけで遊びに来て楽しく過ごせていたことから、宿泊での面会交流を難しいものだとは考えていないようです。
一方、調停委員会は、過去の父子関係や単身赴任先への宿泊実績があったとしても、美保ちゃんが両親の紛争が顕在化する中でその影響を強く受けていて調査官のサポートを受けた面会交流の試行ですらぎくしゃくした状況であったこと、俊之さんが必ずしも子どもの心情や状況に応じた柔軟で適切な対応をとるのが得意ではないこと、綾さんの心情的な抵抗も強いことなどから、俊之さんが求める

宿泊交流の実現には相当な困難があると考えています。

藤田「綾さん側は、まだ試行に応じただけで、面会に応じるとは言っていない状況です。それに対して、面会に応じるよう働きかけをしているところです。決して俊之さんに一方的に譲歩を求めている訳ではありません。調査官の話も俊之さんだけに譲歩を求めるわけではないということで、譲歩しなくてよいということではありません」

林「それはそうです。だから初めから柔軟に考えるとお伝えしているはずです」

滝山「そうですね。条件面のお話は先方にお伝えした上で調整をしていきましょう。ところで、調査官の話の後半部分、今、少し難しい状況になってしまっている中で、特に美保ちゃんの心情や状況を汲んだ対応に苦慮されるのではないかという点について、どのように感じておられるのでしょうか」

俊之「確かに同居していたころとは勝手が違う気はしましたが、しばらくぶりでしたし、こうした状況でもあるので仕方ないかなと。泊まりに来たり、遊びに行ったりすれば、普通に戻れるのではないかと思います」

滝山「私たち調停委員は、試行の場面を直接見ていないのですが、調査官の報告書を読む限り、もう少し深刻な状況だったのではないかと思っていました。調査官の書いた報告書で、俊之さんとして事実関係が違っているのではないかと思っておられるところはありませんか」

俊之「そんなに詳しくは見ていないのですが、特に違っているとは思いませんでした」

滝山「観察室からご覧になっていた代理人はいかがですか」

林「そうですね。言葉のやりとりは十分に聞き取れないところもありましたが、客観的に報告していただいたのではないかと思っています」

滝山「ありがとうございます。これから交替していただいて、俊之さんのご希望をお伝えして、綾さんからも主張やご意見を聞いて進めていきます。
　試行時の美保ちゃんとのやりとりについてですが、私たちの感覚ですが、調査報告書を読んだ限りでも、俊之さんが希望されている泊まりに来たり、遊んだりという普通の状態に戻るためには、乗り越えるハードルがあるように感じます。調査官に聞きたいのですが、そのハードルを越えるための方法として何か助言はありませんか」

中山「本件とは別個のことなので、報告書には書けませんでしたが、離婚が成立するか否かが大きなポイントになるのではないでしょうか。円滑な面会交流を実現するための環境整備という観点から見ると、離婚の成立はとても大きな要素だと思われます。美保ちゃんが意向調査の中でも試行でも「ママといたい」と言っていたのは記憶されていると思います。また、調停のたびに綾さんが怒りっぽくなるという話もありました。俊之さんは、離婚自体には異論はないようにもお聞きした覚えがあるので、それであれば、早期に離婚して夫婦の軋轢をなくしていくのが面会交流の環境整備としてはもっとも大きいと思っています」

　中山調査官は、離婚することが面会交流の環境整備になるのではないかと発言しています。その理由として二つを挙げています。一つは、美保ちゃんが面会交流に消極的なのは、離婚後の生活、特にママと暮らしたいのにそれが叶わなくなるかもしれないとの不安があるからで、親権者が綾さんになれば安心して面会交流に臨めるのではないかということですね。もう一つは、離婚によって綾さんの気持ちが安定すれば、両親の紛争によって板挟みになっている美保ちゃんの状況も改善し、面会交流に前向きになれる可能性があるのではないかということです。

藤田「実際のところ、離婚についてはどんな状況なのですか」
俊之「綾との離婚は仕方ないと思いますが、離婚する理由もよく分からないですし、離婚するなら経済的に安定している私の方が親権者になった方が良いと思っています」
藤田「親権者になると言うのは実際にお子さんを引き取ることを考えているのですか」
俊之「まだ、そこまでは」
林「基本的には離婚を求められる事情はないというのが俊之さんとしての主張です。ただ、円満に修復できるとも思っていないので、訴訟では予備的に離婚条件も提示し始めています」
中山「面会交流と離婚条件を交換条件にするような調整はできませんが、面会交流の環境整備の観点から何か提案できることがないかどうか検討いただくのは有効かと思います」
林「どのような対応ができるか分かりませんが、俊之さんと少し検討させてください」
滝山「お願いします。それでは交替していただきましょう」

——両調停委員と調査官は、当事者の入れ替えに際して打合せを行った。
三者とも綾への対応の難しさを覚悟していた。

藤田「綾さんはどんなことを言ってきますかね。すんなりと面会交流の実施には応じないように思いますが」
滝山「藤田さん。焦らずいきましょうよ」
中山「綾さんのように、心情的な拒否が強い場合は、説得に頼らず、具体的な不安や疑問を挙げてもらい、それへの対応策を一緒に考える姿勢が良いように思います」

――中山調査官は、進行に不安を感じている委員に対し、アドバイスをした。

三人とも甘い見通しは持っていない、抜け道も近道もない、ここからが調停なのだ。

(2) 綾への聴取①――美保の負担を理由に間接交流を求める綾

――調停委員会は、試行後の子どもたちの様子から確認した。

綾は、初回期日のころのように硬い表情で、美保が試行の翌日に頭痛を訴えて元気がなかったと話した。今回、前回の子の調査の時とは異なり熱は出なかったが、話をしなくなるなど明らかに美保の様子がおかしかった、面会交流が良くなかったのだと思うと述べた。

翔真に関しては、体調や言動に変化はなかったといい、子どもたちから試行の話題が出ることもなく、綾からも何も尋ねていないとのことであった。

藤田「今日は少し硬くなっておいでのようですが、大丈夫ですか」
綾「はい。大丈夫です」

綾さんは、心のこわばりが体に出ているようです。前回の意向調査に続いて美保ちゃんが体調を崩したにも関わらず、調査報告書では面会交流を実施する方向性が示されていたため、対決モードになっているのかもしれません。
しかし、これまでの聴取や主張整理で得られた情報に加え、意向調査の後に発熱で学校を休んだのに比べ、実際にパパに会った面会交流の試行の後の方が体調不良の程度が軽く済んだ状況からも、美

保ちゃんの体調不良は父子関係に起因するのではなく、父母の紛争の板挟みによるものだと考えられます。調停委員は、綾さんの心情に配慮をしながらも、美保ちゃんの体調不良の原因を父親に会いたくないからだとする綾さんの認識を修正する方向で働きかけていきます。

藤田「本題に入りますが、最初に調査官の報告書をお読みになって、分からなかった点やご意見があれば伺っていきます。いかがでしたか」

綾「はい……」

藤田「不明な点や確認したいところなどはありませんでしたか」

綾「はい」

藤田「代理人からはいかがですか」

小川「私も観察室から見させていただきましたので、よく実際の雰囲気が伝わるように報告してもらっていると思います。

少し私の方からよろしいですか」

藤田「はい」

小川「事前に綾さんと打合せをしてまいりました。先ほど綾さんから美保ちゃんに再度体調不良が生じたとお話しましたが、やはり美保ちゃんにとって面会交流は非常に負担の大きいものだと考えています。ですので、直接の交流は時期尚早で、間接交流から始めるのが穏やかではないかというのが私たちの考えです」

藤田「はい」

小川「前回調停の最後に調査官から聞いたお話や今回の調査報告書でも、裁判所は面会交流を進める方向で考えておいでですが、やはりお子さんの負担の大きさを軽視すべきではないと思います」

藤田「お子さんへの負担の大きさから、まずは間接交流から始めることにしたいということですね。綾さんは、付け加えたいことはありませんか」

綾「美保は、普段は風邪ひとつ引かない子です。それが熱を出したり、頭痛を訴えたり。毎日の生活に支障が出るような面会が子どものためになるとは思えません。少なくともこれだけ大きな負担を感じなくなってからでなければと思います」

滝山「調査の後に体調を崩したということで、慎重になっておられるのですね。そのお気持ちはよく分かります。綾さんとしては、美保ちゃんの体調不良は風邪などの病気ではなく、負担がかかったためだとお考えなのですね」

綾「はい。今回は受診しませんでしたが、前回は風邪などの症状のない発熱でしたし、今回も頭痛の原因は面会交流以外に思い当たることはありませんから」

滝山「なるほど。たしかにそうかもしれませんね。そうすると、美保ちゃんにとっての負担、ストレスは何なのでしょうか」

ポイント

綾さんは、美保ちゃんが体調を崩したのは俊之さんと会いたくないのに無理をして会ったことで精神的な負担を受けたからだと考えています。そして、大きな負担をかけ過ぎないために、すぐに直接面会交流を始めるのではなく、間接的な交流から始めるのが美保ちゃんのためだと主張しています。

これに対して滝山委員は、美保ちゃんの負担になっているのが何であるのか疑問を投げかけました。綾さんと同じ目線に立ちながらも、美保ちゃんの心身の状況をより深く、正確に理解することが大切ではないかと働きかけています。

綾「それは会いたくないのに面会をしなければならなかったからに決まっているでしょう」

滝山「会いたくないのに会わなければならなかったから、ということですか」

綾「それ以外に何か考えられますか」

滝山「どうなのでしょう。調査報告書を読む限り、美保ちゃんが体調を崩してしまうほど面会を嫌がっているとまでは思えなかったものですから」

小川「お子さんなりに我慢をしていたけれど、身体が正直に拒否反応を示したということではないかと思っています」

滝山「なるほど。ただ、私は、少し違和感も感じるのですが、調査官、いかがですか」

中山「美保ちゃんが体調を崩した原因が一時的に降りかかったストレスによるものではないかという点は、同意見です。ただ、そのストレスの中身がパパに会いたくないのに会わなければならなかったからかどうかについては、もう少し丁寧に考えてみる必要があると思います」

綾「どういうことでしょうか」

中山「美保ちゃんがなぜパパに会いたくないと言っていたのかを考えてみましょう。この調停が始まった当初、綾さんは翔真くんにいじわるするからだと美保ちゃんから聞いていました。しかし、具体的な事情などについてはよく分からなかった、ということでしたね」

綾「ええ」

中山「調査官調査の結果、美保ちゃんが両親の関係をパパがママをいじめていると捉えて俊之さんに拒否的になっていること、さらにご両親が別々に住むことになった際、美保ちゃんは綾さんと暮らしたいと思っているけれど、両親が自分たちを引っ張り合っていて、パパと交流するとママと暮らせなくなってしまうのではないかと心配していることが分かりました」

滝山「そうでした」

中山「前回の試行では、1年半の交流途絶があった現在でも、美保ちゃんと俊之さんの父子関係そのものは険悪で対立的なものではないことも確認できました。こうしたことから考えると、体調を崩すほど会いたくないパパに会わせるのは負担が大き過ぎると断定するのは難しいのではないでしょうか」

小川「しかし、体調不良が二度も続いているのですよ」

中山「そのとおりです。美保ちゃんが感じているストレスを軽減することが大切だと思います」

中山調査官は、美保ちゃんにとって負担があるから直接面会交流を行うべきではないという綾さん側の論旨に対し、負担を軽くするためには美保ちゃんが感じている負担の内容を吟味する必要性を指摘して、面会交流をするかしないか、直接か間接かといった二者択一の考え方に陥らないようにしていますね。

小川「ですから、まずは大きなストレスがかからない間接的な方法から始めるべきではないですか」

滝山「直接交流に比べて間接的な交流の方がストレスが軽くなるという可能性はあると思います。ただ、その前に美保ちゃんが面会交流で受けるストレスが何であるのかをもう少し丁寧に理解しておかなければならないと思います。そうでないと、間接交流から直接交流につながっていくかどうか、直接交流よりも間接交流の方が美保ちゃんのためになるのかの判断がしきれません」

小川「調査官はどのように理解されているのですか」

中山「一言でいえば、報告書にも記載したようにご両親の不和の影響だと考えています。もう少し細かく見てみると、綾さんの俊之さんに対する拒否的な感情の影響を受けているのだと考えられます。美保ちゃんの中では、先ほどの理由で俊之さんに否定的な部分もありますが、昔パパに買ってもらった髪ゴムを大切に取ってあることにみられるように、一人しかいないかけがえのないパパでもあります。そして、美保ちゃんにとっては誰よりも身近で、庇護を受け、大切な存在であるママがそうしたパパを強く嫌ってしまっていることも知っています。そうした中でパパと会うことはママへの裏切りのように感じてしまうでしょうし、会って拒否的な態度を貫くことはパパにも申し訳ない、そんな状況だと考えられます」

中山調査官は、報告書で記載した内容をかみ砕いて説明しています。閲覧謄写によって報告書の内容をすべて理解してもらうことは難しいことも多く、調停でのやりとりの中で理解を浸透させていくことも多いのです。

滝山「そうした板挟みの状況が改善しないと美保ちゃんの負担は軽くならないということですね」

中山「そうだと思います。もちろんお子さんが受ける負担があまりにも大きな場合には、対症療法的に交流の方法を変える必要があることもあるでしょうが、発熱や頭痛の状況を踏まえると、鈴木さん親子の場合、交流方法を変える、間接交流を考えるよりも、美保ちゃんのストレスの源である板挟み状況を何とかする方が望ましいと考えられます」

小川「しかし、それではどうすればいいということになるのですか」

滝山「私は、前回の調査官の話を思い出します。言うほど簡単ではないのでしょうが、綾さんご自身が面会交流の意義を受け入れるということではないでしょうか。それは、綾さんがご自身の気持ちと美保ちゃんの気持ちが異なるものであることを本当の意味で理解することから始まるように思います」

藤田「夫としては許せなくても、父親としては悪いところばかりではなかったのではないか、我々第三者は簡単に言えても、綾さんがそのように整理することは難しいことでしょうね。たとえそれがお子さんのためだとわかっていたとしても」

――綾は、手を握り締めても流れる涙を止められなかった。

なんで私がこんな目に合わなければならないの。あんな人と結婚したのが間違いだった。勘違いだった。私の見る目がなかった。

季節ごとに飾ったお花、食器に合わせた料理、飲みやすい温度で出すお茶。一言で良かった、「きれいだね」、「おいしいね」、「ありがとう」、本当に一言で良かったのに。心をかけたもの、手をかけたもの、それに気づいてくれるだけで良かったのに。

そんなささやかな願いも届かず。子どものことも家のことも何一つ自分では考えなかった人なのに。私、一生懸命やってきたのに。なのに、離婚するしかなくなってしまって。なのに、離婚にも素直に応じてくれない。もうあの人と縁を切りたいだけ。

悔しさなのか、悲しさなのか自分でもよく分からなかった。涙が次から次へ溢れて来て、言葉にならなかった。

小川「すみません。一旦、交代させていただけますか。代理人として理解した部分もありますが、まずは試行後に美保ちゃんがまた体調を崩したことを申立人に説明して、相手方としては美保ちゃんへの負担を考えると間接交流から始めてもらいたいとの意向を伝えていただきたいのですが」

滝山「分かりました。では交代して待合室でお待ちください」

(3)　俊之への聴取②——子どもの視点に立てないまま面会の実施を求める俊之、調整の方向性を打ち合わせる調査委員

——綾の主張を伝えられた林代理人は、「そんな主張では話合いの余地などないではないか」と興奮気味に反応したが、調停委員としては間接交流の提案を俊之に検討を求めるというよりも、実際の綾の様子を知ってもらうことが大切だと考えているのだと状況を淡々と説明した。

俊之は、「調査官から言われて美保の現在の状況は受け入れざるを得ないと考えているが、綾のことまで受け入れるのはとても……」と言葉少なであった。

美保が体調を崩したことについても、「それは私のせいなのでしょうか」と述べるにとどまり、具体的な様子を尋ねることもなかった。

俊之さんは、面会交流ができるかどうかということに関心が向いてしまって、一番大切なはずの美保ちゃんの気持ちや体調には目が向かなくなっているようです。

調停委員が直接交流での調整を目指していると分かって冷静に立ち戻った林代理人ではあったが、「離婚について考えた方が良いかもしれないとの思いもありましたが、日帰りの面会交流すらすんなり認めてもらえないのでは、とても親権者を任せられる状況ではありません。とにかくこちらが検討できるような主張をしてもらってください」と早々に席を立ってしまった。

俊之と林代理人が退室した調停室は重い雰囲気が垂れ込めていた。
「これはもう審判しかないのでしょうか」と藤田が問いかけた。
「審判かどうかはともかく、裁判官と評議した方がよいかもしれませんね」と滝山が問い返すように答えた。
中山調査官は、「先ほどの両委員の言葉かけは綾さんの琴線に響いているのではないでしょうか。これまでの調査結果をしっかり生かしていただいた言葉だったと思います。それでは、評議をお願いしてあらためて進め方を考えましょう」

――藤田は、書記官室に評議を求めたところ、草岡裁判官からは電話で次のような指示を受けた。

草岡「今日の期日で具体的な調整の方向が定まるとは期待できませんが、前回試行で再開した父子交流を再度途絶えさせてしまうと、次の再開が美保ちゃんにとっても俊之さんにとっても再び負担の大きなものになってしまうことが危惧されるので、これからの残り時間は期日間に暫定的な面会交流を実施する方向での合意を目指してはどうでしょうか」

――両委員は、面会を継続実施できるよう調整する方向性に賛成し、再度の試行も視野に入れて働きかけることとして、相手方らを調停室に案内した。

調停委員会は、次回期日までの間に当事者間での任意の面会交流を実施する方向での合意を目標にすることになりました。ぎこちないなりに再開できた父子交流を、継続的で円滑な交流につなげていくためには、次の交流までにあまり時間を置かないことが大切だと考えたのです。

(4) 綾への聴取②——第三者機関利用を求める綾の提案、調停期日間の面会交流を打診する調停委員会

滝山「落ち着かれましたか」

綾「はい。もう大丈夫です」

滝山「いろいろ言葉に言い尽くせない思いがおありなのだと思います。綾さんのお気持ちに沿わない言葉で辛い思いをさせてしまったかもしれませんね。それでも調停委員会としては、直接的な面会交流を進めていくのがお子さんのためだと考えています。その点はいかがでしょうか」

綾「仕方ないと思っています」

滝山「仕方ないといいますと」

綾「代理人から私が嫌だと言っても、美保が体調を崩しても、裁判所が決めることになれば面会交流をせざるを得ないと説明を受けました。不安がありますが、努力してみます」

滝山「綾さんご自身がどれだけ前向きに関わっていくことができるかという点についてはどうでしょうか」

綾「気持ちがついていくかということとても難しいですが、そうしなければならないということは頭では理解したつもりです。正直を言えば、子どもではなく、母親の私がしっかりしなければいけないのだとはっきり分かった分、私の気持ちとしては、嫌というか、許せない気持ちが強く根付いていることが分かってしまいました」

滝山「そうですか。ご自分の気持ちを正面から見据えられたのですね。とても苦しいことだったと思います。私たちは当たり前のようにお願いしてしまいますが、実際にはなかなかできることではありません。感心します」

綾「ありがとうございます」

綾さんは、面会交流について「仕方ない」と述べました。母親の自分が面会交流に前向きにならなければ美保ちゃんたちのためにならないことを頭では理解した分、面会交流を拒否したい自分の気持ちに気づいたと心情を吐露しています。そうした感情と理性がせめぎ合う思いが「仕方ない」という後ろ向きな表現になったようです。

滝山委員は、綾さんの苦しさを受け止め、サポーティブに関わっています。

滝山「実際の面会交流の在り方についてはどのようなお考えになったのでしょうか」

綾「私が直接相手と話をしたり、会ったりするのは避けたいです。どうしても感情的になってしまうと思うので」

藤田「具体的にはどんな方法をお考えでしょうか」

小川「その点は私からお話させていただきます。先ほど美保ちゃんが板挟みになっているとの指摘がありました。それを軽減するには綾さんができるだけ安定して面会に臨める環境が必要だと思います。また、父子関係に大きな問題がないとしても、俊之さんがお子さんの気持ちや状況に応じて柔軟に対応するのが難しいということもあります。そうした点をカバーするため第三者機関を利用しての面会交流をお願いしたいと考えました」

藤田「なるほど。第三者機関ですか」

小川「まだどの機関を利用するかまでは具体的には考えていません

用語解説

【第三者機関について】

父母間の葛藤の大きさ，感情的な対立の強さなどにより，父母間での連絡調整や子供の受け渡しなどが難しい場合，面会交流についての支援・援助を行う機関を第三者機関と呼んでいます。支援，援助の内容としては，団体の職員が面会交流に立ち合って援助する付添型，子どもの受け渡しを援助する受渡型，面会交流の日程調整を仲介する連絡調整型などがあります。団体により，援助の内容，費用などが異なっています。詳細は，第４章２「第三者機関の利用」を参照して下さい。

が、次回までにどんなサービスを受けられるか具体的に当たってみたいと思います」

滝山「間接交流を望まれていたところから、直接的な面会交流を受け入れるのはとてもハードルが高かったと思います。よくぞ受け入れてくださいましたね」

綾「仕方がないという気持ちが強いですが」

藤田「それでもそれがお子さんのためになると考えられたということですね」

綾「ええ」

滝山「直接的な面会交流を前提に調整を進めるという大きな土台ができたのは美保ちゃん翔真くんのためにとても大事なことだと思います。ただ、第三者機関を利用するとなると、俊之さんのご希望である宿泊面会はもちろん一日日程での日帰り面会もかなり制約が生じそうです。第三者機関利用の必要性や相当性の検討ということで、調整には時間がかかると思います」

ポイント

綾さんは、面会交流に職員が立ち会って援助してもらう付添型援助を念頭に置いているようです。そうなると、第三者機関にもよりますが、付添時間は数時間に限られることが多いので、俊之さんが希望する宿泊を伴う面会は実施できませんし、日帰りの面会交流でも一定の制約が生じることになります。滝山委員は、綾さんが直接交流を受け入れたことを労いつつ、第三者機関利用の調整に時間がかかることが見込まれると端的に伝えています。

小川「それは覚悟しています」

滝山「そこでご提案なのですが、次回期日までの間にも面会交流の機会を是非とも設けていただきたいと考えているのですが、いかがですか」

小川「期日間にですか」

滝山「はい。美保ちゃんが体調を崩したことで非常に心配されていることは承知していますが、面会と面会の間が空いてしまうことの方が次の面会における負担を大きくしてしまう心配があるのです。そこでぜひ、期日間に暫定的にでも面会交流を継続していっていただきたいと思うのです」

滝山委員は、当事者交代の時間に打ち合わせた期日間での任意の面会交流の実施について提案しました。

小川「それはもう一度裁判所で試行をしていただくということでしょうか」
中山「調査としての試行は一回限りであることが基本です。しかし、前回の試行目的は、長期間途絶えていた父子交流の導入と美保ちゃんの拒否的言動の理由の見極めにありましたが、今回は、第三者機関利用という新しい話題が出ています。そこで、その必要性や相当性を考えるためという新たな目的を設けて再度試行を行うことは考えられます。ただ、可能な限り裁判所での試行ではなく、任意での交流を試みていただきたいと考えています」
小川「綾さんにとってはだいぶ急な提案になるのですが」
中山「それは承知しているのですが、美保ちゃんの負担軽減を考えると期間を途絶えさせず暫定的にでも継続実施していくことが最善ではないかと考えての提案なのです」
小川「そうですか。少しだけ打合せの時間をいただきたいのですが」
藤田「もちろん、結構です。お願いします」
――五分ほどで小川代理人と綾は調停室に戻った。

小川「結論からお伝えしますと、裁判所での試行ということであればお受けします」
藤田「試行であればというのは、どのような理由からでしょうか」
小川「第三者機関利用の提案と同じ理由なのですが、受渡しや日程調整での直接的やり取りが生じないことと、お子さんへの対応について援助が受けられるという点で、裁判所での試行であればいずれも綾さんの不安が解消されるためです」
藤田「わかりました。では、交代していただいて、俊之さんには第三者機関を利用しての面会交流を希望されている旨を伝え、次回期日までの暫定的な面会交流については裁判所での再度の試行で調整できるかどうかを確認いたします」

(5) 俊之への聴取③——第三者機関ではなく親族の協力を求める意向と代理人協力での調停期日間の面会交流の提案

——俊之側の聴取となった。

藤田「長時間お待たせしました。綾さんに意向を整理してもらいましたので、まずはお伝えさせていただきます」
林「お願いします」
藤田「まず綾さんとしては、お子さんのために直接的な面会交流を実施する方向で調停を進めることには合意していただきました。具体的な方法についてですが、現状では日程調整や受渡しなどを直接俊之さんと調整するのが難しいこと、お子さんの気持ちや状況に応じた適切な対応をしてもらうには専門家の援助が必要だと考えられることから、第三者機関の利用をお願いしたいとの意向でした。

俊之さんからは、宿泊を伴う面会を求める強い希望があり、第三者機関の利用では宿泊を伴う面会が叶わず、外出先も制限されることから、第三者機関の利用は受け入れられない意向が示される可能性があることもお伝えしました。

面会交流の実施については、双方合意に至りましたが、その方法について考え方が折り合わない状況になっています」

林「そうですか。実はそうした提案もありうるのではないかと思い、待っている間に俊之さんとその点については打合せをしました」

藤田「そうでしたか。それでお考えとしてはいかがでしょうか」

林「俊之さんとしては、実の子どもと会うのに費用を払って第三者に仲介を依頼するというのはやはり納得いきません。ただし、今の綾さんに日程調整や受渡しをお願いするのが難しいというのは理解できなくはないので、そうした調整を綾さんのご両親あるいはごきょうだいにお願いできないでしょうか。綾さんが構わないのであれば、俊之さんのお母さんに頼んでも良いというところまでは考えています」

ポイント

第三者機関利用を提案された別居親は、子どもと会うのになぜ費用を払わねばならないのかと感情的な反発を強めがちです。実際、第三者機関利用で生じる費用は低額とはいえないことが多いようですが、経済的な負担以上に、実の子どもに会うのに見知らぬ機関を介在させることへの納得のいかなさが大きいようです。

しかし、俊之さんは、綾さんが第三者機関利用を求める理由を考えて、親族の仲介を提案しています。俊之さんなりの歩み寄りが見られたようです。

藤田「なるほど。親族の協力を得て進めたいということですね」

林「はい。それであれば、まったく知らない第三者よりもお子さんへの負担も減るのではないかと思いますし、費用もかからないので、その分の費用をお子さんたちに使うこともできます」

滝山「面会交流中のお子さんへの援助といいますか、面会交流のサポートという点ではいかがですか」

林「俊之さんとしては、何度か面会を重ねることで元の関係に戻れるのではないかと考えているのですが。俊之さんいかがですか」

俊之「ええ。裁判所での試行の時の様子を見てということかもしれませんが、私も緊張しましたし、美保も同じだったと思います。裁判所での監視なしに何回か面会を重ねれば、特にサポートは要りません。実の子どもと会うのに他人の手助けがいるのではないかって失礼な話ですよ」

ここでも俊之さんは、面会交流の試行場面での美保ちゃんの言動について、裁判所という特殊な場所で行ったことによる緊張が原因だとの自説を曲げていません。夫婦や元夫婦の争いの中で、子どもの心情に目を向けるというのはそれだけ難しいことなのかもしれません。

滝山「そうですね。俊之さんが言われるとおり前回の試行が父子ともに大きな緊張場面だったのは間違いないと思います」

藤田「前回の試行で久しぶりに父子交流が実現しましたが、双方で今後の具体的な面会交流の合意ができるまでにはまだ相当時間がかかることが予想されます。

せっかく大きなハードルを乗り越えて実現した交流ですので、期間を空けてしまうと、再開にあたって美保ちゃんの負担が大きくなってしまうのが心配です。そこで、さきほど綾さんには、次回期日までの間に暫定的な面会交流を行うことができないかと検討をお願いしました」

林「それはとてもありがたいですね」
俊之「ぜひお願いします」
林「相手方はどう言っているのですか」
滝山「綾さんも期日間に面会の機会を持つことには合意したのですが、当事者間で受渡しや日程調整を行うのは難しいので、もう一度裁判所での試行であれば応じるとの意向でした」
林「なるほど。俊之さん、もう一度裁判所でお子さんたちと会えるということですが、いかがですか」
俊之「裁判所での試行ということは、前回と同じように裁判所の部屋で、監視されながら会うということになるのですね」

俊之さんとしては、裁判所での面会交流の試行は不快な面があったようですね。反対当事者にも一挙一動を注視され、子どもとの会話や応答にも評価的な指摘を受けることになる面会交流の試行は、別居親にとって大きな負担なのです。

藤田「実施場所については検討が必要かもしれませんが、基本的には前回と同じ枠組になります」
俊之「美保とのやりとりや一挙一動を記録されて、柔軟な対応ができないとか、いろいろ難癖をつけられなければならないのですか」
藤田「難癖をつけているわけではないのですよ。これからの面会交流が円滑に進むようにするには何が必要かを考えていくための試行ですから」
俊之「一緒ですよ。おかしいじゃないですか。なんで実の子どもと会うのにそんな条件がいろいろつけられなければならないのですか。さっき、調査官は言ってくれましたよね。私のせいではないって。それなのに私だけが譲歩を強いられるのって変じゃないですか」

藤田「繰り返しになりますが，けっして俊之さんだけに譲歩を求めている訳ではないのです」

俊之「じゃあ，彼女は何に譲歩したというのですか。会わせたくないから間接のつもりだったけど，直接会わせることにした，直接会えるのだから第三者が入っても満足しろっていうことですか。それじゃ，最初から極端な主張をした者勝ちじゃないですか。私が引き取りを主張したり，長期休暇はずっと私のもとに泊まることを主張すれば，向こうはもっと歩み寄るんですか」

藤田「お気持ちは分かりますが，どうでしょうか。まずはお子さんと定期的に会っていくことを大切にしていただきたいと思うのですが」

俊之「子どもと会うことを人質に取られているようなものじゃないですか。調停で話がつかない場合は裁判所が決めてくれるんでしたよね。もういっそのこと裁判所で決めてもらえませんか」

滝山「確かに調停での合意ができず調停不成立になれば，手続としては裁判所が判断する審判の手続に移ります。しかし，審判の手続になったからといってすぐに審判が出るわけではありません。今，調整しているのは次回の調停期日までの間に行う暫定的な面会交流ですし，調停だからこそそうした調整が可能なのです」

林「俊之さん，少し落ち着きましょう。調停委員も俊之さんの気持ちや言わんとするところは十分理解してくれていると思います。調停委員の話のとおり，今は次回期日までの暫定的な面会交流について調整をしてくれているところなので，少し時間をもらって相談しませんか」

俊之「すみません。その方がよさそうです」

俊之さんは、少し感情的になってしまったようですが、代理人のフォローによってすぐに落ち着くことができました。

林「時間の押しているところですが、少しだけ時間をいただけませんか」
藤田「分かりました。打ち合わせが終わったらお戻りください」

――林と俊之は、10分ほどで調停室に戻った。

林「時間がかかって申し訳ありませんでした」
滝山「では、検討結果を教えていただけますか」
林「はい。次回期日までに当事者間での任意の面会交流を実施できるよう是非調整をお願いします。綾さんが裁判所での試行を望んでいる理由は、俊之さんと日程や方法等について連絡調整することができないということと面会交流時に第三者に立ち会ってもらいたいということだと思いますので、それらの点は代理人を通じて連絡調整し、面会交流に代理人が付き添うことで俊之さんと直接、連絡調整をしなくてもよいことになります」
滝山「期日間の面会交流を代理人の仲介、付添いで行いたいということでしょうか」
林「はい」
藤田「なるほど。暫定的に代理人が第三者機関の代わりになっていただく形になるわけですか」
滝山「代理人が第三者機関の代わりになることが相当か否かについて裁判官と評議したいので，しばらくお待ちください」

――俊之と林代理人が退室した後、連絡を受けた草岡は、電話で「再開した父子の交流を時間をおかず再度行うための良い方策であるとして、具体的な方法について調整を続けて行きましょう」と述べ、調停委員による当事者への働きかけを依頼した。

――俊之と林代理人は入室した。

中山「代理人が第三者機関の代わりとして検討いただくことはとても良いのではないかと思います。場所や時間、方法などのイメージはお持ちですか」

林「そこまではまだ詰めていません。まずは裁判所での試行ではない形での面会交流を実現できればと思います」

滝山「相手方の考えを聞きながらということになりますが、少し俊之さんと林代理人との間で具体的なイメージを共有していただいたらと思うのですが、いかがでしょうか」

俊之「代理人同士の協力というのがイメージがわかないのですが」

林「例えば、綾さんにお子さんたちを相手方代理人の事務所まで連れてきていただいて、そこで面会をしたりするイメージだと思いますが、違っていますか」

滝山「時々そのような方法で援助されていると聞くことがあります」

中山「少しよろしいでしょうか。そうした方法も一つだと思います。しかし、代理人事務所での面会は、プレイルームのような施設がない分、裁判所での試行よりも不便が生じることもあるかもしれません。本件では、美保ちゃんの負担をより軽減できる方法を考えるのが大切になるのではないでしょうか」

林「それではどのようなことが考えられますか」

中山「俊之さんとしては、狭い部屋で会うよりもどこか遊びに連れて行ってあげて、その中で自然に交流したいとお考えなのですよね」

俊之「そのとおりです。遊んだり、子どもたちの好きなものを食べさせたりできればと思っています」

中山「それであれば、具体的にどこに行くのか、何をするのかをあらかじめある程度決めて、その近所の駅なり施設なりで受け渡しを双方代理人にお願いするという方法の方がよりベターではありませんか」

俊之「なるほど、そうしたことができればとてもありがたいです」

滝山「そうですね。その方法だと、どうしても週末や祝日になるでしょうし、一時間という訳にもいかなくなりそうですね。どこまでお願いできるかは双方代理人次第ということになりますね」

俊之「林先生、どうでしょうか」

林「けっこう大変ですね。でも、私もできる限りのことは協力しますよ」

藤田「それは何よりです」

林「それでは、待ち合わせの場所、行き先、時間など具体的な交流方法について、いくつかのプランを考えてみます。俊之さん、少し検討しましょうか」

俊之「そうですね。ありがとうございます」

滝山「あと、相手方が期日間の交流を実施する方向性を受け入れた場合、代理人同士同席で調整できるところまで詰めたら良いと思うのですが、いかがでしょうか」

中山EYES　代理人同士で調整を行うことの意義

今回の期日間での任意の面会交流の意味は、再開した美保ちゃんと俊之さんとの交流を時間をあまり空けずに再度行うことにある。それは美保ちゃんが感じている負担を軽くすることが目的だが、それだけではなく綾さんの不安を軽減したり、面会交流の意義についての理解を浸透させることにもつながると考えている。しかし、当事者を交えて期日間の面会交流の在り方の調整を行うと、自分の方がより譲歩を迫られているといった感情が生じがちで相手への否定的感情を増幅させることが危惧される。

そこで、今目的に期日間の面会交流の在り方を検討できる代理人だけで調整を行い、調停委員会と代理人とで作り上げた案については、代理人からそれぞれの依頼者に説得してもらうのが最も効率的だと考えられる。

藤田「確かにその方が効率的ですね。林代理人はそれでよろしいですか」

林「はい、問題ありません」

滝山「では、綾さんに代理人の協力を得ての面会交流の実施について提案してみましょう。俊之さんからの提案も含めて、今日の経過を裁判官にも報告して進めていきたいと思うのですが、どうでしょうか」

藤田「そうですね。期日間の面会交流の在り方について裁判官の意見も伺った方が良いと思います」

滝山「では、評議を行った上で、綾さんに俊之さんの提案を伝えさせていただくことにします。少しお待ちいただくことになりますので、具体的な方法について検討してみていただけますか」

林「分かりました」

(6)　中間評議

――調停委員から報告を受けた草岡裁判官は、「よく分かりました」と深く頷いた。

(7)　綾への聴取③――代理人協力による調停期日間の面会交流への同意

――調停委員と中山調査官は、綾に対し、俊之の意向をどのように伝え、評議の結果をどのように説明するか打合せをした上で、評議を終え、綾を調停室に迎え入れた。

藤田「中立人のお考えを聞いた上で裁判官と評議を行っていましたので、お待たせする時間が長くなり、申し訳ありませんでした。

今日の期日での話し合いの経過を簡略に確認した上で、評議を行った理由を説明させていただきたいと思います」

滝山「期日間に行われた面会交流の試行結果を受けて、俊之さん、綾さん双方から今後の面会交流の在り方についての主張を確認しました。

俊之さんからは二か月ごとの日帰り面会交流と小学校の長期休暇には宿泊を伴う面会の希望が示されました。

綾さんからは、美保ちゃんが意向調査に続いて体調を崩したことを踏まえて、当面は間接交流を望みたいとのお考えを伺いました。美保ちゃんの体調不良について、調査官からご夫婦の紛争の影響が大きいのではないかとのアドバイスもあり、綾さんには直接交流の実施について検討していただいたところ、第三者機関を利用した面会交流を考えたい旨の提案がありました。そして、俊之さんには次回期日までに第三者機関利用について検討いただくことになっています。ここまではよろしいでしょうか」

小川「第三者機関利用については、次回以降調整するということですね」

滝山「はい。綾さんも同じように理解されていると考えてよろしいですか」

綾「はい。大丈夫です」

滝山「そして、期日間に面会交流の試行を行ったことで、久しぶりに父子交流が再開できたわけですが、今後の円滑な実施に向けては、期間を空けずに継続的に面会交流を続けることが美保ちゃんにとって大切だろうという点では当事者双方とも合意できている状況です」

小川「だいぶ待ちましたが、評議まで行われたのは、どういったことなのでしょうか」

小川代理人は、評議が行われたと知り、調停委員会が進行について一定の方針を固めたらしいと感じたようです。

滝山「俊之さんとしては、裁判所の試行という形だと監視されているようで自然な交流ができないと強く心配されて、裁判所の試行ではなく、代理人が付き添う形での面会交流をお願いしたいとの提案がありました。そのことについて裁判官とも評議しまして、調停委員会としても期日間の暫定的な面会交流については代理人の協力を得て実施するのが一番望ましいのではないかと考えたのですが、いかがでしょうか」

小川「代理人の協力で、ということですか」

滝山「はい。日時に変更が生じた際の連絡調整は代理人間で行っていただき、林代理人が面会交流中の付添いも行うので、実質的には綾さんが希望されている第三者機関を利用するのとほぼ同じ状態が確保できるのではないかと考えられます」

小川「申立人の提案の趣旨も裁判所の意向も一応分かりました。綾さん、とりあえず、もう一度打合せの時間をもらいましょうか」

綾「はい」

小川「では、打合せが終わったら調停室に戻ればよろしいでしょうか」

藤田「はい。それまでお待ちしています」

――調停委員と調査官は、待ち時間を利用して打合せをしたが、相手方代理人の協力は得られるものの、具体的な方法をめぐっては調整はそれほど簡単ではないという認識を共有した。

滝山は、「さきほど当事者に提案したとおり具体的な調整は双方代理人のみで行って、代理人同士で合意できる内容を詰めて、双方当事者にはそれぞれの代理人から説得してもらうのがいいと思うのですが、どうでしょうか」と投げかけた。

藤田も中山調査官も同意見であった。

中山調査官は、代理人同士の調整に入る前に、相手方には暫定的な方法を考えるに当たって最重視するのは美保ちゃんの負担軽減である旨を確認しておきたいので、発言の機会がほしいと述べた。

――綾と小川代理人が調停室に戻った。

滝山「検討の結果を教えていただけますか」
小川「はい。綾さんと打ち合わせた結果、私の事務所で相手方代理人同席のもと一時間程度の面会交流を行うことに同意したいと思います」
滝山「相手方代理人事務所で一時間程度ということですね」
小川「はい。裁判所の児童室のような設備はありませんが、事務所には比較的広い応接室がありますので、少しおもちゃなどを準備して過ごしてもらえればと思います」
滝山「一時間程度というのはどのような検討をされてのことでしょうか」

滝山委員は、腹案としてはもっと長時間、より密度の濃い交流を実施できるよう調整したいと考えているようです。しかし、実際の調整は、代理人同士で行う方針のため、面会時間の長短についての質疑ではなく、なぜ一時間程度という提案になったのか、時間についての根拠を後刻の調整に備えるために確認しています。

小川「先日の試行の時間を目安にしました。美保ちゃんに負担をかけないということと、俊之さんと過ごせる時間としてはそれくらいの時間ではないかと考えました」
滝山「なるほど。
父子交流の間隔を空けずに暫定的にでも当事者間で面会交流を実施することに合意されたことは、本当に何よりだと思います。綾さん、よく合意していただきましたね。代理人にも通常以上のご負担をかけることになりますが、ご協力いただけるとのことで安心しました」
小川「では、その方向で中立人に伝えていただけますか」
滝山「時間や場所等の具体的な方法は代理人同士同席で詰めていただこうと思うのですが、よろしいでしょうか」

小川「それは構いませんが」

滝山「綾さんもよろしいでしょうか」

綾「はい」

滝山「ではもう一度待合室でお待ちいただこうと思いますが、その前に調査官から確認したいことがあるとのことですので、お願いします」

中山「綾さんに一つ確認しておきたいことがあるのですが、よろしいですか」

綾「何でしょうか」

中山「これから調整するのは、次回期日までの面会交流の在り方ですが、一番大事にしなければならないことは何だとお考えですか」

綾「一番大事にしなければならないことですか」

中山「はい」

綾「私が面会交流の意義を前向きに理解するということですか」

中山「それは確かに大切なことですが、調停での合意ができる前に暫定的に期日間に面会交流をすることになったのはどうしてだったでしょうか」

綾「それは……」

中山調査官は、これから代理人同士で調整する期日間の面会交流の方法を考える上で何を一番大切にするべきなのか、そもそも期日間の面会交流をなぜ行うことになったのか綾さんに問いかけています。これから行う代理人同士の調整の結果を綾さんにスムーズに受け止めてもらうため、期日間の面会交流の目的を明確に意識してもらおうとしているのです。

中山「今後、どのような形になるかはまだ決まっていませんが、直接的な面会交流を実施していく方向で調停を進めていくことには合意していただきましたね」

綾「はい」

中山「それが美保ちゃんや翔真くんのためになると頭では理解していただいたということですよね」

綾「はい」

中山「しかし、実際に前回の試行後には美保ちゃんが体調を崩すなど心配な点は残っていますよね」

綾「そうです。そのとおりです」

中山「そうですね。なので、今回の調整で一番大事にしなければならないのは、美保ちゃんの負担をなるべく少なくする交流の在り方を考えるということだと思うのですが、いかがですか」

中山調査官は、これから代理人同士で調整して提示される面会交流の時間や方法は、美保ちゃんの負担を最も少なくすることを目指して検討されるものであることを綾さんに理解してもらおうとしています。

綾「はい、そのとおりだと思います。なので、時間も短めの方が良いと思いました。中立人は不満だと思うのですが」

中山「そこが大事だと思って確認させてもらったのです。俊之さんが不満かどうかとか、綾さんが許せないとかというご両親の気持ちではなく、美保ちゃんにとって負担が軽くなる会い方を裁判所と両代理人で考えてみたいと思います。その結果はできる限り尊重していただくようお願いしたいのです」

綾「分かりました」

(8) 調停委員と調査官との打合せと再度の中間評議

滝山委員は、調停室から担当書記官に経過を電話で連絡し、評議を行わずに双方代理人同席での調整を始めたい旨を裁判官に伝えて了解が得られるか確認を依頼した。書記官からの連絡を待つ間、調停委員と中山調査官の三名で打合せを行った。

小川代理人の事務所での交流は、緊張感も高く、リラックスして交流できる状況とは思えないため、中立人からの提案を軸に調整する方向性を確認した。食事を挟むかどうか、食事を入れるとすれば夕食よりも昼食とし、夕方の早い時間に切り上げるのがよいのではないか、短時間で概ね三人の共通イメージが出来上がったところで、担当書記官から草岡裁判官が調停室に向かっているとの電話が入った。

草岡裁判官は、別件の成立手続に向かう途中に立ち寄ったと断って、まずは調停委員を労った。そして、調停委員と調査官の共通イメージを聞き、それを調停委員会の方針として調整を進めてほしいこと、今後の進行を考えると大きな山場であり、午後四時までは時間を延長して構わないので、期日間の面会交流の段取までは整えてもらいたいと述べて調停室から退室した。

(9)　双方代理人との調整――調停期日間の面会交流の方法についての調整

双方代理人を調停室に迎え入れての調整が始まった。

藤田があらためて双方代理人同席での調整を試みるのは双方当事者の意向調整ではなく、美保の負担軽減の観点から適切かつ実現可能な面会交流の方法を検討し、双方当事者に納得してもらうためであることを双方に説明し、林代理人には、綾からは小川代理人の事務所での一時間の面会交流という提示があった旨を伝えた。

滝山は、綾の提案に対して、リラックスできる空間になるかどうかという場所の問題、父子が打ち解けられる交流を持てるかどうかという過ごし方の問題、父子が心理的な距離を縮められるかどうかという時間の問題を指摘し、本件では連れ去りの危険の問題が争点に上がっておらず、その危険もないと考えられることから、どこか子どもたちが楽しめる施設に遊びに行く形での方法が良いと考えており、その具体的なプランを俊之に検討してもらっている旨を小川代理人に説明した。

小川代理人は、考え方は理解できるものの、依頼者を承諾させられるかどうか自信がないと断わりつつ、俊之側のプランを聞きたいと伝えた。

林代理人は、１案は俊之の希望をそのまま入れたもの、２案は盛りだくさんになり過ぎないように現実的な線で考えたものであると前置きして、次の２つのプランを説明した。

俊之側がお願いする立場であるので、休日の遅い時間まで小川代理人を拘束するのは申し訳ないと考えて、

【参考】俊之からの期日間の面会交流プラン

１案　午前９時半に○○駅で待ち合わせ
(子どもたちを小川代理人が連れて来て，俊之に受け渡す)
午前中は映画鑑賞（翔真が好きなアニメ）
昼食
午後は遊園地（美保と翔真が遊べる場所）
早めの夕食
午後７時に○○駅で引渡し（林代理人が子どもたちを預かり，綾に引き渡す）
２案　午後１時に○○駅で待ち合わせ
(子どもたちを小川代理人が連れて来て，俊之に受け渡す)
遊園地
早めの夕食
午後８時に○○駅で引渡し（林代理人が子どもたちを預かり，綾に引き渡す）

受渡時の仲介を小川代理人とし、引渡時の仲介を林代理人とする案としたとのことであった。

小川代理人が「いくつか問題点を指摘したいのですが」と発言を求めると、滝山は、「まずは調停委員から指摘させていただいた方が良いと思うので、その後でお願いしてもよろしいでしょうか」と断って、いずれの案も試行直後の面会としては長時間過ぎる印象を受けること、面会交流中に何かトラブルがあった場合の連絡や対応の検討が必要なこと、翌日が平日か休日かに関わらず、まずは翌日に疲れを残さない時刻に終了すべきだと考えられることを指摘した。

その上で小川代理人に意見を求めると、小川代理人も滝山委員の指摘のとおりだと述べ、特に受渡と引渡時には自身が同席しないと依頼者に安心して任せるよう説得できない、そのためには少なくとも午後四時には終了してもらいたいとの意向を述べた。

中山調査官からは、受渡と引渡の時の仲介のみで綾が納得するかどうかといった指摘に加え、雨天でも対応可能なプランとするのが望ましい旨の意見が出された。

それぞれ出された指摘や意見を満たすプレイスポットなども調べ、適宜にそれぞれの依頼者の意向を確認しつつ、次の方法を当事者双方に提示して、それぞれから承諾を得た。

具体的な日程や子どもらの体調等で延期になった場合の代替日の調整は、期日間に双方代理人を通じて行うことになった。

藤田「それでは綾さん、俊之さんそれぞれに案を説明して、納得していただだいたところで調停室に声をかけていただき、あらためて内容を確認してから次回期日を決めたいと思います。よろしくお願いします」

滝山「可能であれば合意事項について、双方列席の場で確認したいと思うので、その点の意向確認もお願いいたします」

――それぞれ一筋縄では承諾を得られなかったようだが、両代理人が粘り強く説得して案の通りの合意が得られた。綾から申立人と同席することの同意は得られなかったため、それぞれ個別に期日間での面会交流の実施案について確認して第６回調停期日は終了となった。

本件は，双方の代理人が面会交流の再開に向けて協力的であったことから，代理人が付き添う形での面会交流が実現しました。家庭内紛争への深い理解と力量を備えた代理人だからこそ実現が可能になりました。代理人が子の利益のために果たしうる役割はとても大きいですね。
なお，代理人が付添型の面会交流に関与する場合における費用の要否は，それぞれの契約内容により異なると思われます。

【参考】双方合意した期日間の面会交流の実施案

1　受渡，引渡場所は○○駅改札とする。
　受渡は○○駅改札において，双方代理人が綾から子どもらの受渡を受け，○○駅東口出口の△前で待つ俊之のところまで同行する。

　引渡は○○駅東口の出口の△前において，双方代理人が俊之から子どもらの引渡を受け，○○駅改札で待つ綾のところまで同行する。

2　○○駅における受渡は午前11時，引渡は午後３時とする。

3　面会交流場所は，○○水族館とする。

4　双方代理人もしくはどちらか一方の代理人は，俊之と子どもらの面会交流の状況を確認できる程度の距離を置いて同行する。代理人が俊之らを見失った場合は，俊之に電話連絡することとし，俊之は，必ず電話連絡を受けること及びその時点での居場所を明らかにすることを約束する。

19　水族館～双方代理人の協力による調停期日間の面会交流

鮮やかな黄色と白色の体に黒い斑点のある楕円形の魚がペアできらめき泳いでいる。

二等辺三角形からアンテナが飛び出したような姿、黒と白に黄色が混じっている、いかにも熱帯魚っぽい魚の動きは速い。

　黒目のような模様の真ん中にあるむなびれをパタパタ動かしながら飛行船のように浮かんでいる魚もいる。チョウチョウウオ、ツノダシ、サザナミフグ。水槽には魚の写真と名前が展示されているが、水中で動き回っていろんな表情を見せる魚を特定するのはなかなか難しい。

　美保は、気になる魚の名前を確認しては、カメラに収めるため、一つの水槽からなかなか動かなかった。特に熱帯の海の水槽には見たこともないカラフルな魚がキラキラ、ユラユラしていて見飽きない。仲良さそうに二匹で泳いでいる熱帯魚がたくさんいる。

　ほんとうだ、眼鏡をかけているみたい。薄いオレンジの体に背中から尾に向けて白い帯がある魚の目には眼鏡のような模様が見える。白けたような、楽しいことなど何もないかのような目。そのくせとぼけたような憎めない顔。

美保「ねぇ。この魚パパに似てる」
俊之「え？どれどれ？」
美保「もう向こう行っちゃった」
俊之「えぇー。見れなかったなぁ。呼び寄せてみてよ」
美保「無理に決まっているでしょ」
俊之「何ていう魚？」
美保「メガネゴンベ」
俊之「ふーん。変な名前だなぁ」
美保「そうね。（ゴンベ、古臭くて格好悪い名前だけど、パパにはピッタリな感じ）でもパパにぴったり」

俊之「そうなのかなぁ。あれ、翔真がいなくなっちゃった。ちょっと探してくるけど、まだここの水槽で見てる？」
美保「うん。次行きたくなったら、順番に見てくから」
俊之「分かった。ちょっと探してくるね」

俊之「翔真、一人で先行くなよ」
翔真「あ、パパじゃん。見た？あの真っ暗い何にもない部屋」
俊之「え？そんなとこあった？」
翔真「駄目だなぁ。お化け屋敷みたいな部屋あったでしょ」
俊之「気づかなかったけど。そうじゃなくて、お姉ちゃんと一緒に回るんだから、一人で先行ったら困るでしょ」
翔真「だって、お姉ちゃん、全然先進まないじゃん」
俊之「とにかく一旦戻って、合流しよう」
翔真「はいはい」

――体を擢り寄せるようにしてイソギンチャクから出たり入ったりを繰り返している。オレンジの体に白い帯が３本入った魚が身をくゆらせているのを美保はじっと見つめ続けていた。

イソギンチャクに隠れると、次にどこから出てくるか分からない。大きな個体が２匹、小さいのは２匹か３匹か。何匹いるのかなかなか分からない。親子なのだろうか。楽しそうでいいな。

翔真よりも少し小さい女の子の家族連れが近づいてきた。

少女「あ、ニモがいる！　ねぇ、ねぇお母さん、お父さん、ニモがいるよ！」
母「ほんとうだね、ニモだね。でもお姉ちゃんが見てるんだから邪魔しちゃだめよ。順番」
美保「大丈夫です。どうぞ」
母「ごめんなさいね。ありがとう。ほら、ちゃんとお姉ちゃんにお礼言いなさい」
少女「お姉ちゃん、ありがとう！」

――美保がカクレクマノミの水槽を離れると、ちょうど翔真を連れた俊之と目が合った。様子を見られていたようで「美保はいいお姉ちゃんになったね」と声を掛けられた。
照れくさい気持ちで聞こえないふりをして視線を外したが、胸の奥の方がほんのり温かくなったようだった。

翔真「たっだいま～」
綾「おかえり」
小川「お迎えご苦労様です。中途半端な時間の送迎になっちゃいましたかね」
綾「いえ、久しぶりに外食して、買い物もできて良かったです。先生方のほうこそ、休日に申し訳ありません。お世話になりました」
小川「二人ともいい子にしていたので安心でしたよ」
綾「お世話になりました」
小川「また、詳しいことは後日ご報告しますね」
綾「はい、よろしくお願いします」
小川「では、私たちはこれで失礼しますね」
綾「ありがとうございました。ほら、美保も翔真もお礼言って」

美保「ありがとうございました」
翔真「またね～」
綾「水族館、どうだったの？」
翔真「魚見るばっかりでつまんなかったよ～。俺は遊園地に行きたかった」
綾「そうだったの」
翔真「うん。でも、お姉ちゃんは気に入ったみたい。ずーっと魚見て写真撮ってたし」
綾「美保は楽しかったんだ？」
美保「別に。今日、晩御飯なに？カレー？」
綾「そう、定番の温玉、チーズのせ。特製サラダ付き」
美保「やった！」
翔真「俺、大盛がいい！！」

20　第7回調停期日～子どものための面会交流の在り方を当事者と一緒に模索する

林代理人からは期日間の面会交流が滞りなく実施され、俊之も子どもたちも楽しい時間を過ごすことができた旨の報告書が提出されていた。

報告書には子どもたちが楽しそうに笑っている写真や父娘で水槽に見入っている写真も添付されていた。小川代理人からは、支障や問題点の指摘も含めて特段の報告はなかった。そのため、調停委員会としては、期日間の面会交流は、概ね円滑に実施されたのだろうと考えて、第７回調停期日を迎えた。

(1)　俊之への聴取①――第三者機関利用の必要性はないとの主張

藤田「代理人からは報告書をいただきありがとうございました。楽しい時間を過ごせたようで安心しています。俊之さんはいかがでしたか」
俊之「やっと子どもと会えた気がしました。ありがとうございます」
藤田「美保ちゃんの様子はどうでしたか」
俊之「写真を撮るのに夢中になっていましたね」
藤田「写真ですか」
俊之「ええ。たぶん、ほとんど全部の魚を撮ったんじゃないかな。とにかくカメラを離さない感じで」
藤田「翔真くんはいかがでしたか」
俊之「勝手にあちこち行ってしまうので、大変でした」
藤田「迷子にはならなかったですか」
俊之「何度も見失いはしましたが、とりあえず迷子にはならずに済みました」
滝山「美保ちゃんはどんな感じで写真を撮っていたのですか」
俊之「美保なりに撮りたい構図があるみたいで、一つ一つの水槽の前でけっこう長時間粘っていました」
滝山「それには俊之さんはどんな風に接していたのでしょうか」
俊之「まだ撮れないの？みたいな感じですかね」
滝山「それに対して美保ちゃんは？」
俊之「だってこの魚がちゃんとこっち向いてくれない、とか言ってました」
滝山「俊之さんはどうしていたのですか」
俊之「翔真を探しては連れ戻して、美保は順路に沿って進んでくれるので、翔真と美保の間を行ったり来たりしてました」

滝山「美保ちゃんと翔真くんは楽しめた様子ですか」

俊之「ええ。喜んでいたと思います」

中山「私からも二、三点伺いたいのですが、よろしいですか」

藤田「どうぞお願いします」

中山「裁判所での試行では、美保ちゃんがなかなかなじめない様子がありましたが、今回どうだったのでしょうか」

中山調査官は、美保ちゃんと俊之さんの関係がどの程度回復したのか、今回立ち会った代理人がどの程度面会交流をサポートし、父子関係をどのように観察したのかを尋ねて、第三者機関利用の必要性についてこれまでの考えを修正する必要があるかどうか探ろうとしています。

俊之「待ち合わせ場所で会ったときはさすがに何かぎこちない雰囲気でした。これは美保もそうですが、私もです。裁判所の時の緊張というのとは違いますが、ほんとに変なぎこちない感じです」

中山「そのぎこちなさはどんな風に変わっていったのですか」

俊之「どんな風にですか。水族館に行って、時間が経つうちに普通な感じになったんですけど」

中山「そうですか。それは良かったです。では、双方代理人が今回どんな風に立ち会っておられたか、どんな風にご覧になったかを伺えますか」

俊之さんは、同居時と変わらないくらいの自然なやり取りができるようになったことを「普通な感じになった」と表現しているのですね。

林「私の方からもお話しして構いませんか」

中山「はい。お願いします」

林「小川先生は、当日を迎える前に綾さんと事務所で打合せをされたのですが、その時に美保ちゃんと翔真くんを同行してもらって、顔合わせをされていたようです。なので、小川先生が美保ちゃんと俊之さんの間をとりもつようにいろいろ話しかけてくれていました。

　美保ちゃんは、最初、小川先生と二人で話していて、私たちと翔真くんが先を歩いてという感じで水族館に向かいましたが、水族館に入ってからは、代理人は、少し距離を置いて、先ほど話のあったとおり翔真くんが迷子になったり、美保ちゃんがはぐれてしまわない様にそれぞれの見えるところにいたような感じです」

中山「そうでしたか。そうすると俊之さんも最初は代理人がいてくれて助けられた感じですか」

俊之「助けられたというか、休日に本当にお世話になったと思います」

中山「今回の面会交流を踏まえて、第三者機関の利用を求めたいという主張の裏付けになるようなエピソードがあったのかどうかということを確認したかったのですが、その点ではいかがですか」

俊之「林先生にも小川先生にもお世話になりましたし、感謝していますが、どうしても第三者に何か依頼しなければならないようなことはなかったと思います。もちろん直接のやりとりを拒否されているので、日程調整などはできませんけど」

林　「最初はさっき言ったようなぎこちなさはありましたが、親子三人だけで昼食を取っていましたし、お土産を選んでいる場面では美保ちゃんが俊之さんに欲しいものをねだって買ってもらうなど良い関係にもなっていました。今回の面会交流を振り返って、あらためて第三者機関が必要ということはないのではないかと思います」

滝山「ちょうど今日の本題に入っていただきましたが、俊之さんとすると、前回からの課題であった第三者機関利用についての検討結果としては、その必要性がないので受け入れられないということになるのでしょうか」

俊之「そうですね。その点は前回と変わりません。むしろ、必要性がないことが明らかになったのではないかと思います」

滝山「お子さんとの関係や実際の面会交流を進める上で必要性はないということですね。日程調整など親御さん双方の関係ではいかがですか」

俊之「これも前回お伝えしたとおり、綾が私とのやりとりができないということであれば、向こうの両親やきょうだいを窓口にしてもらえませんか。私の方は、母親には面会の日程調整などを頼めないかということで了解を得ているので、綾さえよければ私の母親に日程調整や受渡しを頼むことも可能です」

滝山「日程調整だけでなく受渡しもお願いできるのですか」

俊之「林先生にアドバイスしてもらって母親に頼んでみました」

滝山「そうでしたか。わかりました。では、綾さんの方からも面会交流の状況やその後の様子などを確認して、具体的な面会交流の在り方についての意向を確認していきたいと思いますので、交代していただきましょう」

(2) 綾への聴取①――第三者機関利用について再検討を求めたいとの主張

――綾側の聴取となった。

滝山「期日間の面会交流の状況も伺いたいのですが、まず一番心配な面会交流後の美保ちゃんの状況から伺っていきたいと思います。意向調査、面会交流の試行と、二度の調査の後いずれも体調を崩してしまった経過がありましたが、今回はいかがでしたか」

綾「今回は発熱も頭痛もなく、心配するような状況はありませんでした」

滝山「そうでしたか。それを聞いて安心しました。体調面もそうですが、綾さんから見て気になる様子や負担になったように感じる様子はありませんでしたか」

綾「特に話はしていないのですが、別に嬉しそうな様子もないですし、逆に落ち込んだような様子もありませんでした」

滝山「送り出すに当たってはいろいろ不安もおありだったと思いますが、どんな風に説明されたのか、少し詳しく教えていただけますか」

綾「前回の調停の後、今度は裁判所ではなくて水族館で会うことになったと説明しました」

滝山「そうしたら？」

綾「なんで？とか別に会わなくていい、みたいな反応だったのですが、事前に小川先生と相談していて、小川先生の事務所で話をしてもらいました」

滝山「ええと、どういうことだったのでしょうか」

小川「前回期日でも、綾さんとしては、美保ちゃんが嫌がったらどうしたら良いかというのが一番の気がかりだったので、これからのことについて相談している味方の弁護士がいて、その弁護士が会いたがって

　　ると伝えてもらって一度事務所に連れて来てもらうことにしていたんです」
藤田「なるほど」
小川「綾さんには美保ちゃんらに対し、『水族館で会うことになった』ということだけ話してもらって、説明や説得は私の方ですることにしていました」

綾さんのキャパシティを理解した上で、子どもに適切に説明できる小川代理人が良い形で役割分担を行ってくれたのですね。綾さんと小川代理人の間の信頼関係も素晴らしいです。

滝山「そうだったのですか。それで実際にはどうだったのでしょうか」
小川「綾さんには弁護士のおばちゃんが会いたがっているという程度に説明して連れて来てもらいまして、事務所ではお菓子とジュースとゲームで遊んで、今度水族館でパパと会うことになって、パパと三人だけだとママも心配だからママの味方のおばちゃんが付き添うことになったみたいな説明をしました」
滝山「そうしたら」
小川「翔真くんは、遊園地の方がいいとか言ってましたね。美保ちゃんは、肯定も否定もせずに綾さんの様子を見てる感じに見えました。なので、ママも賛成しているし、これからのことを話し合っていくためにもとても大切な約束だからと説明して、そこは綾さんにもがんばってもらいました」
滝山「それで美保ちゃんも納得してくれたのですね」
小川「納得したかどうかは分かりませんが、嫌がったり、反対したりはありませんでした。少し強引かなぁという思いはありましたが、これまでの調査官調査の結果もありましたし、調停で約束したことでもありますので」

美保ちゃんは、綾さんの様子から小川代理人が綾さんの味方だと判断したからこそ、素直に応じたのでしょうね。

滝山「林代理人からは、円滑に面会交流が実施できたと書面で報告をいただいていますが、事実関係でこれは訂正しておかなければならないというような点はありましたでしょうか」

小川「特段なかったと思います。受渡しもスムーズにいきましたし、美保ちゃんも翔真くんもそれなりに楽しめたように見えました」

滝山「そうですか。実際の当日の詳しい状況については、代理人から綾さんに説明されたのでしょうか」

小川「どんなことをして過ごしたのかと美保ちゃんや翔真くんの様子についてはごく簡単に。林代理人から提出された報告書はお見せしました」

滝山「綾さんは、当日の状況などについて気になる点や聞いておきたい点などはないのですか」

綾「**ないわけではありませんが、聞いたから何かが変わる訳ではありませんし。美保のストレスが大きくなかったということであれば、それ以外は特に何も**」

中山「少しよろしいでしょうか。まず、期日間の面会交流が滞りなく行えたのも、美保ちゃんが体調を崩さずに済んだのも、綾さんがご自身の気持ちを整理しようと努力されたことが一番の要因だと思います。本当に大変だったと思いますが、よくやっていただいたと思っています」

滝山「綾さんにとっては送り出すだけでも大変なことでしたでしょうから、当日の状況を詳しく聞くことも大きなストレスになってしまうかもしれませんね。

ただ、お子さんがどんな状況だったかを知っておいていただくことは大切だと思いますので、今日、中立人からお聞きした概要だけは伝えさせてもらおうと思うのですが、よろしいですか」

綾「ええ。構いません」

――滝山委員は、小川代理人が仲介して待ち合わせ当初のぎこちなさを乗り越えたこと、水族館では美保が写真撮影に熱中し、先を急ぐ翔真とペースが合わずに俊之が翻弄され、両代理人に助けられたこと、昼食を父子で食べ、土産物選びでは美保が欲しいものを俊之にねだって買ってもらったことなどをかいつまんで説明した。

滝山「小川代理人から補足することなどおありでしょうか」

小川「いいえ。俊之さんが不器用なのは変わりませんでしたが、お子さんたちにとってはそれが普通のことのようでした」

小川代理人は半日近く父子と過ごしたことで、綾さんから得ていた情報以上に日常的な俊之さん、美保ちゃん、翔真くんの姿を目の当たりにしたようです。依頼者の綾さんにとっては至らな過ぎる配偶者でも、美保ちゃんや翔真くんにとっては、善し悪しの判断ではなく俊之さんそのものが父親だということを実感したのですね。

滝山「美保ちゃんがぬいぐるみをねだったと聞いたのですが、何のぬいぐるみだったのでしょうか」

小川「カクレクマノミだったと思います」

綾「あぁ。そうですね、カクレクマノミです」

滝山「綾さんもご覧になったのですね」
綾「ええ、美保の机の上に見慣れないぬいぐるみがありました」
滝山「映画になったカクレクマノミのニモですか」
綾「たぶんそうだと思います」
滝山「そうですか。ぬいぐるみの話は美保ちゃんからは何もなかったですか」
綾「はい。やっぱり気を遣っているんですね、きっと」
滝山「そうかもしれませんね。でもママの目に留まる机の上に置いてあったのですね」
綾「そうですね」
滝山「小さなことのようですが、とても大きな一歩のような気もします。
　さて、俊之さんから前回の宿題に対する回答を得ていますので、それを伝えさせていただいてよろしいでしょうか」 
綾「はい」
滝山「俊之さんのご主張としては前回同様で、第三者機関を使うのではなく、綾さんのご両親かごきょうだい、もしくは俊之さんのお母さんを連絡調整の窓口にして面会交流をしていきたいとのことでした。今回期日間で行った面会を振り返っても第三者機関の援助を必要とする理由はないとのお考えで、連絡調整だけであれば親族の協力で十分ではないかとのことです。また、ご自身のお母さんには受渡しの協力依頼もして承諾をもらっているとのことでした。
綾さんとしてはいかがでしょうか」
綾「……」
小川「綾さんと詰めて打合せはしていないのですが、代理人としては、期日間の面会交流の実現まで協力してきているのですから、せめて少しは譲歩してもらえないかというのが正直なところですよ」

藤田「少しはと言いますと」

小川「これも代理人だけの意見ですが、今回の面会交流に立ち会った立場から言うと、確かに第三者につきっきりで援助を求めなければならないほどの状況ではないと思いました。

しかし、綾さんの状況を考えてもらいたいと思うわけです。母親として面会の状況がどうだったのか心配でないわけがないのに、それすら詳しく聞けない状況なわけです。そうした状況を分かってもらうということも大切なことではありませんか」

藤田「具体的にはどのような譲歩を求めたいということになるのでしょうか」

小川「綾さんとの打合せなしで代理人の意見を言うのは良くないかもしれませんが、例えばですね、第三者機関の援助もいろんな類型がありますから、第三者にずっと付き添いを依頼するのではなく、受渡しや場合によっては日時等の連絡調整だけを依頼するという方法もあるのではないでしょうか」

滝山「今、代理人がお話いただいている内容は綾さんも理解されているのでしょうか」

小川「一応、第三者機関について打合せをしたときに説明はしましたが、どうですか。綾さん。援助の方法がいくつかあるという話は覚えておいでですか」

綾「はい。第三者機関の人が付き添ってくれる援助と受渡しの場所を提供してくれるものと日程調整の仲介をしてくれるものがあるというお話でしたよね」

滝山「今、代理人からは付添型ではなく、受渡援助や日程調整型の援助でもいいから第三者機関利用を受け入れてほしいという話があったわけですが、綾さんとしてはいかがですか」

綾「……」

中山「少しよろしいでしょうか。先ほど小川代理人は、綾さんの心情を察して、俊之さんにも譲歩を求めたいと話されました。お気持ちとしてはとても分かります。しかし、本来どうあるのが美保ちゃんたちのためになるのかという視点を忘れないでいただければと思っています。別れて暮らすパパと会うためには、お金を払ってまでして援助を求めなければならないほど、ママとパパの関係が悪いということを美保ちゃんが知ったとしたら、どう思うかという点です。

勝ち負けとかどちらがより譲歩したかという観点ではなく、お子さんにとってどうなのか、お子さんから見てどう在るべきなのかという観点で、綾さんにも俊之さんにも考えていただきたいと思っていますので、よろしくお願いします」

綾「美保が知ったらどう思うか、ですか……」

小川「綾さん、少し打合せの時間をもらって、とりあえず、中立人にはもう一度、第三者機関利用を検討してもらうよう伝えてもらうということでどうですか」

綾「はい」

滝山「では、待合室でお待ちください」

——綾と小川代理人が部屋を出ると、藤田委員が「私は最後の調査官の話を聞くまでは、何回か連絡調整型の援助を利用する案で申立人に飲んでもらっても良いのではないかと思い始めていました」と口を開いた。

滝山委員も「そうですね。今回の期日間の面会交流では小川代理人には相当尽力してもらったので、私も心情的に小川代理人の気持ちに近くなっていました」と答えた。

中山調査官は「心情的には私も一緒です」と受けつつ、「ただ、前回期日で、お互いの気持ちではなく、美保ちゃんのためにどう在るべきかということで綾さんには大きな山を乗り越えてもらったので、ここにきて譲るか譲らないかという大人の紛争の観点に戻ってしまうのは残念な気がしたのです」と述べた。

そして、綾が俊之との関係で身体症状が出るほどの状態になっていたことを踏まえると、一時的に第三者機関を利用するのはあり得ない選択ではないと考えられるが、それだけに妥協の産物としての利用ではなく、親族の協力が困難なのかどうかなど必要性を吟味したうえで、お互いに合理的な納得を得て利用を決めることが今後の円滑な実施に結び付くと考えられるのだと述べた。

(3)　俊之への聴取②――次回までに再検討するが、親族への協力依頼の結果を示すよう求める

――小川代理人の提案を伝えられた俊之は憮然と考え込み、林代理人は「そうですか、なるほどねぇ。それも考え方ではありますかね」と繰り返していた。

藤田「俊之さんとしてはいかがですか」

俊之「両親やきょうだいに連絡調整を依頼できないということでしょうか。あと、私の母親の仲介では難しいという理由は何なのでしょうか。小川代理人には先日大変お世話になっているので、こんな言い方は失礼だと思うのですが、やはり交渉の仕方としては筋が通らない気がします。結局、自分たちはここまで譲ったのだから、私にも何かしらの譲歩を見せろということで、第三者機関を利用しなければならない理由はないのではないかという私の提案には答えてもらっていませんよね」

藤田「その点はたしかに俊之さんの言われるとおりかもしれません」

俊之「今更、そもそもの話を持ち出したくはないですが、私としてはある日突然子どもを連れ去られたところから始まっているのです。譲り合いましょうと言われると、どうしても出発点で譲れなくなってしまいます。そのことで綾を責める気持ちはないのですが」

林「どうでしょうか。今の俊之さんの話を踏まえると、けんもほろろに拒否するという訳ではありませんので、こちらも十分に検討させてもらうけれど、まずは親族の協力を依頼してもらい、その結果を聞いて考えるということではいかがでしょうか。また、綾さんが俊之さんのお母さんの仲介ではどうしても駄目なのかどうかのお返事もいただいた上で考えることにしたいのですが。俊之さん、それでいかがですか」

俊之「はい。そうしていただければと思います」

滝山「わかりました。そうしますと、次の期日までに検討ということになりますね」

林「仕方ないですね。できるだけ早く次回期日を入れていただけますか」

――中立人側と次回期日の候補日を打ち合わせて、交代することとなった。

(4)　綾への聴取②――親族への協力依頼を受け入れる

――綾が小川代理人と調停室に入室した。

滝山「俊之さんには、改めて第三者機関の利用の検討をお願いしたい旨をお伝えしました。俊之さんの回答としては、次回期日までに再度検討してみるけれど、まずは綾さんに親族の協力が得られないのかどうか、俊之さんのお母さんの仲介ではどうしても駄目なのかどうかについての返事をいただきたいとのことでした」

小川「わかりました。綾さんとしては、これまで面会の件についてご両親に相談していなかったので、少しハードルは高いのですが、まずは現状をきちんとご両親やきょうだいにも伝えて、その上で考えたいということになりました」

滝山「そうですか。ご両親にも相談されていなかったのですね」

綾「はい。今までにも十分に心配させてしまっていますので」

綾さんは、面会交流の件については両親に相談していなかったのですね。別居から始まり、自身の体調不良、離婚の調停、裁判とたくさんの心配をかけ、有形無形の援助を受けてきたゆえにこれ以上心配をかけたくないという思いなのでしょうか。それとも面会交流に関しては、実施を勧められてしまうかもしれないといった不安もあるのでしょうか。両親に相談できていないことからも、綾さんの複雑な心境がうかがえます。

中山「少しだけよろしいですか」

滝山「はい、お願いします」

中山「今回、相談されたら、ご両親はどのような対応をしてくれそうですか」

綾「できるだけのことはしてくれると思います」

中山「きっとそうなのでしょうね。でも、それが分かっているから、なおさら、ご両親に心配や迷惑をかけたくないと思っておられるのではないですか」

綾「……離婚のことだけでも、私が体調を崩したり、経済的にも助けてもらってますから」

中山「綾さんはもともと頑張り屋ですし、自分のことは自分で解決したいお気持ちが強いのでしょうね」

綾「人に頼るよりは、自分でできることは自分でしたいです」

中山「大事なお気持ちだと思います。ただ、どうでしょうか。しんどいときには助けを求めるというのも、同じくらい大事だと思うのですが」

綾「それはそうですが」
中山「もし、美保ちゃんが綾さんの立場で、綾さんがご両親の立場だとしたら、いかがですか」
綾「できることは何でもしてやろうと思うでしょうね」
中山「そうですよね。それに、そうして頼ってくれた方がうれしくありませんか」
綾「ええ、確かにそう思います」
中山「親に頼ってみるのも親孝行かもしれませんし、それが美保ちゃんたちのためになるならなおさらだと思います。ひとりで頑張り過ぎないようにしませんか」
綾「分かりました。私自身がまだ、家庭がこんな状況になってしまっていることを受け入れきれていなくて、それもあって、人に相談できていなかったのだと思います。自分のことよりも子どものことを考えてあげないといけないんですよね。両親に話をしてみようと思います」
藤田「次回期日までどれくらい時間をとれば良いでしょうか」
綾「明日、明後日には話をしてみようと思います」
小川「では、できるだけ早いところで調整してもらいましょう」

――三週間後に次回期日が設定された。前回同様に期日間に面会交流を行えるかどうか調整したが、日程調整ができなかったことから、次回期日の後の早い時期に面会交流を行うことを確認して、今回は期日間の面会交流は実施しないこととなった。

21 手紙～俊之から綾への謝罪と感謝

前略

お詫びとお礼を言いたくて手紙を書いています。

辛い思いをたくさんさせてしまったこと，謝ります。

何をどうすれば良かったのか，自分だけが悪いのか，それは正直，分かっていません。

それでも今回の調停を続けて来て，あなたが私との生活の中で深く傷ついていることだけは分かりました。

私が当たり前だと思っていた生活が，あなたの我慢や努力の積み重ねの上に成り立っていたのかもしれないということも。

最近，職場でぼんやりしてミスをしてしまうことがあります。美保や翔真がまだ幼かったころのことを思い出そうとするのですが，正直あまり覚えていないのです。あなたに子育てにまったく関わっていないと言われ，反発する気持ちが強かったのですが，ぼんやりしたあいまいな記憶しか残っていないのをみると，そのとおりなのかもしれないと思えてきたりします。

先日の水族館では久しぶりに楽しく過ごせました。ただ，美保と翔真が楽しく過ごせたのかどうか，前回の調停が終わってから，そのことが気にかかっています。本当なら一番先にそれを考えなければならなかったのですが，いまさらですね。

美保も翔真もずいぶん大きくなって，いい子に育っていると安心しました。ありがとう。

こんないい子たちの父親でいられるのは，あなたのおかげでもあり，そのことにも感謝しています。

突然，手紙など書いて不審に思うかもしれません。以前から，裁判所からはあなたの気持ちを和らげる努力をするよう言われ，弁護士と相談していました。弁護士から手紙を書いてはどうかと提案され，なかなか書けなかったのですが書いてみることにしました。恨みつらみがないと言えばうそになるけれど，もうずいぶん長い間話らしい話をしていないことにも，これから先話をする機会もないかもしれないことにも気づき，何を書こうか考えた末，こうなりました。ごめんなさいとありがとう，これは時間が経っても，状況が変わっても，変わらない気がします。

鈴　木　俊　之

〇年〇月〇日

鈴　木　　綾　様

22　第8回調停期日～調停成立、面会交流のはじめの一歩

⑴　成立に向けた評議

――双方からの聞き取りを終え、合意に達したため、成立評議を行うこととなった。

草岡「ずいぶん早く話がまとまったのですね」

藤田「はい、私たちも驚きでした」

滝山「親族の件はもちろんですが、宿泊の件でも調整が難航するのではないかと思っていたので、びっくりしています」

草岡「合意の内容は分かりましたが、期日間にどのような動きがあったのでしょうか」

――藤田委員と滝山委員は、交互に本日の聴取結果を説明した。

綾は、期日間に両親に面会交流の調停の進行について、二か月に一回程度面会する方向で合意しているが、日時の調整や受渡しについて第三者機関の利用を求める綾と親族の協力での実施を希望する俊之との間で意見が対立し、まずは綾の両親の協力を得られるか確認することになったと説明した。

綾の両親は、翔真の話や美保の様子から父親と会ったらしいことは察していたが、調停で争っているとまでは知らなかったと驚き、綾が望むのであればできることは何でも協力するが、綾自身がどうしたいのかと問い返したのだという。

綾は、自身を気遣ってくれる両親の優しさに触れて答えに窮し、自分自身がどうしたいかはもう少し時間をかけて考えたいと伝えたところ、それに対しても両親は、協力はいつでもするので納得できるまで考えてみるよう言ってく

れたとのことだった。

そして、その数日後に小川代理人から連絡があり、俊之からの手紙を受け取った。恐る恐る読んでみると、意外にも綾を傷つけたことへの謝罪と子どもの父親になれたことへの感謝が綴られていた。

綾は、両親に相談したことで自分がいつも見守られていることに気づき、俊之の手紙を読んで、子どもたちの母親として行動していかなければならないことを覚悟して、第三者機関利用でも、両親の協力を求めるのでもなく、自身が面会交流の窓口になることを決めたということだった。

他方、俊之は、林代理人から綾の気持ちを前向きにさせるためには何か考えなければならないが、今すぐ離婚についての条件を提示できる状況でもないことを踏まえると、手紙を書くのが一番ではないかと勧められたが、手紙を書くのはとても難しく、面会交流に前向きになってもらうための手紙だと分かっているものの、書こうとするとどうしても綾を非難する気持ちが先に立ってしまい、何度も諦めかけた。

しかし、綾に何かを伝えられるのは最後かもしれないと考え、今の気持ちではなく、この先将来振り返って後悔しないように伝えておかなければならないことは何か考えると、子どもを持てたことへの感謝であると気づいたと語り、正当性や合理性ではなく、綾に対してできるところから始めたいと思ったとのことだった。

草岡「そうですか。それぞれが夫婦の争いから一歩引いて、考えることができたわけですね。俊之さんの手紙は大きな転機でしたね。」

藤田「はい。正直、あの俊之さんがあれだけの手紙を書かれるとは驚きでした。また、綾さんがそれを受け入れるだけの力を持てたのも大きいですし、それはご両親の支えあってのことだったと思います」

滝山「私は、あらためて何度かにわたって調査官が当事者の話や気持ちをきちんと受け止めて、お子さんの視点に立てるようなサポートを続けて来たことが実を結んだのではないかと感じました」

藤田「私もそれは強く感じます」

草岡「調停委員の進行と調査官の関与がうまくかみ合ったということでしょうね。しかし、本件は、面会交流を実現するのに多くの問題がありました。調停委員が両親の心情を緩和させるのに努力されました。本当にあきらめませんでしたね。私たちも事件を通じて勉強しましたが、滝山さん、藤田さんは、今回の経験が今後に必ず活きてくると思います。研修の成果がいろいろな場面で出ましたよね。中山調査官からも、要所要所でスパイスの効いた働き掛けがありました。父母に対する主張整理と、その上での美保ちゃんらの意向調査がなければ、美保ちゃんの心理がつかめなかったと思います。みなさん、本当にお疲れさまでした。みなさんの努力の甲斐あっての成立でした」

中山「良い形で合意ができて本当に何よりだと思います。裁判官と委員が言われるとおり、俊之さん、綾さんがもともと潜在的に持っている力を発揮できるように調停と調査がうまく支えられたのだと思いますし、双方の代理人のサポートも非常に大きかったと思います」

草岡「本当にそうですね。では書記官を呼んで条項を確認しましょう」

(2)　調停の成立

——双方とも列席の上、調停を成立させることに同意し、調停室に入った。

草岡「担当裁判官の草岡です。話合いがまとまったとのことですので、これから調停条項の確認を行います。まずはじめにそれぞれ当事者の確認をさせてもらいます。

申立人の鈴木俊之さんと手続代理人の林弁護士ですね」

俊之・林「はい」

草岡「相手方の鈴木綾さんと手続代理人の小川弁護士ですね」

綾・小川「はい」

草岡「それでは調停条項ですが、よく聞いて間違いがないかどうか確認してください。

１　相手方は，申立人に対し，申立人が当事者間の長女鈴木美保（平成〇年〇月〇日生）及び長男鈴木翔真（平成〇年〇月〇日生）（以下，「未成年者ら」という。）と２箇月に１回程度次のとおり面会交流することを認める。

(1)　面会の日にちはメールもしくはラインを通じて当事者間で定める。

(2)　面会時間は，午前10時から午後７時までとする。

(3)　受渡場所は相手方の両親宅とし，受渡方法は申立人が同所に未成年者らを迎えに行き，同所まで送り届ける。

(4)　上記の連絡方法，面会時間及び受渡場所等の変更並びに面会交流に関する他の事項は，未成年者らの福祉を最大限に考慮してお互いに協議して定める。

２　申立人及び相手方は，申立人と未成年者らとの宿泊面会ができるだけ早期に実現するよう誠実に努力することを約束する。

３　調停費用は，各自の負担とする。

以上になりますが、よろしいですか」

俊之・林「はい。結構です」

綾・小川「はい」

草岡「では、以上で調停成立となります。長い期間をかけてお互いの状況やお子さんの気持ち、状況を踏まえて、合意されたことをうれしく思います。これからも美保ちゃん、翔真くんのためになる交流を実施できるようお互いに努力されてください。

なお、現在係属している離婚訴訟についても、お互いに調停で話合いをされるということで合意ができたと聞いています。あらためて調停に付す手続をすることになりますので、引き続きよろしくお願いします」

23　離婚調停の成立

駒場「滝山さん、お疲れ様です。午後からの調停ですか」

滝山「あら、こんにちは。調停委員自主研修の打合せなの。中山主任もご一緒よ」

駒場「ああ、そうでしたね。お疲れ様です」

滝山「そうそう、共同調査してもらった美保ちゃんたちのケース。草岡裁判官から聞いてますか」

駒場「ええ。人訴が付調停になって、その離婚調停を滝山さんと藤田さんで引き続き担当されているんですよね」

滝山「そうなんですけど、昨日離婚調停が成立したの」

駒場「ええ!?そうなんですか。良かったですねぇ。どのような条件だったのですか」

滝山「面会がうまくいったのが良かったのだと思うけど、俊之さんが大幅に譲歩してくれてね。離婚、親権者母、養育費一人当たり五万円を二二歳まで、解決金三〇〇万円で、一〇〇万円を一括払いで、残額は月々五万円の分割払い」

駒場「えー！すごい好条件じゃないですか！だって住宅ローンも残っていたでしょう」

滝山「そうなの。でも自分ができることは経済的なことしかないからって言って」

駒場「じゃあ面会はうまくいっているんですね」

滝山「二人からの話だと雰囲気は良く分からないのだけれど、トラブルは起きていないし、離婚条件を見るとかなりうまくいっているのではないかしら」

駒場「良かったですねー。ありがとうございます。主任はまだ知らないんですよね」

滝山「昨日は一日出張で、今日も午前中は調査に入ってらしたから、これからお伝えしようと思って」

駒場「大喜びしますよ、きっと」

滝山「でも、主任は、ある程度こんな展開も読んでおられたかもしれないわね」

駒場「それにしても破格の好条件ですもの。きっとびっくりです」

滝山「そうだとうれしいわね。

そうそう、俊之さん、綾さんの両方から、調査官にはとてもよく話を聴いてもらいお世話になりました、お礼を伝えてほしいと言われていたの、私からもあらためてお礼をお伝えしますね。本当にありがとうございました」

駒場「うれしいですね。両当事者から感謝されるのって、そうそうないですから。まぁ、私はちょっぴり手伝っただけですけどね」

滝山「でも、俊之さんは、特に駒場さんにとてもお世話になったって名指ししていたわよ」

駒場「本当ですか？でも、実際、結構大変だったから、真に受けちゃってもいいかな」

24　エピローグ

翔真「お祭り楽しかったね」
美保「お祭りって言うより、食べ歩きが楽しかったんでしょ」
綾「何を食べたの」
翔真「バナナチョコ！それとかき氷に水あめ」
綾「それじゃお腹空いてるんじゃない？」
美保「焼きそばにお好み焼き、焼き鳥にぐるぐるウインナーとか食べたから大丈夫」
綾「あらそうなの。ずいぶん食べたのね」
翔真「じゃがバターも食べた」
綾「そう。それは食べ過ぎかもね」
翔真「まだまだ大丈夫」
美保「まったくあんたって子はほんと食い意地張ってるよね」
翔真「へへへへ」
綾「美保、それは？」
美保「金魚すくいしたの」
翔真「お姉ちゃんもパパも一匹も取れなかったんだよ」
綾「じゃあ、それはおまけでもらったの？」
美保「うん。飼ってもいい？」
綾「それはいいけど、ずいぶん小さい金魚ね」

美保「ニモみたいでしょ」
綾「ちゃんと世話は自分でしてね」
美保「うん」
翔真「パパも一匹もらったんだよ。家で飼うんだって」
綾「お祭りの前には映画行ったの」
美保「ふふふふ」
綾「楽しかったみたいでよかったじゃない」
翔真「パパひどいんだよ」
綾「どうしたの」
翔真「最後のいいところなのにいびきかいて寝てた！」
美保「ほんと最低よね」
綾「でもずいぶん楽しそうね」

綾「ねぇ美保、今度、お泊り行ってみる？」
美保「え？何か言った？」
綾「ううん。なんでもないわ。あら、美保、その髪ゴム、久しぶりにつけたのね」
美保「うん。何となくね」

――美保の髪には、大事なガラス玉の髪ゴムが初夏の満月を受けて光っていた。

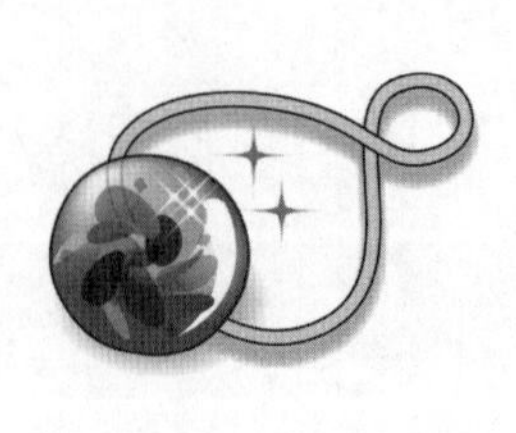

面会交流をめぐる紛争における最近の実務上の留意点

第4章への誘い

面会交流は、別居親と子どもとの関係をより改善し、子どもが父母の双方を肯定的に捉えることができるようにしていくことを目的としています。しかし、現実には、別居親は、面会交流をまず実現することに意識が集中し、面会交流が長期に及ぶものであることをあまり意識していないと感じることがあります。私たちは、面会交流がまず実施されること、そして継続的に実現されていくことが重要だと思っています。そして、面会交流を継続的に実現していくためには、なによりも調停の段階で、子の意向調査や親の調査により、父と母の様々な懸念を共有し、相互に配慮することで、当事者間の情緒的な混乱を鎮まらせ、当事者が子どもにとって望ましい解決方法を模索できるような関係を構築していくことが大切だと思っています。

家庭裁判所は、ケース1及びケース2で述べたとおり、調停委員会による事情聴取、調査官による調査を通じて父母の考えの相違、その背景事情を明らかにし、そして、調停委員会による調整によって、そのこじれた関係を修復し、両者が子のために協力して面会交流に取り組む態勢をとれる調停運営を行うように心掛けています。

本章においては、ケース1及びケース2において説明できなかった項目を補足しつつ、面会交流をめぐる紛争における最近の実務上の留意点に関する実務家の視点や参考となる裁判例を紹介します。

1　実務上問題となる面会交流の禁止・制限事由及び阻害事由についての留意点

(1)　禁止・制限事由

ア　虐待のおそれ

別居親に子どもを虐待するおそれが認められる場合、面会交流の実施が子どもの福祉に反することになるので、面会交流を禁止・制限することになる。しかし、実務では禁止・制限事由が明白なケースは稀で、同居中の虐待の有無で対立したり、暴力や暴言が虐待に該当するかどうかを争い、面会交流を実施した場合に虐待のおそれがあるかどうかを巡って難しい判断を求められることが多い。

過去の虐待の有無は、今後の面会交流において同様の行為が起こり、子どもにダメージが生じる可能性を防ぐための大きなメルクマールとなる点で重要であるが、そのため虐待の有無にのみ関心を注力するのは相当ではない。虐待があったとされる出来事の実情、現在の子どもに与えている影響、同様の出来事が再現される可能性などを幅広く把握、検討し、面会交流によって子どもがさらに精神的ダメージを受けるおそれがないかどうかを見極めることが重要である。

子どもの受けたダメージ回復への努力

過去に虐待があり、現時点で面会交流を行うべきでない事案においても、子どもにとっては別居親が父または母である事実には変わりはない。目の前の面会交流実施の可否にのみ目を奪われるのではなく、子どもに生じてしまったダメージを軽減、回復し、健やかな成長を促すために親としてできることは何であるのかを別居親、同居親の双方に考えてもらいたいと考えている。

イ　連れ去りのおそれ

別居親による子どもの連れ去りのおそれが認められる場合も、面会交流を禁止・制限することになる。面会交流の際に子どもを連れ去ることそれ自体が子どもを現在の生活環境から引き離すことになり、子どもの平穏な生活を脅かし、精神的にも大きなダメージを与えるため、子どもの福祉に反するからである。

面会交流が子どもの健やかな成長に有益なものとなるためには、できる限り円滑に実施されることが大切である。そのため、面会交流の実施に当たっては、父母双方がルールを守ることがとても重要であり、結果として短時間で同居親の元に戻されたとしても、連れ去りは極めて重大なルール違反である。

別居親、同居親の双方にその認識を強く持たせ、連れ去りはもちろん連れ去りを誘発するような状況も生じさせないよう面会交流のルール遵守の姿勢を涵養することが重要である。

別居時における連れ出し

実務において、別居親は、同居親が別居するに際して子どもを連れ出したことをもって先に連れ去ったと主張し、同居親を非難することがある。

しかし、主に監護をしていた同居親は、夫婦不和の中でやむを得ず別居を選択したのであり、その際、同居親が子どもを残して別居するということは通常ありえないことであるし、もし同居親が子どもを残して別居した場合には、子どもは親に捨てられたとの思いをすることになる。子どもを残して別居しなくてはいけないとすることは、別居しようとする親の意思決定を萎縮させることになり、相当ではないと思われる。詳細は、本多智子「面会交流Ⅱ――家事調停における当事者の納得と家裁への信頼――」（調停時報一八九号五〇頁）を参考にされたい。

ウ　その他

前記のア、イ以外には、事案の個別性を慎重に検討して、面会交流の実施の可否について考えていくことになる。次項に挙げる阻害事由が極めて大きい場合、複数の阻害事由があってその解消が著しく困難な場合などで、面会交流を実施することが子どもの福祉に反すると合理的に考えられるときには、禁止・制限事由に該当することになる。

(2)　阻害事由

ア　子の拒否

子の意向は、子どもの利益を判断するために考慮すべき重要な事情である。

しかし、両親の離婚という紛争の渦中に巻き込まれ、また、両親が面会交流で激しく対立しているような場合においては、子どもは、忠誠葛藤（どちらの親につくのがよいのか選択を迫られながら、どちらも裏切れないという引き裂かれるような思いをもつこと）から、別居親に会いたい気持ちを有していても、同居親の拒否感を察して、本心を言えない場合もある。また、子どもが同居親の影響により、別居親に対して強い拒絶をすることもある。

何故、拒否するのか、子の年齢、発達の程度、それまでの養育環境や別居理由等を検討することが必要である。子どもが発する言語表現の信用性は慎重に検討する必要がある（ケース2参照）。

イ　同居親の再婚、同居親の再婚相手との養子縁組等

親権者である同居親が再婚し、再婚相手と子どもとの間で養子縁組をした場合においては、養親も子どもの共同親権者となって新しい家庭生活が営まれており、養親と子どもとの間にも養親子関係が形成されているので、このような状況のもとで、別居親が子どもと面会交流をすることはせっかく安定した家庭生活を揺らぐものとなるとして、同居親側が面会交流を拒否する場合がある。

確かに、再婚家庭における子どもの心身の安定等に配慮することは必要である。しかし、子どもが二人の父親もしくは母親がいることを理解していれば、別居親との面会交流が子の心身の安定を損なうことにはならない。ステップファミリーの中で育っていく子どもは、二人の親を共存させているともいわれている。

この場合、子の年齢、心身の発達の程度、子どもが別居親をどの程度認識しているか、子どもと別居親とのこれまでの交流状況、子どもと同居親の再婚相手との関係、子の意向等を十分に考慮し、面会交流の実施が子どもに対しどのような影響を与えるか等の事情を考慮することが重要である。

同居親は、子どもが大人になっていく間、別居親が子どものためにどのような存在でいるのがよいのかなど、長い視点で面会交流の在り方を考えることが大切である。

中国国籍の母が、再婚した日本国籍の父に対し、当事者間の子であり父の再婚相手とも養子縁組をした未成年者ら（四歳、八歳）との面会交流を求めた事案において、大阪高決平成二八年八月三一日（家庭の法と裁判一一号九六頁）は、父側の「未成年者らは養子縁組をして新しい家族関係を築きつつあり、母と面会交流をしなくても健全な成長はできる。」等の主張を退け、未成年者らは離婚後も母を恋しがる態度を示し、母との良い思い出を持っていると認定し、母と未成年者らとの面会交流を認めている。

裁判例１　大阪高決平成二八年八月三一日（家判一一号九六頁）

「未成年者らが非監護親である相手方（母）からも愛されていると認識する機会を持つことは未成年者らの健全な成長に資するものであり、抗告人（父）と当事者参加人（再婚相手）が未成年者らとともに新しい家庭を構築する途上にあるとしても、相手方（母）との面会交流を認めることは未成年者らの福祉に適うというべきである。」

ウ　別居親による同居親に対する暴力等

配偶者間の暴力（いわゆるＤＶ）があったことを理由に同居親が面会交流を拒否する事案も少なくない。ＤＶ被害の有無は、別居親と子との面会交流の可否を決するために考慮すべき重要な事情となるので、事実関係を慎重に検討することが重要である。

また、暴力等の事情が認められる場合、ことに暴力等が子どもの面前において行われた場合においては、子どもが精神的ダメージを受けている可能性があるので、暴力等の事情の子どもへの影響についても慎重に検討することが必要である。

東京高決平成二五年七月三日（判例タイムズ一三九三号二三三頁）は、同居親に対する暴力は、子に対する暴力と同視することはできないと判示している。

裁判例2　東京高決平成二五年七月三日（判タ一三九三号二三三頁）

別居親が同居中に同居親に対し暴力をふるった事実…などによれば、同居親が別居親に対し恐怖心や不安を抱くことはやむを得ない……。しかし、別居親が同居中に未成年者に対し暴力等を振るった事実は認められず、同居親の別居親に対する恐怖心や不安をもって、直ちに未成年者と別居親との面会交流を制限すべき特段の事由があるということはでき……ず、制限事由があるとまでいうことはできない。

前記決定は、同居親に対する暴力は、子に対する暴力と同視することはできないという理解に基づくが、面会要領のうちの子の受渡しの方法については、同居親の抱く恐怖心や不安を考慮して、別居親と顔を合わせるような受渡方法ではなく、第三者機関の利用等を検討することも考えられるべきであると説示していることが参考になる。

なお、名古屋地判平成三〇年四月二五日は、ＤＶ被害者の支援制度が、別居親と子の関係を絶つための手段として悪用される事例があると問題点を指摘しています。

エ　同居親の別居親に対する嫌悪や関わり合いの拒否

同居親が面会を拒否している場合、面会を拒否している背景事情、心身の状況（別居親との接触の不安から生じる適応障害等）を分析する必要がある。

調停運営の在り方

調停委員会は、子どもの父母が感情的に激しく対立する状態にある場合でも、同居親の拒否する姿勢から安易に不成立するのではなく、当事者の主張整理等を通じて、面会交流の趣旨とその実施への協力が得られるように働き掛けを行うことが大切である。本書のケース2を参考にされたい。

オ　面会交流に関する意向が子どもの福祉とは別に存在する場合等

実務においては、面会交流を求める意図やこれを拒む意図が子どもへの愛情や子どもの利益を守ることだけではない場合がある。離婚に際して慰謝料、財産分与や養育費の支払いに関し交渉を優位に進めたい場合、同居親との関係を維持したい、あるいは別居親との関係を持ちたくないなどの意向が強く働いている場合などである。

面会交流の禁止事由や制限事由がない場合であっても、子どもへの影響等に照らし、面会交流を実施することがかえって子の利益に反すると考えられることもあり得るので、当該事案における面会交流を阻害する事実関係を丁寧に検討することとなる。

そこで、調査官は、面会交流の実施が子どもに与える影響を十分に分析し、評価した上で、面会交流の実施上の留意点を検討するなどして、子の福祉を優先した紛争解決を実現するための調査事務を実践するよう心掛けている。

面会交流と養育費の支払い

実務においては、別居親が面会交流が実現されないのであるから、「養育費を支払わない。」あるいは「養育費の減額を求める」と主張することがある。しかし、面会交流と養育費は、いずれも子どもの成長に必要なものであるから、当事者双方が、養育費の支払いと面会交流が滞りなく行われることが子どもの父母に対する信頼関係の改善、構築（再構築）にとって重要であることを認識できるようにすることが大切である。

2　第三者機関の利用

(1)　面会交流の支援団体の存在

面会交流を履行するための支援に取り組む団体、組織（第三者機関）は、全国に多数存在しているが、この面会交流支援団体は、調停や審判等で面会交流の合意が成立しているものの、当事者の任意の履行が難しい事案について、①付添型、②受け渡し型（連絡調整を含む。）、③連絡調整型などの態様を設け、援助を行っている。支援の内容や費用については個々の団体に確認するようにされたい。

また、平成二三年民法改正後、厚生労働省は、自治体が実施する「母子家庭等就業・自立支援センター事業」の一つとして、面会交流支援事業を行っているが、支援を受けるためには、所得制限があり、同居親及び別居親が児童扶養手当を受給するか受給者と同じ所得水準にあることが条件とされている。

(2)　第三者機関（面会交流の支援団体）を利用する場合の留意点

面会交流を円滑に実施するために、面会交流に同居親や第三者を立ち会わせたり、同居親に代わり第三者を介して子の受け渡しをしたりすることを定めることがある。

第三者機関に面会交流の支援を依頼するときは、

第一に、利用できる第三者機関が最寄りの地域に存在するかを検討する必要がある。利用できる地域が限定される場合もあるからである。

第二に、第三者機関を利用するに当たっての費用負担を検討しておく必要がある。また、同居親と別居親の住居が遠距離の場合の交通費の負担も考慮する必要がある（秋武憲一監修『子の監護・親権の実務』（青林書院、二〇一五）一八九頁参照）。交通費が高額になる場合、その経済的負担は重いものとなるからである。この点、実務において、交通費の負担方法が抗告理由になることもある。同居親に交通費の負担を求めることは、かえって同居親の別居親に対する不信感を生じさせることになることに留意すべきである。

(3)　裁判例

東京高決平成二五年六月二六日（家月六五巻七号一八三頁）は、別居親の父が、同居親の母に対し、母と同居している未成年者との面会交流を求め、その時期、方法などにつき審判を申し立てた事案において、原審が①相手方（母）は、申立人（父）に対し、二か月に一回、日帰りで、公益社団法人〇〇等第三者機関の立会いの下、未成年者と面会交流を認めなければならない、②申立人及び相手方は、面会交流の日時、場所、方法、同交流の際の留意事項、禁止事項について、第三者機関の職員の指示に従わなければならない、③面会交流に際して第三者機関に支払うべき費用については、申立人及び相手方が二分の一ずつを負担すべきとした判断につき、申立人と未成年者との面会交流を認めるべきであるが、その回数、方法等としては、当面は、二か月に一回、第三者機関の立会いの下で行うことが相当であるとしたが、面会交流を実施すべき日程に関する原審の「日帰り」とする定めについては、その解釈をめぐり無用な紛議を生ずるおそれがあるとして、時間帯と時間につき明確化するのが相当であるとし、午前一〇時から午後六時までの時間枠内で、初回は一時間、二回目以降は四時間を限度とする旨を定めたのが参考となる。

裁判例3　東京高決平成二五年六月二五日（家月六五巻七号一八三頁）

ア　第三者機関の立会いについての判断

「原審申立人と未成年者との面会交流を未成年者の福祉に適う形で継続していくためには、原審相手方の協力が不可欠であり、面会交流の実施に関して、原審相手方と原審申立人との間に信頼関係が形成されていることが必要である。これを本件についてみると、現時点においては、当事者間に離婚をめぐる紛議が係属しており、また、原審相手方は、…原審申立人による未成年者の連れ去りを懸念するなど、当事者間の信頼関係が失われている状況にある。…当裁判所は、このような状況を考慮すると、原審申立人と未成年者の面会交流を早期に開始し、正常化していくためには、当初は、原審相手方の懸念にも配慮して、第三者機関の立会いという制限された方法で、回数も控えめにして面会交流を開始するのが相当であると判断する。」

イ　面会の方法や回数について定めた制限についての判断

「原審申立人が、…面会交流のルールが遵守され、円満に面会交流が実施されることを現実の行動で示していくことにより、原審相手方の不安は解消されていくものと考えられる。さらには、原審相手方の不安を反映して原審申立人との面会に消極的になっている未成年者の心理も、これに伴って自然に修正され、原審申立人との正常な情緒関係を……踏まえて、面会の方法や回数を拡大していくのが、結果としては、最も円滑に、かつ、速やかに、原審申立人と未成年者との正常な面会交流を実現し、未成年者の福祉に適うものである。性急に面会交流の方法や範囲を拡大することは、かえって、未成年者の心理に葛藤を生じさせ、原審申立人と未成年者との正常な情緒的関係の回復、維持の妨げとなり、未成年者の福祉に反することとなるおそれが大きく、相当ではない。」

ウ　費用についての判断

「原審申立人と未成年者との面会交流が原審申立人のためのものではなく、未成年者の福祉のために行われるものであることを考慮すると、原審申立人と原審相手方が二分の一ずつ負担するものとするのが相当である。」

comment

本決定は、父が制限を受けているとはいえ、これに応じて面会交流のルールを守ることで母の連れ去り等の不安が解消され、また、母の不安の解消により子どもの心理も修正され、父との正常な情緒的関係の回復につながると判断している。

本決定は、面会交流の実施に当たっての調停運営や判断方法について、本書ケース2と同じ視点に立つものであり、参考となる。

(4)　第三者機関の立会いを明示した調停条項・審判例

調停条項

申立人と相手方は，申立人と未成年者との面会交流に当たり，〇〇等の第三者機関による子の受渡し等についての援助を受けることを確認する。

審判例

相手方は，申立人に対し，次のとおり，申立人と未成年者を面会させなければならない。

(1)　頻度　〇か月に１回

(2)　１回あたりの面会の時間　１時間

(3)　面会に関する連絡調整，引渡し及び付添いについては，面会交流の実施を支援する第三者機関を利用する。なお，第三者機関については，申立人と相手方が協議して定めるものとし，第三者機関の利用にかかる費用は〇〇の負担とする。

(4)　場所　原則として第三者機関の事務所とする。ただし，当事者間の協議が調えば，これを変更することができる。

(5)　申立人と相手方は，第三者機関を通じて，面会の具体的日時及びその他の実施要領を定め，面会の際の留意事項及び禁止事項並びに面会の中断を含めて，第三者機関の指示に従わなければならない。

審判において、遵守事項や協力事項を定めることがあるが、これは、双方の不信感をなくすもので、大切な事項といえる。

遵守事項等としては、次のような事項が挙げられる。

(1) 申立人は、面会交流時、未成年者に対し、相手方の監護状況を尋ねてはならず、その監護状況を非難してはならない。

(2) 相手方は、未成年者に対し、面会交流時の申立人の言動を尋ねてはならず、その言動を非難してはならない。

(3) 申立人は、未成年者に金銭その他の物品を与えるときは、節度をもって行わなければならない。

(4) 当事者双方は、未成年者の体調の変化に注意する。

(5) 当事者双方は、未成年者の福祉に最大限の配慮をし、未成年者にとって申立人との面会交流が重要な意義を有するものであることを意識し、これが円滑に実施されるように相互に協力する。

3 面会交流の実施要領の策定について

(1) 問題の所在

面会交流の難しさは、単に面会交流を認めれば足りるのではなく、子どもの福祉を考慮しながら、頻度、時間、受渡方法等についてどのような条件の下で面会交流を認めるのが相当かを検討しなくてはならない点にある。

(2) 面会交流の具体的実施方法の策定に当たっての検討事項

同居親と別居親との間では、面会交流及びその実施条件をめぐって双方の要望が衝突することがある。そこで、子の福祉に適する現実的に可能な面会交流の方法を検討することが重要といえる。実務において、面会交流を実施するに当たって調整するのは、次のような項目である。

①　面会交流の頻度、時間
②　実施日時を固定するか否か、固定する場合における日時、代替日の設定の要否
③　面会交流の場所
④　子の受け渡し場所と方法
⑤　同居親と別居親との間における連絡方法
⑥　宿泊の可否、日時、期間
⑦　学校行事等への参加の可否
⑧　同居親、祖父母、代理人等の立ち会いの要否
⑨　第三者機関の利用の要否と費用の負担
⑩　事情変更による実施条件の変更についての協議

(3)　調査と調整

調停委員会と調査官は、前記調整項目を念頭にして、当事者の意向とその理由、子どもの具体的な生活状況や生活スケジュールを検討し、面会交流の具体的実施方法を調整していくことになる。

実務においては、面会交流を実施するに当たっての諸条件を含め、面会交流の頻度等の内容を定めるに当たって、

①　子どもについての発達や発育の状況、性格や行動傾向、生活状況、父母の関係性等
②　父母双方の心身の状況、生活及び経済状況、子どもとの関係性、面会交流に対する理解の程度等

を調査することになる。

そして、このような調査を経て、具体的な実施要領を定めることで円滑な面会交流が実施できるよう働き掛けることになる。

例えば、子どもが忠誠葛藤を抱えていることが窺える場合には、面会交流時や普段時における禁止事項や遵守事項などを盛り込むほか、また、同居親が同居中に行われた別居親の暴力や言動を理由に別居親に対する恐怖心を主張している場合においては、顔を合わせるような受渡方法ではなく、第三者機関の利用を検討する場合もある。

このように、子ども及び父母の現状を踏まえた上で、事案に応じて具体的な実施要領を策定することが重要である。

(4)　**裁判例**

東京高決平成二五年七月三日（判タ一三九三号二三三頁）は、父が、未成年者を連れて自宅を出て現在まで監護養育している母に対し、未成年者（七歳、小学校一年生）との面会交流を求めた事案につき、未成年者及び当事者の現状を踏まえた上で、具体的な実施要領を定めることにより、円滑な面会交流の実施を図るのが相当であると判断し、次のように判示しており、実務の参考になる。

裁判例4　東京高決平成二五年七月三日（判タ一三九三号二三三頁）

「(1)　未成年者が上記のような葛藤を抱える中で、いかにして両親が適切な対応をすべきか、すなわち、どのようにして相手方との面会交流を実施し、継続していくかは、子の福祉の観点から重要な問題である。父母、子三者の情緒的人間関係が色濃く現れる面会交流においては、これら相互の間において、相手に対する独立した人格の認識とその意思への理解、尊重の念が不可欠である。特に父母の間において愛憎葛藤により離別した感情と親子間の感情の分離がある程度できる段階にならないと、一般的に面会交流の実施には困難が伴うというほかない。殊に、子が幼少である場合の面会交流においては、父母間に十分な信頼関係が醸成されていないことを念頭に置きながら、詳細かつ周到な面会交流の実施要領をもって行わなければ、面会交流の円滑な実施は困難であり、仮に実施したとしても、継続性を欠いたり、両親の間で板挟み状態にある子に不要なストレスを与える等、子の福祉の観点からは却って有害なものになりうるおそれが大である。

(2)　これを本件についてみるに、現在のところ、抗告人（同居親）と相手方との間で離婚を巡る調停が係属しており、父母の間における愛憎葛藤の感情と親子間の感情が分離することまでは困難な状況にあるといえる。したがって、未成年者及び当事者の現状を踏まえた上で、具体的な実施要領を定めることにより、円滑な面会交流の実施を図ることが相当である。そして、未成年者が上記のような葛藤を抱えていることによれば、実施要領の策定に当たっては、両親である当事者が未成年者の現状を理解した上で、これに対応するための条項として、面会交流時や、普段時における禁止事項や遵守事項などを盛り込むことが考えられる。このことは、双方の不信感や抗告人の相手方に対する恐怖心などを軽減するのみならず、条項の内容についての検討を通じて、共に親権者である当事者双方が、未成年者の現在の状況についての認識を共通のものとし、監護親、非監護親それぞれの立場における未成年者に対する接し方を考えることにも繋がり、未成年者の福祉の見地からも必要な過程であるといえる。」

なお、本決定は、別居親が同居親に対する暴力の事実を否定していない事案であるところ、原審判が、①頻度が月一回（第三日曜日）、②時間が午前一〇時から午後二時、③受渡場所が当事者間で協議して定めるものとし、協議が調わないときは、ＪＲ◇◇駅◇◇口一階改札付近とする、④受渡方法が母は開始時間に受渡場所において父に未成年者を受け渡し、父は終了時間に受渡場所において母に未成年者を受け渡すという実施要領を定めたことにつき、相手方と顔を合わせるような受渡方法には無理があるほか、第三者機関の利用等を検討することが重要であるとし、面会要領のうち、頻度等（実施日）や受渡場所、未成年者の受渡し方法について審理を尽くし具体的条件を決めるのが相当であると指摘している点も参考になる。

前掲　東京高決平成二五年七月三日（判タ一三九三号二三三頁）

「原審判が定めた面会要領のうち、頻度等（実施日）や受渡場所、未成年者の受渡しの方法は、その根拠となる情報等が一件記録からは窺えず、その相当性について判断することができないばかりか、これらについて当事者間で主張を交わす等して検討がされた形跡も認められない。殊に、抗告人が、同居中に行われた相手方の暴力や言動を理由に、相手方に対する恐怖心を強く主張している本件において、未成年者の送迎時に相手方と顔を合わせるような受渡方法は、かなり無理があるというべきである。また、相手方が抗告人に対する暴力の事実を否定していない本件においては、第三者機関の利用等を検討することがまず考えられるべきであるし、その場合、仲介費用等の面で問題があれば、未成年者が一人でも行くことができる受渡場所の設定を検討したり、未成年者が信頼できる第三者を介したりすることも検討するべきと考えられる。また、…未成年者の現状についての調査は、当初の調査では…十分な調査が尽くされているとは言い難い。そして…最後の調査は、…両親に対し未成年者の現状を理解してもらうとの趣旨からは、十分な調査内容とは言い難い。また、未成年者が未だ7歳であり、聡明であるとされているとはいえ言語的な表現力には欠けることや、抗告人が中間の調査において面会交流を否定する姿勢に終始し、最後の調査における面接終了時には未成年者を辛い思いに巻き込む調査には応じられないなどと述べ、以後の調査に消極的な姿勢を示したことによれば、その後、未成年者との面接にこだわることなく、幼稚園や小学校を調査してこれらにおける未成年者の言動を比較検討し、父母の葛藤下の影響を更に具体的に検証することも考えられるところである。」と判示しており、原審において未成年者の現状について調査を尽くすべきであることを指摘しており、参考になる。

(5) 面会交流の具体的実施方法の変更に係る対応

面会交流に係る具体的実施方法を定めるとしても、事前協議が必要な場合もあるし、事情変更が生ずる場合もある。そこで、実務においては、変更に係る条項例として、次のように定めることがある。

ア　同居親と別居親との間における連絡方法

当事者双方は、面会交流の日時、引渡場所、引渡方法について、電話やメール等の適宜の方法で事前に協議する。

イ　面会交流日時の変更

未成年者の病気その他やむを得ない事情により、面会交流日の変更を要するときは、当該事情の生じた者は、他方に対し、すみやかに連絡し、振替日を協議する。

当事者双方は、未成年者の生活状況や意向を最大限に尊重し、面会交流の中止を含め、その変更に柔軟に対応する。

ウ　事情の変更に基づく協議

当事者双方は、未成年者の成長に伴って必要なときは、面会交流の時期、方法等について、未成年者の福祉を第一義的に考慮して、誠実に協議する。

4　段階的伸長の検討

(1)　意　義

同居親が、別居親と子どもとの面会交流を実施すること自体には同意するが、父母間で円滑に協議して対応することが難しく、その具体的方法について調整がつかない場合には、面会交流の頻度、開始時刻及び終了時間などの面会交流の実施要領を検討しなくてはいけないことは前記のとおりである。

そこで、実務においては、面会交流が途絶えていた期間、面会交流の試行状況、別居親の子どもとの面会交流に対する希望、子どもの年齢、子どもの別居親に対する心情、子どもの気持ちを気遣う同居親の心情等の事情を考慮して、当初は比較的短時間に設定しつつも、回数を重ねながら、段階的に面会交流を伸ばしていく方法を検討するよう促すことがある。

例えば、面会の頻度を月一回六時間と硬直的に定めるのではなく、頻度としては、月一回（毎月第二土曜日）とし、時間としては、初回から第三回目までは二時間、四回目から七回目までは四時間、八回目以降は六時間として段階的に時間を伸ばしていき、また、初回と第二回目には同居親の立会いを認め、そして、子どもの受渡方法も定めるという方法である。これは、面会交流を重ねていくことが双方の心理的距離を縮めていくことになる一方で、子どもの心情に配慮して、子どもの利益に適した面会交流を実現するための方策である。

(2)　裁判例

このような段階的伸長を認めた裁判例として、東京高決平成二八年四月二六日（家判九号九七頁）が参考になる。すなわち、平成二一年の夫の入院を機に、母が未成年者らと共に実家で生活するようになって以来別居となり、平成二七年に未成年者らの親権者を母と定めて協議離婚した父が、母に対し、未成年者らとの面会交流を求めた事案において、原審は、面会交流は実施すべきであるとした上で、母が任意に履行しない可能性があることに鑑みて、給付内容を特定して、月に一回、毎月第二土曜日の午前一一時から午後五時までの六時間とするのが相当であるとして面会交流を認めたが、東京高決平成二八年四月二六日は、前記審判を変更し、別居親である父（相手方）と未成年者らとの交流が長らく途絶えていたことなどを考慮し、最初の数回は同居親の立会いを認め、また、月一回の面会交流の時間について、最初は二時間から始め、回数を重ねながら、四時間、六時間と段階的に伸ばすのが相当であると判示した。

裁判例5　東京高決平成二八年四月二六日（家判九号九七頁）

「…未成年者らに相手方（原審申立人）を拒否する明確な意思があるとは認められないが、相手方（原審申立人）と未成年者らとの交流は長らく途絶えていたことから、未成年者Dには、相手方（原審申立人）の記憶がなく、未成年者Cの記憶も断片的なものであり、相手方（原審申立人）も、成長した未成年者らの性格等を把握できているとはいえず、本件試行的面会交流が双方に緊張して十分に打ち解けないままに終わってしまい、未成年者らが面会交流に対して消極的な気持ちに転じてしまったことを考慮すると、最初から相手方（原審申立人）と未成年者らとだけで長時間の面会交流を設定することは、未成年者らにとって精神的負担が大きく、かえって面会交流に対する消極的な気持ちを強くさせかねないことや、未成年者らに対する対応に不慣れな相手方（原審申立人）にとっても課題が多いといえることから、最初は面会交流時間を比較的短時間に設定し、回数を重ねながら、段階的に面会交流時間を伸ばしていく方法を執るのが相当である。」

本決定は、以上の視点に基づき、面会交流は一か月に一回、第二土曜日とし、初回から三回目までは午前一一時から午後一時、四回目から七回目までは午前一一時から午後三時、八回目以降は午前一一時から午後五時までとし、未成年者らが父との面会交流に消極的な気持ちを有しており、実施当初に不安を覚えることも予想されることに鑑みて、初回及び二回目までは母の立会いを許し、引渡場所は母宅の最寄り駅であるE駅改札付近において、開始時刻に母が父に未成年者らを引き渡し、終了時刻に父が、同所において母に引き渡す方法によるのが相当であると判断した。

また、本決定は、母の抗告理由として、原審の定めた面会交流の要領について、面会交流は三か月に一回、土曜日の午前一一時から午後一時に、母が同席の上行い、父子間に心理的に良好な関係が構築されれば、子の福祉に配慮しながら、回数を増やし、時間を延長するのが相当である旨主張した点につき、次のように判断している。

前掲　東京高決平成二八年四月二六日（家判九号九七頁）

「本件においては、未成年者らが相手方（原審申立人）と面会交流を行うことが未成年者らの福祉に反することになるというような特段の事情はなく、本件試行的面会交流前には未成年者らも父との面会を楽しみにしていたこと、本件試行的面会交流実施中にも子の福祉に反するような事情は発生しておらず、未成年者らがその後面会交流について消極的な気持ちになったことも、父子間の空白時間が長かったこと等から双方が緊張し、短時間の面会交流では打ち解けるまでに至らなかったことが主たる要因とみられることに鑑みると、原審判の月一回の面会交流という枠組み自体を変更するべき事情は見出すことはできず…未成年者らが相手方（原審申立人）との面会交流の回数を重ねていくことにより、自然に無理なく双方の心理的な距離を縮めていくのが相当であり、それが未成年者らと相手方（原審申立人）との良好な父子関係の構築に繋がり、子の福祉にも合致するというべきである。

抗告人（原審相手方）の立会い（同席）については、面会交流実施の導入段階というべき最初の数回は、上記のような気持ちを抱いている未成年者らを安心させるために抗告人の立会いを認めるのが相当であるが、抗告人が立ち会うことによって未成年者らが抗告人に対する気遣いをすることを強いられ、相手方（原審申立人）との自由な面会交流を阻害する要因になりかねないという側面があることを考慮すると、継続的に抗告人の立会いを伴う面会交流を行うことは相当とはいえず、…初回及び二回目までの面会交流に限って抗告人の立会いを許すのが相当である。」

※　本決定は、月一回の面会交流という枠組みを変えず、かつ、同居親の立会いも段階的なものとしている。

5　見直し条項

当事者は、面会交流の頻度や方法などにつき具体的に実施要領を定めることを求めることがある。しかし、子どもは、その成長に伴い、家庭外での活動等が活発になることが見込まれるので、その発達段階に応じた子どもの生活状況に即した見直しが必要になる。

子どもの状況が変化しているにもかかわらず、実施要領に定めた内容を硬直的に実現しようとすると、子どもや同居親に負担をかけることになり、将来の面会交流の円滑な実施に支障を及ぼすことになる。

そこで、このような事情の変更を想定して、

①　一定期間経過後に面会交流の内容や条件を再協議して変更する旨の条項を設ける

②　子どもの成長に伴って必要となるときは、面会交流の時期、方法等の変更について、子どもの福祉を第一義的に考慮して誠実に協議すると定めることがある。

当事者は、子どもの状況や意向に十分に配慮し、状況に応じては、面会交流を中止することも含めて、その方法や回数の変更について柔軟に対応することが求められる。

6 面会交流を履行しない相手方に対する対応策

面会交流を命じられたのに、それを履行しない相手方に対する対応策としては、履行勧告、再度の家事審判・調停の申立て、間接強制、慰謝料請求、親権又は監護権の指定・変更の審判・調停の申立てが挙げられる。

(1) 履行勧告

履行勧告は、調停や審判において面会交流をすべき義務を定めた家庭裁判所が、その履行がされていない場合において、別居親の申出により、義務の履行状況を調査し、同居親に対し、その義務を履行するように求める（家事法二八九条一項）というものである。

家庭裁判所は、履行勧告を調査官にさせることができるが（家事法二八九条三項）、履行勧告には強制力がないので、面会交流が実現できない場合がある。

(2) 再度の家事審判・調停の申立て

面会交流が実現できない場合や審判・調停において面会交流の具体的内容が定められた後に事情変更があった場合においては、今後の面会交流の在り方を検討することが望ましいことがある。

(3) 間接強制

面会交流債務を履行しない義務者に対し、一定の期間内に履行しないときは、直ちに債務の履行を確保するために相当と認める一定の額の金銭を債権者に支払うべき旨（例えば、毎月一回の面会交流の不履行につき、義務者は権利者に二万円を支払う。）を命じることで、債務者に心理的強制を加え、債務者に自発的な面会交流の履行を促すものである。
家庭裁判所に、間接強制の申立てをすると、義務者を審尋し、間接強制の要件等を審査することになる。

(4) 慰謝料請求

非監護親（別居親）が監護親（同居親）に対し、同人が調停で定まった面会交流を実施しないことは、不法行為に該当するとして、損害賠償を求める事案が増えている。
調停において面会交流の実施回数と実施日につき月二回と具体的に定められたにもかかわらず、別居親からの面会実施の申し入れに対する回答を遅滞させた等の事案につき、熊本地判平成二七年三月二七日（判時二二六〇号八五頁）は、同居親と代理人弁護士の共同不法行為責任を認め、両者は連帯して二〇万円の慰謝料を支払うよう命じている。なお、この判決に関して疑問を提起する論稿として、渡辺義弘「高葛藤事案における代理人弁護士の任務」判時二二六〇号一九頁などがある。

裁判例6　熊本地判平成二七年三月二七日（判時二二六〇号八五頁）

「当事者は、本件調停に従って面会交流を実施するため日時等の詳細について誠実に協議すべき条理上の注意義務（以下「誠実協議義務」という。）を負担していると解するのが相当である。そして、一方当事者が、正当な理由なく一切の協議を拒否した場合や、相手方当事者が到底履行できないような条件を提示したり、協議の申入れに対する回答を著しく遅滞するなどして社会通念に照らし事実上協議を拒否したと評価される行為をした場合には、誠実協議義務に違反し相手方当事者のいわゆる面会交流権を侵害するものとして、相手方当事者に対する不法行為を構成するというべきである。」

他方、当事者間において、長男について一週間交替で交互監護をするという合意がある状況のもとで父子の交流が妨害されたことに対する慰謝料請求の可否が問題となった事案において、東京地判平成二七年一月二九日（判時二二七〇号六二頁）は、前記合意が成立していたしても、本件事案の下においては、その性質は、法的に相手方に履行を強制できるものではなく、その不遵守も違法と評価できるものではないから、不法行為は成立しないと判断している。

(5) 親権者又は監護権者の指定・変更

定まった面会交流を実施しないことは、子の利益を害するものと考えられ、親権者又は監護権者を指定変更することがある。親権者の指定・変更にあたっては、監護状況、それぞれの親の監護能力・意欲、監護環境・態勢、子どもの年齢・意思等の諸事情に照らし、現在の親権者が他方の親に変更することが「子の利益のため必要がある」（民法八一九条六項）か否かという観点から判断される。そして、親権者指定の際に存在していた重要な前提に変化があった場合には、事情変更があったと考慮される。

親権者である監護親に調停条項に基づく面会交流債務の不履行があり、また親権者指定の際に存在していた重要な前提に変化があるなどの事情がある場合において、監護親に監護権を留保しつつ、非監護親への親権者変更を認めた事例として、福岡家審平成二六年一二月四日判時二二六〇号九二頁が挙げられる。

事案は、父と母は、母を子の親権者と定めて調停離婚したが、子が父を拒絶するに至った主な原因が母の言動にあったため、調停条項に基づく面会交流が全く実現しなかったことから、父が、母に対し、親権者変更及び子の引き渡し等を求めたというものである。

前記裁判例は、⑴父と子との関係が良好であったことに照らせば、母の態度変化を促し、子の父に対する拒否的な勘定を取り除き、円滑な面会交流の再開にこぎつけることが子の福祉にかなうこと、⑵母の言動により子が面会交流に応じない事態となっており、母を親権者として指定した前提が損なわれていると評価せざるを得ないこと、⑶父において、親権者変更を求める以外に、面会交流が実現しない現状を改善する手段が見あたらないこと、⑷母の態度の変化を促すことにより、円滑な面会交流の再開にこぎつけるためには、父に親権を、母に監護権をそれぞれ帰属させ、当事者双方が子の養育のために協力すべき枠組みを設定することが有益であること等と説示し、子の福祉の観点から、親権者を母から父に変更する必要があると認めた。

なお、前記裁判例は、母はこれまで子を単独で監護し、面会交流を実施できていないことを除けばその監護状況に特段の問題は見あたらないこと等から、母による監護を継続させた方が子の負担が少ないと認定し、親権と監護権とを分属させ、母に監護権を留保しつつ、監護権を含む親権を直ちに父に帰属させる必要までは認め難いと判断している。

本件裁判例は、父母の双方が親権を有していた交替監護の継続中の監護状況は、甲乙つけ難いほど、ほぼ十分な監護環境が提供されており、また、交替監護中においては双方がそろって保育園の行事に出席するなど最低限の協力関係があったことから、親権と監護権と分属させることで、少なくとも交替監護当時と同程度の協力関係を復活させることが望ましく、父と母とが協力関係を構築することにより、子どもを少しでも葛藤状態から解放することが子の福祉にかなうと説示している点が参考になる。

7　間接強制

⑴　裁判例

間接強制決定をすることができる場合につき、最決平成二五年三月二八日（民集六七巻三号八六四頁）は、面会交流の日時又は頻度、各回の面会交流時間の長さ、子の引渡しの方法等が具体的に定められているなど監護親（同居親）がすべき給付の特定に欠けるところがないといえる場合は、監護親（同居親）に対し間接強制決定をすることができると判示し、原審が不履行一回につき五万円の割合による金員を支払うように命じる間接強制決定をした判断を相当であると判断している。

裁判例7　最決平成二五年三月二八日（民集六七巻三号八六四頁）

「監護親に対し、非監護親が子と面会交流をすることを許さなければならないと命じる審判は、少なくとも、監護親が、引渡場所において非監護親に対して子を引き渡し、非監護親と子との面会交流の間、これを妨害しないなどの給付を内容とするものが一般であり、そのような給付については、性質上、間接強制をすることができないものではない。したがって、…面会交流の日時又は頻度、各回の面会交流時間の長さ、子の引渡しの方法等が具体的に定められているなど監護親がすべき給付の特定に欠けることがないといえる場合は、上記審判に基づき監護親に対し間接強制決定をすることができる」

(2)　実　務

前記最高裁決定を受けて、最近、面会交流を実施するにつき間接強制ができるような調停条項とすることを求める代理人・本人が増えている。

確かに執行力をもたせないと、不当な面会交流の拒否を容認してしまうことになるので（二宮周平・榊原富士子『離婚判例ガイド』（有斐閣、二〇一五）二六一頁）、間接強制を可能にすることも考慮に入れる必要があるが、そのためには、給付の特定性を考慮して、調停条項を具体化することが重要である。

(3) 間接強制を視野に入れた面会交流実施要領の例

ア　面会交流の頻度及び時間
毎月一回、第二火曜日の午前九時から二時間程度とする。ただし、未成年者の病気、保育園行事等の事情により同日に面会交流を実施できない場合には当該月の第三火曜日の午前九時から二時間程度とする。

イ　事前協議において合意できない場合
(ア)　引渡場所
相手方が定めた場所とするが、相手方が定めなかった場合、●地下鉄●駅改札口
(イ)　引渡方法
a　相手方又は相手方が依頼した者が、面会交流の開始時刻に、引渡場所において、未成年者を申立人に引き渡す。
b　申立人は、面会交流の終了時刻に、引渡場所において、未成年者を相手方又は相手方が依頼した者に引き渡す。

(4) 間接強制の限界

確かに間接強制が命じられたことにより、面会交流の実施につながる例もある。しかしながら、間接強制が命じられることにより、かえって同居親と子の家庭の不安定さを招くこともあり、面会交流の実現が困難となる事案もあるし、間接強制金が支払われず面会交流も実施されないといった事態が生ずることもある。

間接強制金の不履行の場合には、金銭債務として、給与などに対する直接強制執行が可能であるが、直接強制執行まで至るような事案では、父母の関係は相当に厳しいものとなっており、実際の面会交流の実施には結びつきにくく、実効性に欠けることは明らかである。それだけではなく、同居親と子の家庭の不安定さ、別居親と子の関係の悪化をも招き、強制執行が子の福祉を害する場合もあることに留意するべきである。

間接強制の問題点については、岡部喜代子「養育費・面会交渉の強制執行」（家族社会と法二六号）六三頁が、間接強制の適用範囲の拡大に伴う、その活用と限界に関する問題を検討とする論稿としては、山本和彦「間接強制の活用と限界」（法曹時報六六巻一〇号）二七〇五頁が参考となる。

8　面会交流の調停運営の在り方

調停委員会は、相手方の面会交流を拒絶する姿勢から安易に不成立とせず、面会交流の実施の当否やその条件等を判断していく調停運営をするべきである。この指針を示すものとして、東京高決平成二八年五月一七日（家判一〇号八九頁）が参考となる。

別居親が同居親に対して面会交流を求めるという通常の場合とは異なり、子どもを監護する同居親である母が、別居親である父に対し、自己の監護下にある未成年者と面会交流をするように求めた事案であるところ、原審が母の面会交流申立てを却下したのに対し、東京高決平成二八年五月一七日（家判一〇号八九頁）は、母は面会交流の実施を望み、他方、父も面会交流自体には必ずしも否定的ではないことを考慮して、調査官の調査等を通じて当事者に積極的に働き掛けを行い、面会交流の実現可能性を模索することが必要であり、更に審理を尽くす必要があるものとし、原審に差し戻した。

裁判例8　東京高決平成二八年五月一七日　家判一〇号八九頁

「…面会交流は、上記のとおり未成年者の健全な成長と発達にとって非常に重要であり、その未成年者の利益を最も優先して実施すべきものであるから、監護親及び非監護親は、その実施に向けて互いに協力すべきものであって、本件においては監護親である抗告人が面会交流の実施を強く望んでいることは上記のとおりであり、一件記録によれば、非監護親である相手方も未成年者との面会交流自体には必ずしも否定的な姿勢ではなく、第三者機関を利用した方法による実現の可能性も考えられるところである。そうすると、なお、当事者に対する意向調査等を通じて、面会交流の趣旨の理解とその実施への協力が得られるように働き掛けを行うなど、面会交流の実施に向けての合意形成を目指して両当事者間の調整を試み、これらの調査や調整の結果を踏まえた上で、最終的に面会交流の実施の当否やその条件等を判断する必要があるというべきである。」

コラム　手続代理人からみた面会交流

第１　面会交流の背景にあるもの

面会交流の紛争は、葛藤性が高く困難なものが多いと認識されている。その困難性の原因、背景を正しく認識、理解しなければ、適切な調停運営や代理人活動、それらを踏まえた適切な解決は達せられないであろう。面会交流紛争が困難であることの原因、背景には次のようなことがある。

１　当事者の事情

面会交流の紛争は、別居や離婚を踏まえて現実化する。しかし、夫婦の対立、葛藤を経て別居や離婚に至ることからすると、当事者間の紛争は、同居時における婚姻生活から既に始まっているのであって、当事者にとって面会交流をめぐる紛争は、同居時の紛争の延長線にあると言っても過言ではない（中には同居時から子の監護をめぐって実質的な奪い合いが生じている場合もある）。

そして、別居の態様（例えば、ある日突然無断で子を連れて別居する、あるいは子を残した状態で追い出されるなど）が両当事者の悪感情、葛藤を更に激化させ、面会交流をめぐる深刻な対立を引き起こす。

また、夫婦と言っても、暴行、暴言などのＤＶ等があり、対等な関係にはなかった場合や、そうした言動をしていた者の認識が十分でない場合も少なくない。こうした場合は、互いに相手方当事者に対する被害感情を強く有していたり、対等な話し合い自体が困難になったりする。

面会交流の調停に携わる関係者の多くは、こうした事情について、わざわざ指摘しなくとも十分把握していると感じるであろう。しかし、面会交流の調停には、こうした当事者の背景事情が根っことして地中に深く太く根ざしているにもかかわらず、「今は子どものことに関することだから。」「これまでの話ではなく、これからのことについて話し合いをしている。」などと当事者の気持ちが正面から受け止められず軽く流されている場合も多いのではないだろうか。当事者の心情、葛藤が受け止められることなく、調停が進められても、当事者は納得感を得られず、結果、相手方当事者に対する悪感情や不信は変わらず、調停に対する不満や諦めが加わることになる。

面会交流は、子どもと親との交流の調整が主眼であり、夫婦（元夫婦やあるいは婚姻していない場合もある）間の関係・葛藤の調整を目的として申し立てられるものではないため、当事者の葛藤をどこまで調停で取り上げるかは、事案によっても異なり、非常に難しい微妙な判断となることも多い。しかし、少なくとも、当事者の関係性や抱えている葛藤を理解することや、受け止める姿勢は面会交流の調整を行う上では欠かせないと感じる。代理人も、子の福祉に適う結論を得るには、自分の依頼者だけでなく、相手方当事者の心情や状況等を理解する必要があることを忘れてはならない。

なお、面会交流の調停では、当事者の事情に加えて、面会交流では、祖父母など親族の要望、意向が強い影響を及ぼす場合が出てくる（ケース1を参照）。祖父母が連絡調整や受渡しの仲介を担ってくれるような場合もある反面、面会交流の際に別居親の祖父母が面会を求めたり、同居親の親族が面会交流に強く反対したりするなどし、当事者（実家で生活しているなど祖父母に頼って生活している場合もある）がその意向を無視できない場合もある。

2　子どもの状況

子どもの意思、主張が当事者を介さずに調停の場に現れるのは、子どもが利害関係参加する場合や調査官調査で子の意向調査をする場合など限られている。しかし、面会交流の一番の当事者は、子どもである。その子どもがどういう環境に置かれてきたのか、どのような心境にあるのか。面会交流について調整していくにあたっては、調停委員会や別居親とその代理人、そして、子どもと生活をしている同居親とその代理人が心を配らなければならない。特に、当事者は、面会交流について自らの主張を繰り返す前に、子どもに思いを馳せ、自身の言動や主張を省みることも必要である。

別居するまでの生活の中で、別居親が同居親に対して暴行や暴言を繰り返す姿を目の当たりにし、あるいは、子どもに対しても厳しい言動などを向けていた状況で、子どもがいかに怯え、理不尽さ、恐怖、圧迫感に押しつぶされそうになっていたか。別居親はそうした点に目を向けられるか。同居中の夫婦間の言い争いや暴行、暴言にさらされてきた子どもが、もうあのような板挟みは耐えられないと考え、別居親に対する思いを同居親に対し打ち明けることなく、自らの心に押し込めている。同居親は、そうした子どもの心境に気づいているか。「別居親は、もう亡くなっている」など事実とは異なる話を聞かされている子どもが将来真実を知った時にどんなショックを受けるか、同居親は、そこまで考えが至っているか。同居親と別居親が自らの主張ばかりを繰り返し争いを続けていくことが、子どもに不安と心の傷を与え続けていることに、当事者双方が気づかないか。

これらは実際の事案の中で感じる例である。

3　調停に求めること

当事者は、前記1で述べた当事者の事情から、自らの感情、心情等でいっぱいになってしまい、また元々の性格等も影響し、子どもについて前記のような思いに至ることが難しい場合も少なくない。しかし、こうした「気づき」なしに子の福祉に適う面会交流は得られない。

そのため、調停では、同居時からの子どもの置かれた状況、子どもの言動等を丁寧に真摯に捉えていくことが必要であるし、調停委員会や代理人は、当事者に「気づき」を促していく努力と工夫が求められる。

第2　紛争解決に際して

1　基本的視点

面会交流は、離れて暮らす親と子が定期的に継続的に交流していくことである。夫婦にとって離婚は関係性を終了させるものであるが、離婚しても親と子であることは変わりなく、面会交流は親子を再構築する「これから」の問題である。言い換えれば、離婚の場合、条件が整い調停が成立すれば、基本的にはそれがゴールであるが、面会交流の場合、調停成立は、ゴールではなくスタートとなる。当たり前のことのように思えるが、このことを当事者も調停に携わる者もどこまで認識できるかが非常に重要である。面会交流をめぐる調停は、当事者がどうスタートに立つかを探るものといえ、スタートに当たっては、同居親と別居親の双方が、面会交流すなわち別居親と子どもが長期にわたり定期的に継続的に交流していくことを適切に実施できると期待できるだけの理解、納得を得ることが必要である（前記第1で述べた背景事情に対する理解、受け止めは、当事者が面会交流に対する理解、納得を得るための前提となるものである。）。

2 調停運営の在り方と事件関係者の役割

当然、背景事情が複雑に絡み合っている中で、両当事者がそのような理解に達することは並大抵ではなく、調停が困難を極めることも少なくない。

しかし、当事者が適切に実施できると期待できるだけの理解、納得が得られない限り、調停委員会も安易に調停成立させるべきではなく、丁寧な調整を怠るべきではない。また、代理人も同様に安易な主張等に陥ることなく、面会交流が定期的に継続的に長期にわたって行われるものであるという視点も踏まえて、依頼者に対する丁寧かつ粘り強い説明や場合によっては説得を行う必要があるし、関係機関からの事情聴取や第三者機関との連携等の活動を怠るべきではない。

こうしたことを怠り、中途半端な状態で調停成立した事案はどうなるか。面会交流は長続きせず途絶えたり、あるいは子の福祉に適っているとは言い難い面会交流となっていたりする。いずれの場合も、両当事者の対立はますます深刻なものとなり、その間に挟まれている子どもが最も被害を受け続けることになる。また、再度の調停が申し立てられた場合も、面会交流の状況を踏まえて当事者の相手方当事者に対する悪感情、不信感は激しくなっているほか、前回調停に対する不満など家庭裁判所に対する不信感も加わるなどし、解決が一層困難となる場合が少なくない。さらには、調停に対する不満が家庭裁判所に対する不信感につながり、再調停の申立てもされない場合も多い。こうした事案を一件でも少なくするためには、丁寧な調停運営、代理人活動が欠かせないのである。

厳しい面ばかり指摘してしまったが、面会交流は、親と子の交流、もっと言えば親子関係の再構築を図るという、親にとっても子どもにとっても大切で温かいものを築こうとするものである。別居親と会ったときの子どもの笑顔、はしゃぐ姿などを目にすると、調整により得られたものの大きさ、大切さを感じ、感動することも少なくない。適切な親子の「絆」を築くということとても大事なことに携わっているのは、とても貴重でこの上なく尊いことだと感じる。調停に携わる者は、その笑顔を忘れず、その笑顔を得られるために、一人の大人として、解決に携わる関係者として、全力を尽くすことを心してもらいたい。

同居親の代理人
・代理人活動を行っていくためには，同居親の心情，考え，別居親に対する葛藤などを正確に理解し，受け止めることが不可欠であり，これが十分でなければ，その後面会交流事件を進めるにあたって不信感や誤解を招きかねない。そのために，事情聴取においては，同居親の考えの背景にある事情（婚姻生活や離婚や破綻の経緯など）についても丁寧に聴取することが必要である。また，子の現在の状況や別居親と同居していた頃の監護状況や別居後の交流状況などを聴取することも不可欠である。 　また，聴取においては，面会交流の意義や，想定される別居親の主張，裁判所での実務などを説明した上で，これらを踏まえた質問を同居親に投げかけ，それに答えてもらいながら，どのようにするのが子どもにとってもより良いのか，同居親にも考えを深めてもらうよう心がけている。 ・面会交流は，子の利益を考慮する必要があり，依頼人となる同居親の考えを子の利益より優先させるべきではない。同居親の考え，意見が子の利益に沿うものではないと思われる場合は，面会交流の意義などを十分に説明し，理解を求め，子の利益に適う面会交流のあり方を考えていく必要がある。ただ，その前提として，同居親の気持ちや葛藤を理解し受け止めることが必要であり，これらがなければ単なる押しつけになってしまい，同居親の理解は得られないばかりか信頼関係が崩れ，辞任等に至るおそれもある。同居親の考えや葛藤も理解し，配慮した上でどのような交流にしていくことが望ましいのかを検討する姿勢が重要である。 ・子どもがある程度の年齢である場合（特に離婚における親権者指定なども絡んでいる事案の場合）は，当該子ども自身にも直接会い，手続などについて説明したり質問に答えたりするとともにその子どもの気持ちに耳を傾けることが重要となる場合もあるが，同居親が子どもに心配をかけないために状況等を語らず，そのためにかえって子どもが不安等に陥っている場合もあれば，逆に，同居親が自らの主観も含めて事細かに状況を子どもと共有し子どもが感化されてしまっている場合もある。第三者から適切に状況を伝え，配慮を行うことが子どもの安定にも繋がると感じている。なお，こうした聴取を踏まえて，子どもが利害関係参加することが，よりよい解決に資すると思われる事案もあり，そうした場合は積極的に参加を検討してもらいたいと考えている。
・同居親が面会交流を拒否する場合は，拒否の理由を正確に把握した上で，面会しないことが子の利益に鑑みて適切かどうかを面会交流の意義や子の状況等に照らし検討することが必要である。別居親による虐待があった場合，同居していた頃に別居親が子に適切ではない言動を繰り返すなどして，子どもが心に深い傷を負っており，頑なに拒んでいる場合など，現時点で面会をすることが適切ではないケースもある。こうしたケースでは，面会を求める別居親が自覚していない場合も多い。そのため，別居親に子どもの心境や状況を適切に理解してもらうことに努めることを同居親に働きかけるが，この場合，感情的に別居親が行ってきたことを非難，攻撃するという観点にならないよう心がけることが望まれる。また，同時に，同居親にも，今後の子どもと別居親の関係の修

第3　各代理人の立場からみた面会交流実務

	別居親の代理人
1. 事情聴取の内容	・別居親の多くは子どもとの生活を失い，会うこともままならず，喪失感を抱えていると共に，そのような事態にさせている同居親に対して不信感や憎しみなど負の感情を抱いている。子どもと面会できず，同居親とも円滑に情報の共有ができていないことで，子どもに関する情報（日常生活や学校生活など）も乏しく，同居親への不信も相まって子どもの現状や成長等について不安を抱いている場合も多い。事情聴取では，これらを丁寧に解きほぐしていくことを心がけている。 　つまり，同居していた頃はどのように養育に携わっていたのか，同居親とどう役割分担していたのか，子どもはどのような性格，特性があるのか，日常生活で子どもとどのようなコミュニケーション，やり取りをしていたのかなど同居していた頃の事情や，別居あるいは離婚に至った事情やその間の子どもの様子，状況，そして別居後の同居親とのやりとりや子どもに関するやりとりなどを聴取し，これらを踏まえて，面会交流に対する同居親の考えやその原因・根拠を把握し（例えば，別居親によるDVが原因で連絡や面会に応じないなど），これらについて別居親と認識を共有する。そして，面会交流を妨げている要因について，別居親として対処できることや対処すべきことがあるのか，克服できる方法があるのかなどを別居親とともに検討する。 　また，面会交流というより，親と子の今後の関係をどのように築いていくかという観点で，広く長い視点に立ち検討を促す場合も少なくない。 ・別居親は，子どもと一緒に生活していた頃と比べ会うことすらできていない現状に納得できず，同居していた頃の感覚そのままに何の制約もなく自由に子どもと会うことができる，あるいは子どもが両親宅をそれぞれ行き来することができるものと考え，それらが当たり前であると考えていることも少なくない。代理人として，別居親が，同居親の元で子どもが監護され日常生活を送っているという現実を受け止められていないと感じることもしばしばである。また，こうした場合を含め，監護をめぐる不満が面会交流に関する主張に強く反映していることがある。このような場合には，子どもの置かれた状況や気持ち等に思いを馳せてもらいながら，同居親が子どもを監護することについて気持ちを整理することができるか共に考えるようにしている。
2. 面会交流を強く求める別居親への働きかけ／面会交流を拒否する同居親への働きかけ	・別居親が，喪失感や被害感，怒り等を有しながらも，子の利益を図るのが最優先だと理解し，徒らに子を夫婦間の紛争に巻き込ませないよう配慮し，面会交流についても自らの感情を抑えて冷静に検討し，実施できる場合も多い。 ・他方で，面会交流の実施の有無やその頻度，方法等について自身の考えが正しいと固執し，自身の考えに沿った交流を強く求める別居親もいる。同居親が突然連れ去り，別居したような場合は，同居親の都合で子どもとの関係を制限されることに納得できず，同居していた頃と同様の交流が必要として頻回な面会を求める場合もある。こうした場合は，別居親の心情を理解しつつ，同居中

同居親の代理人
復，再構築のためにどういう方策が取れるか，間接交流の適否を含め検討することも肝要である。 他方，面会させないことが必ずしも子の利益に適うとは言えないケースもある。もっとも，丁寧に事情聴取している過程において，その解決の糸口となる事由がつかめる場合も少なくない。同居親が別居親と関わりを持つことに強い拒絶感がある場合，子どもが面会に消極的になっている場合，面会交流の内容や別居親の言動に不安を持っている場合など事案によって事情は様々であるが，同居親が面会交流の意義そのものには一定の理解を示す場合には，その実施の支障となる事情を具体的に明らかにし，それを軽減，解消していく具体策を検討し，調停等において提示するよう働きかける。 ・こうした働きかけを行う際には，調停がまとまらず審判になる場合の結論の見通しつまり裁判所の考えを示唆することも必要である。もっとも，面会交流を適切に長期にわたり円滑に継続させていくためには，同居親の理解，協力が不可欠であり，そのためには見通しを過度に強調するのではなく，同居親の心情等に配慮しながら具体策を検討し，納得を得られることが重要である。
・子どもが面会交流を拒否している場合は，その真意を探るため調査官調査を行うことが同居親にとっても有用となる。調査で浮かび上がった子の心情等が同居親にとって「気づき」となる場合も少なくない。また，同居親が明確に拒否していないものの子の意思に委ねたいと述べ，自ら積極的にはならないケースもあるが，こうした場合も調査官調査を通じて子の真意や心情が明らかとなり，同居親が面会交流に向けて積極的になる契機となる場合がある。 ・ところで，子の心情は，揺れ動くものであり一定ではない。また，試行的面会交流を踏まえて心情が変化することもある。そのため，事案に応じて，柔軟に複数回にわたる調査を実施することも求めたい。
・面会交流をすることが子にとって適切ではない事案を除き，まずは面会交流の試行を実施することが必要な場合が多い。その理由として，別居親と子どもの面会を実現することが面会交流の意義にかなうことがまず挙げられる。実際に，面会交流の試行を通じて，同居親がその意義を実感し，理解を示していく場合も少なくない。他方で，別居親の面会時の対応や面会後の子どもの様子などについて具体的な懸念等を示す場合もあるが，こうした懸念は，まさに実際に面会交流を実施したからこそ出てきたものであり，面会交流の具体的方法等の調整を行う上で地に足をつけた議論が可能となる。さらに，交流が途絶えている期間は極力短いことが望ましい。これらの点から，一般的には面会交流の試行は，早期に実施したほうがよいように感じている。 ・面会交流の試行には，裁判所内で行う場合と裁判所外で行う場合がある。裁判所外で実施が可能な事案は基本的には裁判所外で実施することがよいと考える。そのほうが日程調整を柔軟にできること，面会に適切な場所を調整できること，子どもや別居親が自然な形で交流できることなどのメリットがあるためである。その代わり，事前に調停や代理人間でルールや時間，受渡しなど調整する必要がある。 ・他方，同居親が子どもを連れ去ることを懸念している場合など裁判所外で試行を行うことが相当ではない事案は，裁判所内での面会交流を実施することになる。 ・また，調査官が立ち会うことが望ましい事案（長期間，面会交流が実施されていない場合や別居親の言動に懸念がある場合など），面会交流の様子を関係

	別居親の代理人
	から子どもが両親の葛藤の狭間に置かれていたこと，現在も狭間の中で不安や悩みを抱えていること，子の利益を尊重し優先する必要があることに同居親が気づくことのできるよう，当該事案の具体的な事情を指摘しながら働きかけを行う。 ・なお，別居親が早急に面会交流を実現させたいと考えているのに対して，同居親からは，同居時の言動や別居に至る経緯等を踏まえて子どもが別居親と距離を置くことを望んでいるなどの理由で，早急な実施に消極的な見解が出される場合がある。しかし，子どもとの交流は，面会交流に限られるものではなく，焦らず段階を踏むことが子の利益に適う場合もある。そのため，すぐの面会交流の実施が難しいと思われる場合においても，事案に応じて，子どもに手紙を送付する，誕生日等のプレゼントは送るようにするなど，その時点で実施可能であり，適切と考えられる交流を提案することも検討に値する。
3. 調査官調査に求めること	・子が別居親に対し強い恐怖心や拒否感を有しているなど面会交流を制限する事由がある場合においても，別居親がそうした事実を自覚，認識していない場合も少なくない。また，子どもの生活状況を把握できておらず，子どもの生活スタイルに配慮した面会交流の内容を判断できない場合もある。こうした場合に，調査官調査は，中立的な立場で子の意思や生活状況を調査してもらい，把握することができるものとして，別居親にとって重要である。 ・なお，別居親は，同居親に対する不信や怒りのため，調査に関して，同居親によるバイアス，影響がないかについて非常に敏感である。そのため，調査官調査では方法や内容においてこうした不信を招かない工夫が求められる。
4. 面会交流の試行の感想	・まずは子に会うことができたことに喜びを感じる別居親が大半である。その前提として，面会交流の試行の調整を行う際に，代理人から別居親に対して，方法等は十分でなくともまずは交流を始めることが重要であること，これがスタートであることなどを働きかけている場合が多く，こうした場合は面会交流の試行自体には好意的な感想を持つ場合が多い。また，久しぶりに子どもと会うことを通じて，子どもの成長を感じるなどし，子の利益を中心とした面会交流に気持ちが変化していく場合もある。 ・他方で，面会交流の試行は，裁判所内で行う場合はもちろん，裁判所外でも代理人等が付き添っている場合なども，自然な形で親子の交流を行っているとは言いがたく，こうしたことに抵抗感を感じる別居親も少なくない。また，見張られチェックされていることに屈辱感を感じるなどして，同居親に対する負の感情を増幅させる場合もある。こうした場合も，代理人から，長期的かつ継続的な交流実現に向けたステップを踏んでいくことについて説明し，理解を得られるようにしている。 ・面会交流の試行において，子どもの様子などに特段の問題がなかった場合，別居親が面会交流に支障はないことが確認されたとして，面会交流の主張をより一層強めたりする場合や，そこまでいかなくても面会交流に向けて気持ちを急く場合もある。実際に子と会ったことで気持ちが更に溢れ出し，こうした態度となる心

同居親の代理人
者（同居親，調査官，調停委員など）が確認することが望ましい事案など裁判所内の面会交流がよいケースもある。事案に応じて，どのような方法で面会交流の試行を実施するのがよいのか検討する必要がある。 ・面会交流の試行に対する同居親の反応は様々である。「子がとても喜んでいた。」「子が安堵した表情を見せていた。」「父（あるいは母）が適切に対応していた。」と肯定的な反応をする場合も少なくない。こうした場合，同居親が面会交流に理解を示し，前向きに調整が図られる場合もある。 　もっとも，同居親の心情は，そんなに単純ではない。一定の理解を受け止めつつ，「裁判所や代理人の関与がない状態になると別居親が自分勝手な言動に走るのではないか。」といった不安を吐露する場合もある。さらに，別居親に対する不信，恐怖，怒り等の葛藤を抱えているため，ようやくそうした別居親と離れ子と平穏な環境を得られたにもかかわらず，面会交流を通じて別居親との関わりを抱えていかなければならないことに対する抵抗感は強い。同居親は，そうした抵抗感と子どものためには面会交流が必要という考えとの間に板挟みの状態となり悩み苦しむ。 　また，自分だけが過去の苦しみから抜け出せないのに，その苦しみの元凶である別居親が子どもと良好な面会交流を行っていくことに心の整理がつかない同居親もいる。こうした同居親の葛藤等は，すぐに解消できるものではなく，時間を要することが多い。心の整理がつかないまま拙速に進めると，面会交流前後の子への接し方などにも同居親の気持ちが出てしまうなどし，実施が円滑に進まなくなる場合もある。そのため，代理人としては，同居親の葛藤等を理解し，良好な面会交流が子どもの利益になるだけでなく，同居親にとってもプラスとなるよう配慮し，具体的な実施に向けた協議を行っていく姿勢が求められる。 ・また，こうした面会交流の試行は，一回だけではなく，調停成立などで最終的な方法等が決まるまで，複数回行っていくことが必要である場合が多い。面会の状況を踏まえて，良かった点，改善したほうがよい点などを確認し，次の面会の時に生かし，よりよい面会交流の実現に繋げていくことができる。 　また，最終的には，裁判所や代理人の関与なく面会交流が続けられていくようになっていくために，裁判所や代理人が関与している間にできる限り，上記調整を果たしていくことが必要と感じる。さらに，面会交流の試行を定期的に実施していくことで，同居親や子どもが面会交流を徐々に受け入れてくる場合も少なくなく，別居親の不安等も軽減されていく場合も少なくない。
・当事者間だけで面会交流を実施することが難しく，第三者機関の利用が必要な事案も少なくない。同居親が子どもの連れ去りや子どもへの不適切な言動を懸念している場合，別居親に対する葛藤，拒否感が強く直接顔を合わせたり連絡を取ったりすることが困難な場合などである。調停係属中など代理人や裁判所が関与している場合は，こうした事案においても裁判所や代理人が仲介，援助することにより面会交流を行うことができるが，調停終了後はそういうわけにはいかず，長期にわたる継続的な面会交流の実施の観点では，第三者機関による援助が不可欠となる。 ・第三者機関の援助としては，面会交流に付き添う「付添型」と付添いは行わず監護親に代わり子の受渡しを行う「受渡型」，日程等の連絡調整を行う「連絡調整型」があるが，事案に応じて，どの援助を求めるのか，代理人としても慎重に見極める必要がある。 　また，当事者間が葛藤を抱えているとして，安易に第三者機関に委ねればよ

	別居親の代理人
	情は理解できるものである。そして，同居親も試行を通じて面会交流に前向きとなった場合には，今後の実施に向けた積極的な話し合いが期待できる。 　これに対し，同居親や子どもの心情がそうした別居親の気持ちに追いついていない場合もあり，その場合は，別居親が不満を募らせることになる。しかし，だからと言って徒らに別居親の主張を繰り返しても同居親の反発を受けるなどし，面会交流における信頼関係構築からは遠ざかる懸念もある。調停終了後も当事者で継続的に子の利益に適った面会交流を実施するためにも，同居親や子どもの懸念や不安がどういった点にあるのか，どうすれば解消できるのかなどについて，別居親が調査報告書や期日での話を通じて真摯に検討することができるよう，代理人も示唆していくことが望まれる。
5. 第三者機関の検討	・第三者機関の利用は同居親の方から提示される場合が多い。別居親としては，第三者機関の利用が必要と認識しておらず抵抗感を示す場合も少なくない。このような場合，代理人は，別居親と同化して主張を展開するのではなく，まずは，調停でのやり取りや調査官調査，面会交流の試行などを通じて，代理人自身が第三者機関の必要性を検討することが必要であり，必要であると思われる場合は，別居親に対して当事者間で実施することの困難性や第三者を介することがより円滑で適切な面会交流となり子の利益にも適うことなどを丁寧に説明することが必要となる。 　また，第三者機関について具体的に知ってもらうことが懸念の払拭にもつながることから，ホームページを案内するなどしている。 ・他方，第三者機関の関与が必ずしも必要ではないと思われる場

同居親の代理人
いと結論付けて細かい調整を十分に行わないまま調停等を終了させてしまうことは，非常に危険である。具体的な面会交流の実施に際して，第三者機関を利用するとしても，その面会交流の意義や頻度，方法等について当事者が理解，納得していなければ，実施する段階で紛争が蒸し返されたりするなどして面会交流ができない事態にもなりかねない。拙速な解決をするのではなく，十分に協議，調整をしていくことが必要である。
・当事者間では，面会交流を実施したり連絡したりすることができない事案，親族等の仲介も難しいあるいは適切ではない事案においても，面会交流を実施できることが第三者機関の最大の成果である。また，それだけでなく，第三者機関が適切に関与することにより，子どもの利益に適った充実した面会交流を実現できること，また支援を通じて当事者にも子のための面会交流に向けた働きかけがなされることも大きな成果と言ってよい。 ・他方で，費用の負担，月１回に限られたり，時間も制限されたりするなど柔軟な面会ができない，契約期間が１年間となっている（更新されることはあるものの）などの問題点がある。また，様々な第三者機関が立ち上げられているものの，運営主体や援助者の経験，能力，実績など情報が十分ではなく，いずれの機関を利用するのが適切か判断できないなどの問題点もある。

	別居親の代理人
	合もある。その場合は，同居親が第三者機関を必要と主張する根拠をどうすれば克服できるのかを検討することが必要である。事案によっては，最初の複数回だけ第三者機関の関与で面会交流を実施し，当事者間での実施につなげる場合もある。
6. 第三者機関の関与による成果と問題点	・成果と問題点は，同居親の場合とほぼ同様である。 ・別居親に特化する点としては，第三者機関が子の利益を優先した調整を行うことから，別居親にとってみれば日程や場所等について同居親側の要望が通ると感じ不満感を持つことがある。 ・また，今すぐは難しいとしても，将来的に第三者機関の関与なく，当事者間で面会交流を実施できるようになるのが望ましいと考えられる事案も相当程度あり，そうした場合は，調停において，付添型の関与からスタートし，受渡型，連絡調整型へ移行するなど段階を踏んだ内容とすることもある。

情景

家庭裁判所においては、面会交流の試行が行われており、それに臨む当事者、関係者をよく見かける。特に、学校が休みに入る時期には面会交流の試行が多い。盛夏におけるエレベーターの中での親子の様子を紹介したい。


午後二時すぎ、エレベーターで親子とそれに付添う祖母の三人と一緒になった。

三〇歳代の母、二歳くらいと思われる女児、そして六〇歳代の祖母。

女児は、ベビーカーの中ですやすやと寝ていた。

祖母は、女児の寝顔を見て微笑んだ私に対し、ぽつりと「これから面会なんです。」と。娘と孫娘を心配げに見ている。

母も不安なのだろう。寝ている子をじっとみつめ、表情を変えることはなかった。

児童室のある階に着き、扉が開くと、その前に調査官二名が待っていた。

調査官に誘導され、児童室の方に向かっていった。


その姿を見ながら、思いにふけった。

あの子は、暑い中、連れてこられて、疲れたんだろうな。

寝ている女児を起こして面会交流の試行をするのだろうか。

子どもと会えなかった父親からすると、今日は、きっと待ちに待った面会交流の試行日なのだろう。

寝ている子を起こすのかな。女児が大人の都合で起こされるのは可哀想だな。しかし、父からすると、寝ているために試行が中止されるというのもなんとも。

子どもは成長していく。父母は、子どもの成長、気持ち、体調などを理解していけるのだろうか。父と母が、相互に信頼関係を保ちつつ女児のために面会交流が行われるといいな。

今後、面会交流が行われるためには、調停の段階で、主張整理、子の意向調査を通じての調整により父と母の様々な懸念を共有し、相互に配慮することで、当事者が子にとって望ましい解決方法を模索できるような関係を構築していくことが大切ではないかと思う。

出会った女児が、今後、父母に見守られて成長していくことを願ったひとときであった。

〈著者紹介〉

片　岡　　　武（かたおか　たけし）
東京家庭裁判所部総括判事

萱　間　友　道（かやま　ともみち）
那覇家庭裁判所次席家庭裁判所調査官

馬　場　絵理子（ばば　えりこ）
宮崎家庭裁判所主任家庭裁判所調査官

（平成30年10月15日現在）

実践調停　面会交流
――子どもの気持ちに寄り添う調停実務

平成30年11月9日　初版発行

著　者　片　岡　　武
　　　　萱　間　友　道
　　　　馬　場　絵理子

発行者　和　田　　裕

発行所　日本加除出版株式会社

本　社　郵便番号 171-8516
東京都豊島区南長崎3丁目16番6号
TEL (03)3953-5757（代表）
(03)3952-5759（編集）
FAX (03)3953-5772
URL www.kajo.co.jp

営業部　郵便番号 171-8516
東京都豊島区南長崎3丁目16番6号
TEL (03)3953-5642
FAX (03)3953-2061

組版・印刷　㈱郁　文　／　製本　牧製本印刷㈱

落丁本・乱丁本は本社でお取替えいたします。
★定価はカバー等に表示してあります。

Printed in Japan
ISBN978-4-8178-4513-9

事 項 索 引

あ行

か行

さ行

た行

な行

は行

ま行

や行

ら行

参考文献

面会交流の意義，面会交流の禁止又は制限事由，阻害事由等については，次の文献において詳しく検討されているので，参考にされたい。

細矢郁ほか「面会交流が争点となる調停事件の実情及び審理の在り方―民法766条改正を踏まえて―」家月64巻７号１頁
関根澄子「家庭裁判所における面会交流及び養育費をめぐる事件の実務」棚村政行編著『第２版　面会交流と養育費の実務と展望』（日本加除出版，2017）40頁以下
永井尚子「面会交流に関する一考察―家庭裁判所の現場から―」判例秘書ジャーナル文献番号HJ100016
水野有子・中野晴行「面会交流の調停・審理事件の審理」東京家事事件研究会編『家事事件・人事訴訟事件の実務～家事事件手続法の趣旨を踏まえて～』（法曹会，2015）187頁
本多智子「面会交流Ⅰ・Ⅱ―家事調停における当事者の納得と家裁への信頼―」調停時報188号４頁以下，同189号47頁以下
闊隆太郎「９　面会交流」加藤新太郎・松本明敏編集『裁判官が説く民事裁判実務の重要論点（家事・人事編）』（第一法規，2016）172頁以下
山田一哉「面会交流について」LIBRA17巻５号２頁以下
小田切紀子「子どもから見た面会交流」自由と正義160号28頁
座談会「子どもの面会交流」LIBRA17巻５号５頁以下
打越さく良「面会交流事件に関する諸問題」（金子修・山本和彦・松原正明『実務家事事件手続法　下』（日本加除出版，2017）80頁以下
上原裕之ほか『手続からみた子の引渡し・面会交流』（弘文堂，2017）83頁
小澤真嗣「家庭裁判所調査官による「子の福祉」に関する調査―司法心理学の視点から―」家月61巻11号１頁
同「子どもを巡る紛争の解決に向けたアメリカの研究と実践」ケース研究272号149頁
小泉道子「面会交流支援の考え方と実務対応―いくつかの面会拒否事例を参考に―」市民と法NO.108 20頁

面会交流支援団体による支援活動については，次の文献が参考になる。

二宮周平編『面会交流支援の方法と課題』(法律文化社，2017)

山口惠美子「FPICによる面会交流援助」棚村政行編著『第２版　面会交流と養育費の実務と展望』(日本加除出版，2017) 168頁以下

同「FPICの紹介 (コラム)」安倍嘉人・西岡清一郎監修『子どものための法律と実務』(日本加除出版，2013) 113頁以下

梶村太市「面会交流の弊害から子どもを守るための調停・審判のあり方」梶村太市・長谷川京子・吉田容子編著『離婚後の子の監護と面会交流』(日本評論社，2018) 179頁以下

吉田容子「面会交流支援の実情と限界」梶村太市・長谷川京子・吉田容子著『離婚後の子の監護と面会交流』(日本評論社，2018) 160頁以下

片山登志子・村岡康行編，面会交流実務研究会著『代理人のための面会交流の実務』(民事法研究会，2015) 65頁以下

榊原富士子・池田清貴著『親権と子ども』(岩波新書，2017) 131頁

打越さく良「面会交流事件に関する諸問題」金子修・山本和彦・松原正明『実務家事事件手続法　下』(日本加除出版，2017) 90頁

山口美智子「講演録　別居・離婚と親子の面会交流 (後編)」NIBEN Frontier2017年11月号２頁以下